曹应旺　著

周恩来与治水

上海人民出版社

原版序

　　《周恩来与治水》的出版，是中国水利史的大事，也是中国社会主义建设史的一件大事。

　　水利在中华民族的生存和发展中有着特别重要的地位和作用，这是我国的自然条件所决定的。几千年的历史表明，我国人民通过兴修水利、治理江河，才一步一步地开拓疆土，繁衍人口，发展经济，建设国家。江河治理要求国家的统一，统一的国家也促进了江河的治理。在我国的封建社会中，历代有为的统治者都以治水作为安国定邦的重要措施。大禹治水的功绩，代代相传，成为人民群众希望于领导人物的理想楷模。

　　19世纪以来，我国逐渐沦为半殖民地半封建社会。外侮日深，内乱不已，国力衰退，水利失修。虽然在国外已兴起现代的水利科学技术，虽然许多有志之士从海外学成归来，但报国无门，救民乏术。在中华人民共和国成立前的几十年间，水旱灾害越来越频繁。洪水时汪洋一片，屋舍飘荡；干旱时赤地千里，饿殍载道。严重的天灾威胁着中华民族生存的基础，人民呼唤大禹的再现！

中华人民共和国成立之初，中国共产党根据广大人民的迫切要求，立即把水利建设列在恢复和发展国民经济的首位。毛泽东同志在抗美援朝的同时，作出大规模治理淮河的重大决策。作为人民政府的总理，周恩来同志在1950年就鼓励我国的科学家，要创造出比大禹更伟大的功绩。周恩来同志本人，更身体力行地实践这个要求。在他任总理的27年间，他自始至终以极大的力量关注和领导水利工作。江河治理开发的规划，重大水利工程的建设，水利工作的方针政策，特别是治水中的复杂难题，都是在他亲自主持下得到正确的解决。《周恩来与治水》以大量的史料说明了，周恩来同志如何以马列主义、毛泽东思想和中国的水利实际相结合，开创了中国水利建设的崭新局面；他如何以高屋建瓴的政治水平和深入细致的思想工作，化解了江河治理中的历史矛盾；他如何深入实际，广泛听取各种不同意见，对我国的重大水利工程作出及时的决策，保证了工程建设的成功；他如何高瞻远瞩，统揽全局，提出水利工作新的战略任务，将水利建设不断推向前进；他如何以无私无畏的精神，以辩证唯物主义和历史唯物主义的观点，教育水利工作者，引导他们发扬成绩，纠正错误，使水利工作走上健康发展的轨道。全书不是以空泛的概念，而是通过一件件具体的史实，向人们说明了，周恩来同志是新中国水利的奠基者。

今天，中国的水利面貌已发生了历史性的变化。全国主要江河初步建成防洪体系，大部分地区初步控制了常遇的水旱灾害，灌溉面积从旧中国的2.4亿亩发展到7.2亿亩。由于水利条件的改善，加上农业等各方面的措施，我国以全世界7%的耕地，养活了22%的人口，解决了百余年来历届政府所未能解决的中国人民的吃饭问题。这是中国人民在共产党领导下取得的世界性成就，是社会主义制度的胜利。人们不会忘记，周恩来同志为这个胜利所进行的多年辛勤工作，为之创造的物质基础。人们更不会忘记，在周恩来同志伟大业绩中所遗留给我们的精神瑰宝——当代的大禹精神。这是全心全意为人民服务的精神，是共产主义崇高理想与中华民族优良传统的完美结合。周恩来同志去世虽已16年，但中国人民对他的怀念并未因岁月的流逝而稍减。相反，他在人民心中的形象，死后比生前更加高大。这是因为，他是人民群众希望于现代领导人物的理想楷模，他是当之无愧的大禹的传人。

我们要感谢本书的作者曹应旺同志，他以严肃认真的态度和诚挚朴实的感情，写成了这本十分有意义的著作。它不仅是新中国水利史的极为重要的组成部分，而且扩展了研究周恩来同志的领域，对研究中国的社会主义建设也有重要意义。作者并未从事过水利工作，他是在编辑《周恩来经济文选》的过程中，在阅读周恩来同志遗留的大量文献资料中，认识到周恩来同志对新中国水利事业的伟大贡献，并为周恩来同志的大禹精神深深感动，因而下决心编写这本著作。全书以"禹的传人"开篇，包括"治理淮河""治理长江""治理黄河""治理海河""关心广东、浙江水利建设""关心少数民族地区水利建设""超越国界的事业""水利专家的知己""未尽的心愿""周恩来治水思想"，书末并附"周恩来治水大事记"。为了准确地反映历史，作者不仅研究了全部有关文件，并访问了许多有关人士，力求全面了解当时的情况。为此，他多次修改书稿，对各方面提出的意见，都郑重地研究考核。在他写作过程中，曾找我多次磋商，他那严谨勤奋的作风给予我很深印象，他确是以努力学习周恩来同志的精神写成此书的。

作为一个多年跟随周总理治水的老兵，每次捧读书稿，都感到周总理的谆谆教诲，如在眼前，周总理的未尽心愿，更是萦绕心头。我相信，水利界的同志们，都将从本书中吸取到力量，把中国的水利事业推向新的胜利！

钱正英

1991 年 7 月 24 日

目 录

禹的传人

一、禹为楷模

中国是大河之国。不用说，长江、黄河是世界长河，就是黑龙江、松花江、辽河、淮河、珠江、雅鲁藏布江、怒江等也都是大河。中国人民祖祖辈辈热爱这些大河，离不开这些大河，从它们那里得到舟楫灌溉之利。中国人民也祖祖辈辈畏惧这些大河，怕它们放荡无羁，发起洪水，毁坏田园家国。一位外国学者曾说："称中国为河川之国，其意义不仅在于它有众多的河流，而且在于因为对河川进行了治理而极大地影响了它的历史。"中华民族悠久而丰富的历史，从一定的意义上说是一部生动而光辉的治水史。

在中国的第一部通史——《史记》的《五帝本纪第一》中，我们看到的还是原始部落的首领；在《夏本纪第二》中，我们看到了"禹乃行相地宜所有以贡，及山川之便利"，看到了古代国家的开始。然而，夏禹对后人的影响不仅在于他贡土所宜，开国家制度之始，而且在于他"劳身焦思，居外十三年，过家门不敢入"的治水精神和降伏洪水的业绩。

司马迁笔下，禹的父亲鲧是一位治水探路者。"帝尧之时，鸿水滔天"，浩浩荡荡，漫山遍野，"下民其忧"。帝尧到处访求能治水的人，群臣推荐用鲧治水。鲧采用水来土挡的办法治水，"九年而水不息，功用不成"，死于治水任上。禹继承了父亲鲧的治水事业，改而采取疏导的办法，薄衣食，卑宫室，陆行乘车，水行乘船，左准绳，右规矩，载四时，披日月，"决九川致四海，浚畎浍致之川"，终于获得了成功。禹疏导黄河，开凿龙门，付出了千辛万苦；南至华阴、东至砥柱（三门峡），东过洛汭（在今河南巩义洛水入河处），北过降水（今漳河），又疏导了徒骇、太史、马颊等北边九条支流，最后入于海。禹几乎踏遍了大河上下。禹"均江海，通淮、泗"，长江、汉水、淮河也留下了他的治水足迹。"道淮自桐柏，东会于泗、沂，东入于海。"禹为导淮入海，曾三次到桐柏山。禹治淮至涂山时，娶涂山氏女娇为妻，婚后四天就告别新妇，继续治水。禹以治水为念，不以妻儿挂怀，"以故能成水土功"。

司马迁笔下的禹，是根据先秦典籍和当时民间传说写成的。《尚书·洪范》中写有鲧和禹治水。《论语》五次提到禹，并称赞禹"卑宫室，而尽力乎沟洫"。《孟子》也多次写到大禹治水，"当尧之时，天下犹未平。洪水横流，泛滥于天下，草木畅茂，禽兽繁殖，五谷不登，禽兽逼人，兽蹄鸟迹之道，交于中国。尧独忧之，举舜而敷治焉。舜使益掌火，益烈山泽而焚之，禽兽逃匿。禹疏九河，瀹济漯而注诸海，决汝汉，排淮泗而注之江。然后中国可得而食也。""当尧之时，水逆行，泛滥于中国，蛇龙居之，民无所定。""使禹治之。禹掘地而注之海，驱蛇龙而放之菹。"

不仅先秦典籍每每称赞大禹治水，而且百家争鸣的战国时代还产生了以效法大禹为宗的墨家学派。

为了颂扬禹的治水功绩，不知从什么时候起就有了以禹的名字命名的禹县（禹州）、禹河、禹城。

为了纪念禹的治水功德和发扬禹的治水精神，许多地方都有纪念大禹的建筑物。开封屡受黄河侵扰，人们怀念大禹，建有禹王庙、水德祠，供大禹铜像，颂扬大禹精神。淮河中游的人们为纪念大禹，在涂山山顶建有禹王庙，历代文豪都曾到庙内朝拜，留下了许多讴歌大禹的诗文碑刻。当地人民每年农历三月十五和三月二十都要在涂山和荆山上举行庙会。"荆州南纪门外有息壤，相传大禹用以镇泉穴。"荆州建有禹王宫，在高大而肃穆的大禹像前，人们不禁想到对万里长江最险的荆江治理的责任。建立在都江堰的禹王宫，仿佛在昭示人们：禹的事业，代代有传人。建立在四川南江上的禹王宫，内有禹王坐像，高四米，用整段樟木雕成，他仿佛在告诉人们：大禹精神不仅存在于大江大河，也存在于每一条支流。

《墨子》说："禹葬会稽，衣裘三领，桐棺三寸。"《吕氏春秋》说："禹葬会稽，不烦人徒。"《史记》说："禹会诸侯江南，计功而崩，因葬焉，命曰会稽。"绍兴东南会稽山建有大禹陵，陵前碑上刻有"大禹陵"三字。陵旁有禹王庙，庙内有大禹塑像，高达数丈。大禹陵内古木参天，幽静肃穆，瞻仰者络绎不绝。

周恩来祖籍浙江绍兴，生于江苏淮安，他自我介绍"江浙人也"。周恩来少年时代曾在绍兴生活过一段时间。1939年8月，日本侵略者侵占杭嘉湖，逼近绍兴城时，他又一次回到故乡绍兴，勉励浙东人民"冲过钱塘江，收复杭嘉湖！"周恩来热爱稽山镜水，敬仰大禹精神。8月29日，他到稽山禹陵，瞻仰了大禹塑像。并在"大禹陵"石碑前摄影留念。他说，大禹在人类向自然作斗争中打响了第一炮。在科学萌芽的时代，能同自然作战是很不容易的。他对大禹治水为民着想，因水之性，采取

禹的传人

疏导的办法而获得成功，十分赞赏，并由此想到治理国家也要因民之心。他说，大禹治水是用疏导的办法，而不是用扼制的办法，因而获得了成功，政治上扼制也同样是行不通的。

新中国成立刚刚两个月，周恩来接见各解放区水利联席会议部分代表时说，古代的人，传得最多最久的便是治水的大禹。他的形象最大，最受后人颂扬。他三过家门都不回去看看，证明他工作热情很高。周恩来勉励水利工作者，要以大禹为楷模，努力治水，为人民除害造福。

二、史为借鉴

从孔子到司马迁都把大禹治水同治理国家，建立夏朝联系起来。司马迁认为禹临终前，"以天下授益"，"及禹崩，虽授益，益之佐禹日浅，天下未洽。故诸侯皆去益而朝启，曰：'吾君帝禹之子也。'于是启遂即天子之位，是为夏后帝启。"由此看来，夏启所以能有帝位，是因为诸侯崇拜大禹治水的功德。夏启将帝位传之子孙，到夏桀时，被商汤取代了。

顾颉刚等学者认为，禹是殷周期间流传于长江流域民间神话中的一个神。即使这样，司马迁描绘出治水在古代中国统一国家形成中的作用，指出治水是古代华夏国家的一个重要经济职能则是历史事实。

马克思曾说，在亚洲，从远古的时候起一般说来只有三个政府部门：财政部门、战争部门、公共工程部门。"亚洲的一切政府都不能不执行一种经济职能，即举办公共工程的职能。这种用人工方法提高土壤肥沃程度的设施归中央政府管理，中央政府如果忽略灌溉或排水，这种设施立

周恩来与治水

刻就会废置。"治水是中国历代经国济民、安定天下的大问题。秦王朝修郑国渠,"溉泽卤之地四万余顷,收皆亩一钟。于是关中为沃野,无凶年,秦以富强,卒并诸侯"。汉武帝时国力强盛,治理黄河决口,"梁、楚之地复宁,无水灾"是其重要原因之一。唐太宗在工部设水部郎中和员外郎,在京师设都水监,并制定《水部式》以法治水。在位 20 多年间,全国兴修的重要水利工程共有 20 多处。这是出现后人交口称赞的贞观之治的条件之一。周恩来通观中国历史,非常深刻地指出了治水与治国兴邦的关系。1955 年 11 月 2 日,周恩来说:"中国历史的特点,水利是大事,是中华民族的大事。任何朝代均以能否治水来衡量是否能得民心。"1964 年 6 月 10 日,他又说:"我们中国治水已有二三千年历史,广大人民群众要治水,过去封建帝王和奴隶主也要治水,否则,他们的统治就要垮台。"

中国历史上治水可分为防洪、通航、灌溉三大方面。

为防止洪涝灾害,人们采取了许多手段,最主要的是修筑河堤。筑于春秋战国时期的黄河大堤,开创于东汉时期的江浙海塘,始于东晋时期的荆江大堤,都是可与万里长城相媲美的巨大的水利工程。

舟船是古代重要的交通运输工具。我们的祖先不仅利用天然的黄金水道发展交通运输,而且还开凿了人工河以便利"楚材晋用"。从春秋时期开始,经历隋唐到元明清完成的京杭大运河,把西东走向的江、淮、河、汉通连了起来。秦始皇时期建成的广西灵渠,沟通了长江和珠江的水系,扩大了我国内河航运的范围。

为解决干旱问题,我国很早就修建了技术水平很高的灌溉工程。四川的都江堰,造就了著名的天府之国;黄河河套灌区,创造了塞外江南的奇迹;新疆的坎儿井,使冰雪融化后的潜水能通向农田。

每一项规模巨大的水利工程的修建,不仅需要广大人民群众的参与,而且需要精通技术、善于组织、勇于献身的大禹那样的组织者。

中国古代治水继禹而后，首推孙叔敖。孙叔敖是春秋时期楚庄王的令尹，他在河南商城、固始修建了期思陂，在安徽寿县修建了芍陂，在安徽霍邱修建了"阳泉大业陂"，在湖北境内修建了云梦通渠等等。孙叔敖主持朝政，"授民以时，宣导川谷，陂障源泉，堤防湖浦，收九泽之利"，深得人民爱戴。孙叔敖死后，期思陂盖了"楚相孙公庙"，安徽芍陂建有孙叔敖祠，表达了人民对他的怀念。

战国时期治水以邺令西门豹和蜀郡守李冰最著名。西门豹发动当地人民开了十二条渠道，引漳水灌田。结果"魏大于三晋""民人以给富足"。李冰和他的儿子二郎在灌县岷江上修建的都江堰是中国古代最大、最成功的水利工程。都江堰的修建不仅当时取得了"水旱从人，不知饥馑，沃野千里，世号陆海，谓之天府"的社会效益，而且千古受益，以至于今。为纪念李冰父子，后人在都江堰附近，建造了伏龙观、二王庙，供李冰父子的塑像。农历六月二十四是二郎诞辰，每年的这一天，川西各县人民纷纷来到二王庙前焚香祭奠，杀羊四五万头作为祭品。

在周恩来的祖籍绍兴，东汉会稽郡守马臻主持了镜湖围堤灌溉工程。以郡城为中心，筑堤长达63.5公里，使会稽山麓线以北，郡城以南，形成了一个面积超过200平方公里的人工湖泊。镜湖工程在此后的近千年中，为绍兴的农业发展和城市的经济繁荣创造了十分有利的条件。

周恩来不仅敬仰大禹，而且敬仰历代禹的传人，称赞他们继承和发展了大禹治水的伟大事业。毛泽东和周恩来曾询问过期思（今河南淮滨县有期思乡）孙叔敖的古迹，并高度评价孙叔敖的治水功绩。对于李冰父子修建的都江堰，周恩来经常提到它，夸奖它经过了两千年历史的检验，是成功的。1972年11月21日，周恩来最后一次主持葛洲坝水利工程汇报时，意味深长地说，水利至少有三千年的经验，这是科学的事，都江堰总算个科学，有水平，有创造！两千年前有水平，两千年后我们应更高。

周恩来非常重视总结中国历史上的治水理论与治水经验。早在1951年1月12日，周恩来就指出，在中国历史上，并非没有治水理论。中国历史上有导江入海、挖湖蓄水、开渠灌溉的事，也有利用水力进行生产的事，比如水排、水碓等。只是那些治水理论，是在自给自足的自然经济社会中形成的。就今天情况来看，是远不够的，是要予以提高的。为了吸取"大跃进"中全民大办水利、主观蛮干的教训，周恩来强调不能否定历史上的治水经验。1965年周恩来指出，搞水利可不容易，世界上搞得久的还是我们中国。中国历史已有5000年了，现在治水的经验还没有总结好，没有系统化，这是个艰巨任务。在总结三门峡水利枢纽工程的教训时，周恩来说："洪水出乱子，清水也出乱子。这个事情，本来我们的老祖宗有一套经验，但是我们对祖宗的经验也不注意了。"[1]

周恩来充分肯定了治水方面的丰富历史遗产，并指出了整理研究，古为今用，予以提高的任务。这同那种数典忘祖的历史虚无主义和食古不化的复古主义是截然不同的。

三、功在禹上

中华人民共和国成立后，周恩来担任总理27年之久，日理万机，为

---

[1]《周恩来选集》下卷，人民出版社1984年版，第406页。

民辛苦为国忙。他一直把治水作为建设国家基本的和先行的工作。他十分珍视大禹以来丰富的水利建设遗产和治水经验，多次号召以大禹为楷模搞好新中国的水利建设。

新中国的许多江河治理和重大水利建设决策都是在周恩来具体负责下制定出来的。20世纪50年代前期，他急淮河大水，开治淮会议，发治淮决定，建治淮机构，调治淮所需，订治淮规划，保证了根治淮河第一期工程的胜利完成。随后他又领导制定了兴修荆江分洪工程、兴修官厅水库、兴修引黄济卫工程的战略决策。初步解决了淮河、长江、永定河上的燃眉之急。50年代后期，他领导研究了长江流域规划和三峡坝址，三门峡设计方案的修改和施工方案、密云水库坝址和设计方案等重大水利建设的决策。60年代，他领导制定了三门峡工程的改建、海河治理和北方抗旱等重大决策。70年代，他为葛洲坝工程的修建及其领导机构、设计方案作出了一系列重要决策，保证了长江第一坝的胜利建成。

许多江河和水利工程不仅有周恩来筹划的心血，而且留下了周恩来亲临现场的足迹和参加劳动的汗水。他三上三门峡，在水库工地上度过了八个日夜。1958年7月黄河出现了特大洪水，他赶到现场，冒雨召开群众大会，指挥抗洪，恢复交通。1958年2至3月，他顶风雪，抗严寒，视察荆江大堤，溯江而上，勘选三峡坝址。也许有人要说，黄河、长江事关大局，所以总理要亲临现场。那么，请看看北京的水利工程吧，他视察过官厅水库、怀柔水库，三次到十三陵水库工地参加劳动，六次到密云水库工地上解决具体问题。也许有人又要说，北京的水利工程是"近水楼台先得月"。那么，请看看北疆延边，他在那里询问水源状况和水土流失问题；请看看南疆琼岛，他在那里询问松涛水库的建设并题写库名；请看看西双版纳，他在那里嘱咐要保护森林，做好水土保持；请看看岳城水库，岗南水库，黄壁庄水库，新安江水库，那里一一留下了他俭朴的身影。他无论走到哪里，只要有水利工地，一定要到现场看看。请看，他到安徽肥西、河南陕县（今三门峡市陕州区），给幸福水库和胜利水库的建设者们留下了终生难忘的幸福的记忆。

周恩来在水利建设的决策和实践活动中，给时人和后人留下了一笔宝贵的精神财富。第一，在周恩来遒劲的墨迹中，有不少是水利建设方面的通信、电报、报告、批示与题词。第二，他接见外宾，特别是接见外国的水利或农业代表团时常论述治水问题。第三，他同邓子恢、谭震林、李先念、傅作义、李葆华、刘澜波、廖鲁言等主管农林水利的负责同志的交谈中，同钱正英、林一山、王化云、汪胡桢、张光斗、冯寅等水利专家的交往中，经常谈论治水问题。第四，他在接见第一次全国水利会议部分代表时的讲话，在讨论治淮报告时关于治淮原则的讲话，在积极准备兴建三峡枢纽会上的讲话，在北戴河长江会议上的讲话，在三门峡现场会议上的总结发言，在治理黄河会议上的讲话，在听取河北、天津、北京汇报海河工程问题时的发言，1970年12月、1971年6月、1972年11月三次听取葛洲坝工程汇报时插话等，更是比较集中地论述了治水问题。通过以上四方面表现出来的周恩来的治水思想，内容全面而丰富、周到而深刻。

周恩来的治水思想，可以概括为如下方面：百废待举，治水为先；分清缓急，标本兼治；蓄泄兼筹，瞻前顾后；综合利用，除害兴利；分工合作，同福同难；依靠群众，尊重专家；统一规划，集中领导；百家争鸣，博采众长；审时度势，积极慎重；反对极端，实事求是。

周恩来在治水方面，突出地表现了他"立德、立功、立言"三者兼而有之。1950年周恩来在中华全国自然科学工作者代表会议上说："从新民主主义开步走，为我们自己和我们的子孙打下万年根基，'其功不在禹下'。大禹治水，为中华民族取得了福利，中国科学家的努力，一定会比大禹创造出更大的功绩。"[1]周恩来要求科学家所做的，也正是他自己所努力去做的。周恩来在担任共和国总理期间，治水一直排在他工作日程的重要地位上，一直挂在他的心上。他为治水呕心沥血，不辞劳苦，可以说是造福子孙、功在禹上。

---

[1] 《周恩来选集》下卷，人民出版社 1984 年版，第 30 页。

周恩来与治水

治理淮河

一、淮河多灾难　人民不安定

　　1898 年 3 月 5 日清晨，周恩来出生于淮安城驸马巷和曲巷相交处的一幢古式平瓦房内。淮安是苏北平原上一座古老的城市，春秋时分属吴、越，战国时属楚，秦汉时属古淮阴县，南宋时改为淮安军。淮安城坐落在纵贯南北的京杭大运河和滔滔东流的淮河交汇之处，自古是南北襟喉，江浙衡要。淮安之名，取其安定淮地之意。淮安城的中央有一座飞檐画栋、风格浑厚、造型优美、历史悠久的镇淮楼，其含义是镇慑淮水。然而，在古老的历史上，安定淮地，镇慑淮水，都不过是人们良好的愿望而已。淮河自古多灾难，淮河流域的人民历史上长期过着不安定的生活。周恩来在淮安的童年生活，亲受了淮河的苦难。1970 年 9 月 30 日，周恩来会见巴基斯坦农业代表团时说，我生在淮河下游，小时候就知道一些淮河的情况。

　　淮河，全长一千公里，与黄河、长江、济水并称为"四渎"。据《禹贡》等先秦古籍记载："导淮自桐柏，东会于沂泗，东流入海。"淮河曾经是一条有独立入海水道的大河。自1194年黄河在河南阳武（今原阳县）故堤决口，一部分水经南清河流入淮河，黄河开始夺淮。南宋和金、元时期，黄河由南北两道分流。明朝以来黄河夺淮越演越烈，特别是明孝宗弘治年间（1488—1505），张秋河决，为"保漕"而堵塞了黄河北流之路。黄河巨大的浊流汹涌澎湃地注入淮河。"鹊巢鸠占"，淮河的入海道全被黄河夺去。1851年，淮河被迫改道，由洪泽湖南下，流入长江。1855年黄河又在兰考县铜瓦厢决口，再次掉头北上，改道由山东利津入海，结束了黄河夺淮近700年的历史。可是淮河入海道已被淤塞，高出两岸平地，淮河已不能在下游重归故道。

许多县志记载："淮水泛滥，陆地行舟，大旱来临，井泉枯竭，田无麦禾，野无青草，流徙载道，饥民相食。"黄河夺淮，淮水宣泄不畅，水旱灾难频繁，这是淮河流域人民生活不能安定的原因之一。

淮河是我国南北自然分界线。淮河流域处于黄河流域和长江流域之间，自古是兵家必争之地。中国历史上的大部分决战都是在介于黄河和长江两大主要地区之间的淮河流域这一狭长地带之中进行的。楚汉相争，决定胜负的垓下之战，是在淮北平原上的灵璧、固镇、五河之间的沱河南岸展开的。"三国时，江淮为战争之地，其间不居者各数百里"。公元383年，寿县附近的淮淝两岸是前秦与东晋淝水之战的战场。前秦几十万大军败于这场战斗，死者不计其数，淮淝为之不流，秦军惊吓到"八公山下，草木皆兵"的程度。南北朝时期，梁、魏对峙，公元515年，梁武帝萧衍派20万兵士、役夫在淮河浮山峡筑浮山堰，企图阻断淮河，令淮水倒灌魏军。横断淮河的浮山堰筑成，20万修筑者死去十之八九，淮河两岸的老百姓死于这次人为的水患更多于此数。淮河的地理位置使淮河流域在封建社会不能成为中国的基本经济区，即使在各次战争的间隙

周恩来与治水

之间，也是由屯田兵保卫着。

封建战争造成的人间灾难，是淮河流域人民生活不能安定的又一特殊原因。

淮河流域人民在天灾人祸面前，无法生活下去，多次被迫起义抗争。淮北蕲县（今宿县）大泽乡，陈胜、吴广在那里领导了中国历史上第一次农民大起义。元朝末年，淮河流域爆发了刘福通、彭莹玉领导的红巾军起义。这两次农民大起义分别动摇了秦和元的统治，沛县人刘邦和凤阳人朱元璋，分别摘取了这两次农民大起义的果实，做了西汉和明朝的开国皇帝。魏武帝曹操则因镇压黄巾起义而起于涡淮流域。总之，淮河流域是中国历史上农民起义的温床，也是中国历史上出皇帝的地方。

为治理淮河，安定淮地，近代史上曾国藩、左宗棠、李鸿章、曾国荃等著名历史人物都上书呼吁过导淮；清末状元、著名实业家张謇还积极创办河海工程专门学校，组织实地查勘淮河，制定导淮计划，辛勤奔波20余年；伟大的革命先行者孙中山也不止一次筹划过导淮计划，他在《建国方略》中曾恳切地说，"修浚淮河为中国今日刻不容缓之问题"。但是，在当时的历史条件下，导淮的呼吁成为泡影，导淮的努力到处碰壁，导淮的设想只能束之高阁。

1929年7月，南京国民政府组设导淮委员会，蒋介石还曾亲兼委员长。由于国民党政府腐败无能，加上战乱不息，在其统治20多年中，淮河水患有增无减。1938年6月，国民党军队在日本侵略军的大举进攻面前，节节败退。当开封陷落、郑州岌岌可危的时候，他们为了阻止日军追击，掩护自己逃命，竟于6月9日扒开了花园口黄河大堤。这次黄水从贾鲁河、颍河倾泻入淮，进一步加深了淮河水患。黄河虽于1947年挽回故道，却给淮河留下了宣泄不畅、大雨大灾、小雨小灾的恶果。

二、急淮河大水　开治淮会议

1949 年 10 月 1 日，鲜艳的五星红旗在天安门广场冉冉升起，中华人民共和国成立了。周恩来众望所归，挑起了政府总理的重担，同时，也开始了规划和部署对全国水患的治理。周恩来亲自过问治理的第一条河流就是淮河。

1949 年夏，淮河流域水灾严重，河堤多处决口，受灾面积 2500 多万亩。1950 年 6 月至 7 月，河南与安徽交界处连降暴雨，史、洪、淮、沭四河洪水并涨。7 月 18 日，华东防汛总指挥部在给中央防汛总指挥部的电报中说，淮河中游水势仍在猛涨，估计可能超过 1931 年最高洪水水位。7 月 20 日，毛泽东看了这封电报，心情十分焦急，当即批转周恩来。"周：除目前防救外，须考虑根治办法，现在开始准备，秋起即组织大规模导淮工程，期以一年完成导淮，免去明年水患。请邀集有关人员讨论（一）目前防救、（二）根本导淮两问题。如何，请酌办。"7 月 22 日，周恩来邀集有关人员初步讨论了淮河工程问题。

8 月 1 日，皖北区委负责人曾希圣、黄岩、李世农致电华东局、华东军政委员会并转中央，报告皖北灾情及救生工作意见。电报中说，今年水势之大，受灾之惨，不仅重于去年，且为百年来所未有。淮北 20 个县、淮南沿岸 7 个县均受淹。被淹田亩总计 3100 余万亩，占皖北全区 1/2 强。房屋被冲倒或淹塌已报告者 80 余万间，其中不少是全村淹没。耕牛、农具损失极重（群众口粮也被淹没）。由于水势凶猛，群众来不及逃走，或攀登树上、失足坠水（有在树上被毒蛇咬死者），或船小浪大、翻船而死者，统计 489 人。受灾人口共 990 余万，约占皖北人口之半。

洪水东流下游，灾情尚在扩大，且秋汛期尚长，今后水灾威胁仍极严重。由于这些原因，干群均极悲观，灾民遇着干部多抱头大哭，干部亦垂头流泪。8月5日，毛泽东阅读这封电报时落了眼泪。他在"不少是全村沉没""被毒蛇咬死者""今后水灾威胁仍极严重""多抱头大哭"等处都画了横线，并给周恩来写了批语："请令水利部限日作导淮计划，送我一阅。此计划八月份务须作好，由政务院通过，秋初即开始动工。如何，望酌办。"[1] 周恩来根据毛泽东的指示，在抓救灾的同时，加紧对治理淮河的具体部署。

8月24日，周恩来在中华全国自然科学工作者代表会议上的讲话中，强调兴修水利的重要性，阐发了毛泽东根治淮河的思想。他说："我们不能只求治标，一定要治本，要把几条主要河流，如淮河、汉水、黄河、长江等修治好。"他分析了淮河水患的直接原因："花园口的决堤造成了极大灾难，创伤至今未能平复。去年淮河有水灾，今年又有水灾，直接原因就是蒋介石在花园口决堤。"[2]

8月25日至9月12日，在周恩来亲自指导与参加下，水利部召开治淮会议。华东水利部、中南水利部、皖北行署、苏北行署、河南省人民政府、淮河水利工程总局、河南黄泛区复兴局等负责人及专家40余人参加了会议。会议决定以蓄泄兼筹为治淮的方针，并确定淮河上游以蓄洪发展水利为长远目标，中游蓄泄并重，下游则开辟入海水道。会议还制定了治淮工程的步骤，决定1950年12月以前以勘测工作为重心，上游和下游以查勘蓄洪工程和入海水道为重点，同时进行放宽堤距、疏浚、涵闸等勘测工作，中游地区在整个计划内，选

---

[1] 《毛泽东年谱（1949—1976）》第1卷，中央文献出版社2013年版，第169页。

[2] 《周恩来选集》下卷，人民出版社1984年版，第24、23页。

择对上、下游关系较小的部分工程，结合以工代赈于 10 月下旬先行开工。

根治淮河的战略决策是毛泽东作出的。毛泽东在抗美援朝的同时又提出根治淮河，既是从中国的历史经验中总结出来的，又是根据恢复经济，安定天下，边稳、边打、边建的现实要求提出来的。周恩来积极贯彻毛泽东根治淮河的指示，他具体过问治淮的第一个突出贡献是领导制定了蓄泄兼筹的治淮方针，保证了治淮的顺利进行。

三、协调豫皖苏　治淮为中心

如何治淮？这关系到上、中、下游不同地区的切身利益。治淮会议期间，河南、安徽、江苏三省在治淮解决办法上存在着意见分歧。苏北担心上游把洪水泄到苏北不能顺利入海，将加深苏北的水患。1950 年 8 月 28 日，华东军政委员会向周恩来转报中共苏北区委对治淮意见的电报中说："鉴于今年浮山仅 7000 多流量，已使洪湖大堤、运河及新淮河非常吃紧，运河南段二度出险，几乎决口。若上游导淮后浮山流量较现在增加，即无其他意外，今后洪湖大堤、运河及新淮河必会更加吃紧。若在洪泽湖与高宝湖之间搞活动水坝，即使约束在 6600 流量内，问题亦很大。"苏北区党委认为："如今年即行导淮，则势必要动员苏北党政军民全部力量，苏北今年整个工作方针要重新考虑，既定的土改、复员等工作部署必须改变，这在我们今年工作上转变是有困难的；且治淮技术上、人力组织上、思想动员上及河床搬家，及其他物资条件准备等等，均感仓促，对下年农业生产及治沂均受很大影响。"[1]

在当时条件下，治淮与土改、复员等其他工作是什么关系？对此，毛泽东8月31日在上述电报上写了批语："周：此电第三项有关改变苏北工作计划问题，请加注意。导淮必苏、皖、豫三省同时动手，三省党委的工作计划，均须以此为中心，并早日告诉他们。"[2]周恩来认真执行毛泽东三省工作以治淮为中心的指示，并针对土改与治淮的矛盾，阐明了为什么要集中力量抓治淮。周恩来说，如果土地不洪就旱，那就是土改了也没有用。土地改革是我国农村生产关系的一场深刻革命，是为了让农民从封建生产关系桎梏中解放出来，以发展生产力。为了使土改搞得更好，为了集中力量抓治淮，苏北的土改推迟了一年。

如何统一豫、皖、苏的行动，以治淮为中心？周恩来作了许多深入细致的协调工作。治淮会议期间，他针对三省在治淮解决办法上存在的意见分歧，反复召集各地负责干部讨论、协商，并个别谈话，征求意见。他三次专门听取水利部部长傅作义和副部长李葆华、张含英，华东水利部副部长刘宠光，以及河南、皖北、苏北三省区负责人吴芝圃、曾希圣、肖望东等参加的关于淮河流域灾情和治理规划的汇报。据钱正英回忆，周恩来亲自把治淮工程的任务及所需要的经费和粮食在河南、皖北、苏北三省区落实下来后，对三省区负责人说："只要你们三个诸侯统一了，就好办了。我向主席汇报，只要主席同意，就这样办了。"苏北是周恩来的故乡，但他反复告诫干部们要吸取国民党治淮时江浙人管事，只顾下游，不顾中、上游，闹地方主义的教训。

---

[1] 《毛泽东文集》第6卷，人民出版社1999年版，第86—87页。

[2] 《毛泽东文集》第6卷，人民出版社1999年版，第86页。

四、抓治淮时机　调治淮所需

治淮会议后，皖北人民听到要兴修水利、根治淮河，无不为之振奋，改变了垂头丧气、悲观失望的精神状态。那些逃难在外的灾民也纷纷返回故土，准备参加兴修水利。凤台县万余灾民自动请求打石作治水器材。灵璧县的灾民听到治淮的消息后，许多人立刻修造船只，准备运粮草。城市工商界也积极营业，准备为治淮服务。从旧社会过来的工程技术人员，看到中央治水的决心，加倍努力勘查。各阶层人民都希望早日开工治淮，免除明年水灾。1950 年 9 月 16 日，即治淮会议结束的第四天，皖北区委负责人曾希圣打电报给华东军政委员会主席饶漱石，并转周恩来、董必武、陈云、薄一波等中央领导人，报告了皖北灾民拥护治淮决定的情况及调配粮食的意见。

9 月 21 日晚，毛泽东将曾希圣的这封电报批给周恩来。"周：现已九月底，治淮开工期不宜久延，请督促早日勘测，早日做好计划，早日开工。"[1] 周恩来积极贯彻毛泽东不误时机的治淮指示。他认为，一方面大水之后，人民有治淮的积极性，气可鼓而不可泄；另一方面，早日开工，力争在下一个汛期到来之前完成第一期工程，既可以避免无效劳动，也可以免去明年水患。周恩来还把毛泽东不误时机的思想进一步具体化、形象化。他说，治淮秋汛一过就要动工，治水和打仗一样，不能错过时机，迟一步都不行，处处要配合天时和人力，行动要非常机灵。

9 月 22 日，周恩来将上述电报和毛泽东的批示转给中央财政经济委

---

[1]《建国以来毛泽东文稿》第 2 册，中央文献出版社 2023 年版，第 384 页。

员会主任陈云，副主任薄一波、李富春传阅，并接连写了两封信。一封给毛泽东、刘少奇、朱德、陈云、薄一波、李富春，说明关于治淮的两份文件已送华东、中南军政委员会审议，待饶漱石、邓子恢十月初来京时再作最后决定。治淮工程计划，则已由水利部及各地开始付之实施，因时机不容再误，且至下月初，时间不长，即有变更，亦尚来得及补救。一封给中财委的陈云、薄一波、李富春并转水利部的傅作义、李葆华、张含英，强调中央政府要从人力、物力、财力上保证治淮的需要。"凡紧急工程依照计划需提前拨款者，亦望水利部呈报中财委核支，凡需经政务院令各部门各地方调拨人员物资者，望水利部迅即代理文电交（政务）院核发。"[1]1950年6月朝鲜战争爆发，不久，我国政府作出了抗美援朝保家卫国的重大决策。当时因抗美援朝，中央财政十分困难，但中财委到1950年11月依然共批准预拨治淮工程费原粮4亿5000万斤，小麦2000万斤。在抢救淮河水灾方面，到1950年10月，中央人民政府先后拨出粮食1亿余斤，盐1000万斤，煤52万吨，种籽贷款350亿元（旧人民币）。干部问题是治淮工作中的一大问题，特别是技术干部非常缺乏。根据1951年工程计划，全部工程共需要工程技术员以上的经常工作技术干部1400人，然而淮河总局原有技术干部仅270人。对此，周恩来号召全国支援治淮，从全国调来大批工程技术人员支援治淮。当时还决定华东、中南土木水利系的大专毕业生都分到新成立的治淮机构，三年级学生提前一年实习。这样才保证了治淮对工程技术人员的需要。

因抗美援朝，周恩来的工作日程更加紧张了，但对治淮的每项工程建设仍分心予以过问。苏北灌溉总渠是苏北治淮的关键工程。当时有人

---

[1]《周恩来年谱（1949—1976）》上卷，中央文献出版社2020年版，第78页。

说花钱太多，想阻止这项工程兴建。周恩来作了耐心的说服工作，批准了这项工程，同时详细询问了苏北灌溉总渠的建设方案。他说："你们要像搞新沂河那样开好这条河。"在他的支持与关心下，1950年冬季，80万治淮大军投入了战斗，奋战80天，高速度地建成了一条长168公里的苏北灌溉总渠。

五、发治淮决定　建治淮机构

1950年治淮会议后，水利部有关同志共同起草了一个《关于治淮工作的决定》，提出了治淮方案，最后由周恩来亲自修改审定。10月14日，发布了由周恩来签署的《政务院关于治理淮河的决定》，共6部分，进一步阐明了治淮的方针、步骤、机构及豫皖苏配合、工程经费、以工代赈等问题，批准了淮北大堤、运河堤防、三河活动坝和入海水道等一系列大型骨干工程。《决定》指出："为加强统一领导，贯彻治淮方针，应加强治淮机构，以现有淮河水利工程总局为基础，成立治淮委员会，由华东、中南两军政委员会及有关省、区人民政府指派代表参加，统一领导治淮工作，主任、副主任及委员人选由政务院任命，下分设河南、皖北、苏北三省、区治淮指挥部。另设上、中、下游三工程局，分别参加各指挥部，为其组成部分。"

为配合宣传《决定》，《人民日报》于10月15日发布《为根治淮河而斗争》的社论。社论针对"必须加强组织领导与准备工作""上中下游工程，要互相照顾，互相配合""工程与救灾相结合"等关键性问题，提

周恩来与治水

出必须切实注意掌握。10月27日，周恩来主持的政务院第56次会议通过任命：曾山为治淮委员会主任，曾希圣、吴芝圃、刘宠光、惠浴宇等四人为副主任，吴觉、孙竹廷分任正副秘书长，汪胡桢、钱正英分任工程部正副部长。

治淮委员会机构设在哪里为好，对此有不同的意见。周恩来认为蚌埠靠近淮河，又是淮河流域的中心，治淮委员会机构必须设在蚌埠，而不宜设在南京。11月3日，在政务院第57次会议上，周恩来说，过去治淮机构设在南京，有几栋房子，我们的治淮组织又舍不得放弃那地方，是很不对的。为了集中领导，搬去蚌埠才能更好地办事。11月6日，治淮委员会在蚌埠正式成立。

为贯彻毛泽东根治淮河和早日治淮的精神，为充分发挥淮河人民的治淮热情，周恩来不仅从技术力量的支援方面，从经费和物资的供应方面，而且还从机构的组建、领导力量的配置方面作了大量的卓有成效的工作。

六、订治淮规划　论治淮原则

根治淮河必须先有个规划。淮河流域规划是在周恩来亲自关心与过问下制定的。汪胡桢、钱正英、肖开瀛、王祖烈等水利专家按照《政务院关于治理淮河的决定》的要求，拟定了规划初稿，定名为《治淮方略》。《治淮方略》订立后，经淮委领导同意，并由治淮委员会主任曾山率队到北京向周恩来汇报。周恩来深知制定一条河流的流域规划，必须首先搞清楚该河流的水文情况。他在同水利专家们讨论淮河的水文特征时，发现上下游的水文资料相互矛盾，便一面追问原因，一面诱导水利专家们探讨一个怎样查补的办法。在汇报会上，周恩来听取汇报的态度十分认真。审阅《治淮方略》的总图表时，因尺寸过大，桌上放不下，就铺在屋内的砖地上。大家都蹲在图周的地上，周恩来也俯身趴在地上细看图上的注字，并不时提出一些问题。汇报结束，周恩来说："这个《方略》我已大体了解了，原则上认为可行，可让李葆华同志拿到中央水利部去报告傅作义部长，再叫专家们详细审核，由部下达正式的批示。"当时的淮河流域规划，虽说只是初步规划，但也堪称大型统一规划。它关系豫、鲁、皖、苏四省的水利工程总体布局。这一规划的指导下，在以后的若干年内淮河各支流山谷地区都修建了一些著名的水利工程。例如，安徽境内的佛子岭、梅山水库，河南境内的板桥、石漫滩水库，山东沂沭河改道工程等。这些山区的开发工程及后来继续兴建的同类工程，都曾为淮河流域内广大人民群众带来了巨大的经济效益。特别是佛子岭水库，其在《治淮方略》中第一次被提出来后，在交通困难、施工机械缺乏的情况下，淮委艰苦创业，奋战三年，如期建成。该水库是当时华东地区最早兴建的水库，也是中国大地上第一个建成的钢筋混凝土连拱坝。

1950 年 11 月 3 日，周恩来在政务院第 57 次政务会议上讨论治淮报告时集中论述了治淮的一系列原则。第一，"统筹兼顾，标本兼施"。一是要兼顾蓄水和泄水。二是要兼顾不同地区。他说，这次治水计划，上下游的利益都要照顾到。三是要兼顾不同部门。他强调应有利于灌溉农田，上游蓄水库注意配合发电，下游注意配合航运。什么是标本兼施？他指出，淮河应该根治，但治本的计划不能一下全部弄出来，因为工程太大。但是又不能等到明年才动工。因此，要标本兼施，治标又治本，

　　　　　　　　　　　　　　　　　　　　　　周恩来与治水

明确了治淮的方向后，在不妨碍治本的原则下来治标。第二，"有福同享，有难同当"。他说，事情总是应该大家分担一些才能解决，哪一方面想单独保持安全都不行。第三，"分期完成，加紧进行"。治淮不可能明年便全面开工，人才、器材、勘测等准备工作都不够。因此，明年只能做一部分，分期来完成。治淮的过程是由有灾到少灾，由少灾到无灾，一步一步来。第四，"集中领导，分工合作"。今后治淮工作，以华东为主，中南为副，集三省之力一块来搞，上下游共同分工合作。在工作进行时，水利部应经常驻人在当地具体领导、监督。第五，"以工代赈，重点治淮"。在灾区实行以工代赈，而不是以赈代工，重点在治淮工作。[1]

周恩来论述的治淮原则是对毛泽东根治淮河战略意图的具体化。他论述的蓄泄关系、标本关系、上下游关系、不同部门间关系、集中与分工关系、过程与阶段关系、治淮（工）与救灾（赈）关系，全面、周到、深刻，充满着唯物辩证法的光辉。这些原则不仅在治淮工作中，而且在新中国的水利建设以至其他经济建设中，发挥了极其重要的指导作用，影响十分深远。

七、头七年治理　定良好基础

1950 年 11 月 21 日、22 日，周恩来又连续两天参加治淮会议，研究治淮第一期工程问题。1951 年 8 月 17 日至 5 月 4 日，水利部部长傅作义和副部长李葆华亲赴淮河流域视察，检查水利工程的进行情况。5 月上

---

[1] 《周恩来经济文选》，中央文献出版社 1993 年版，第 78—81 页。

旬，中央治淮视察团在代团长邵力子率领下，赴治淮工地视察。视察团带有毛泽东颁发给治淮委员会以及河南、皖北、苏北三省区治淮指挥部的四面锦旗，上有毛泽东的亲笔题字："一定要把淮河修好。"毛泽东的题字精印了 15 万份由视察团分赠给治淮干部和民工中的劳动模范们。视察团向全体治淮民工和干部转达了毛主席和周总理的问候。1951 年 7 月 20 日，即毛泽东作出根治淮河批示一周年的日子里，根治淮河的第一期工程胜利完成。共完成蓄洪、复堤、疏浚、沟洫等土方工程约 1.95 亿立方，石漫滩山谷水库一座，板桥、白沙两处山谷水库的一部分，润河集蓄洪分水闸 1 座，其他大小涵闸 62 处，谷坊 150 座。经过这一期整治，为以后的全面治理与开发初步打下了基础。

在以后几年的治淮工作中，周恩来同谭震林、邓小平、邓子恢、薄一波、李葆华等多次研究淮河水利问题。1954 年淮河流域连续 5 次暴雨，相继出现 5 次洪峰，正阳关洪水位 26.55 米，超过 1931 年 1.79 米，超过 1950 年 1.64 米；蚌埠洪水位 22.18 米，超过 1931 年 1.73 米，超过 1950 年 1.03 米。由于已修防洪工程发挥了作用，加上各地紧急抢护工作和一些必要的临时分洪措施，保护了苏北平原、涡河以东的皖北平原及蚌埠、淮南等城市的安全，并保障了津浦铁路的畅通。1954 年淮河大水客观上对前几年治淮工作进行了检验，也对以后的治淮工作提出了更高的要求。

1957 年 11 月 11 日至 12 月初，国务院在北京召开淮河流域治理工作会议。其间，周恩来听取邓子恢关于治淮问题的汇报，详细了解 7 年中治淮投资及其在鲁、豫、苏、皖的资金分配、工程安排与受益情况，并询问了 1958 年治淮安排。在蓄泄兼筹、标本兼施、分工合作、集中领导等治淮原则指导下，到 1957 年冬，治淮投资 12.4 亿元，初步治理了大小河道 175 条，修建佛子岭、梅山、磨子潭、响洪甸、南湾、薄山、板桥、石漫滩、白沙等山谷水库 9 座，湖泊洼地蓄洪 11 处，总库容 316 亿立方米，培修淮河主要堤防 3985 公里，运河堤防 633 公里，修建大小涵闸 559 座，桥梁 1185 座，在防洪、除涝、灌溉、发电、航运等方面取得了显著成绩。

八、把治淮方向　纠治淮偏差

新中国治淮的道路并不一帆风顺，而是在曲折中前进的。1958 年，面对治淮的初步胜利，一些人头脑开始发热，在全国"大跃进"的大背景下，治淮工作一度陷入混乱。第一，把体制下放，扩大地方权力的政策套用到治淮领导机构上，放弃了周恩来强调的分工合作、集中领导的原则，于 1958 年 7 月撤销了治淮委员会，影响了对豫、皖、鲁、苏治淮工作的协调与集中，使地方主义、分散主义发展起来。第二，否定周恩来倡导的蓄泄兼筹的原则，片面强调群众修水渠，节节拦水，不讲排水。把群众遍地修渠，在沟里一节节拦水的做法，叫"葡萄串"；在地面上一片片拦住水，叫"满天星"。这种做法，一方面造成了上游土地盐碱化和下游洪水淹地的严重后果；另一方面，在报刊上大为宣传，并被概括为蓄水为主、小型为主，群众自办为主的治水方针，在全国大力推行，引起了思想混乱。

对于"大跃进"中出现的错误做法，周恩来坚决地站出来拨乱反正。1962 年七千人大会上，大家对"蓄小群"意见很大。2 月 9 日，周恩来在国务院会议厅主持召开了解决水利纠纷问题会议。会上，他责成有关负责人亲自到淮河流域现场查勘，听取干部和群众的意见，并向他汇报。后来，在有关的省委书记参加的会议上，他重申了蓄泄兼筹的治淮原则，形象而深刻地说："我问过医生，一个人几天不吃饭可以，但如果一天不排尿，就会中毒。土地也是这样，怎能只蓄不排呢?" 1964 年 6 月 10 日，他总结了新中国水利工作上的 4 条经验教训，其中有一条是治淮工作中犯了地方主义、分散主义的错误。他一方面主动承担责任，检查自己对不要统一的治淮委员会，不要统一规划，取消淮委，让了步，没有坚持正确的做法；另一方面严肃批评了个别地方领导不要统一的治淮委员会，既不顾上游也不顾下游的地方主义，重申了上中下游统一规划，照顾全局的治水原则。后来恢复统一的治淮委员会，行使集中领导、协调上中下游关系的职能，正是周恩来的愿望。

治理长江

一、兴修荆江分洪工程

（一）心忧荆江之险　酝酿分洪工程

长江流经湖北枝城至湖南岳阳附近的城陵矶这一段，被称为荆江。其中，又以湖北公安县藕池口为界，分为上荆江和下荆江。"渡远荆门外，来从楚国游。山随平野尽，江入大荒流。"李白的这首《渡荆门送别》惟妙惟肖地描绘了长江即将进入荆江段的山原分野的地理形胜。穿峡谷奔腾而来的长江，到了平原地段开始使人感到洪水泛滥的威胁。从东晋开始，就以荆州为中心修筑了荆江大堤，以约束洪水。

由于地势平坦，河道弯曲平缓，水流宣泄不畅，加之上游洪水又常与洞庭湖湘、资、沅、澧四水及清江、沮漳河相遇，荆江汛期洪水位常高出堤内地面 10 多米。如果大堤发生溃决，巨大的洪水以高出地面 10 米以上的水头倾泻而下，荆北广大地区将尽成泽国，从而造成毁灭性的灾难。所以人们常说，"千里长江，险在荆江"。

新中国成立前近百年中，荆江曾发生 1860、1870、1896、1931、

1935 等年的大洪水。清代有人曾作诗曰："江陵自昔称泽国，全仗长堤卫江北。咫尺若少不坚牢，千里汪洋只顷刻。"1935 年的大洪水，据当时出版的《荆沙水灾写真》记述，荆州城外大片村镇居民，"登时淹毙者几达三分之二。其幸免者，或攀树巅，或骑屋顶，或站高阜，均鹄立水中，延颈待食。不死于水者，将悉死于饥，并见有剖人而食者"。当地曾经流行过这样两句民谣："荆州不怕起干戈，只怕荆堤一梦终。"荆江之险，历来是人民心中的一个忧患。

1949 年夏天，荆江大堤冲和观一带，因经受不住洪水的冲击，大部堤身已经崩塌江中，眼看就要发生溃堤，幸好洪峰持续时间不长，侥幸地避免了一次毁灭性的灾害。1950 年淮河大水，造成了人民生命财产的重大损失。周恩来由此及彼，忧虑起荆江来。他想：荆江历史上的惨剧不能重演，今日淮河的灾难不能在荆江重现。1950 年，周恩来在抓治淮的同时，开始了对荆江治理的思考。

1950 年 8 月，周恩来亲自主持召开了治淮会议。长江水利委员会主任林一山参加了这次会议，他为周恩来对人民负责的精神和严谨的治水态度所鼓舞。会后，林回到武汉，立刻主持了江汉平原与洞庭湖区的水利工程规划设计工作，在年初查勘汉江大堤和荆江大堤的基础上，提出了以荆江分洪工程为中心的防洪计划作为治江的第一阶段计划。

1950 年第一个国庆节期间，中南局代理书记邓子恢向毛泽东、刘少奇、周恩来汇报了荆江分洪工程设计方案。毛、刘、周亲阅了工程设计书，并派人向林一山询问了一些具体情况。

两个月后，周恩来主持召开了政务院第 67 次政务会议。水利部部长傅作义作了《中央人民政府水利部关于水利工作一九五〇年的总结和一九五一年的方针与任务》的报告。报告中指出，长江最近几年的治理，应以荆江防洪工事为重点,"荆江容量不能安全承泄川江最大洪水来量,应测勘研究分洪蓄洪方案,并推进准备工作"。会议讨论并批准了傅作义的报告。会上,周恩来就治水理论问题,水利工作的方针与步骤问题,统一性与积极性问题,计划性与临时性问题,工作重心问题,义务工与工资制问题等,作了总结。周恩来特别指出,长江的沙市工程,即荆江分洪工程。在必要时,就要用大力修治,否则,一旦决口,就会成为第二个淮河。

荆江分洪工程需要湖南、湖北协力合作,周恩来十分重视两湖的意见。1950年冬,他给邓子恢写了封信,谈到明朝一代名相张居正是湖北江陵人,认为长江水多不能向北淹,往洞庭湖流问题不大。周恩来指出,我们搞荆江分洪工程不能搞本位主义。信写毕,他把水利部党组书记兼副部长李葆华叫到政务院,让李持他的亲笔信去武汉找邓子恢,请邓召集中南局会议征求意见,并向湖北张难先、湖南程潜等做说服工作。李葆华到武汉后,邓子恢很快就召集了中南局会议。会上,李葆华传达了周恩来在给邓的信中谈到的兴修荆江分洪工程,避免水淹武汉的意见。邓子恢根据周恩来的信,分别找程潜和张难先谈话,初步取得了两湖相近的看法。

(二)召开各方会议　调解两湖纠纷

长江上游来水进入荆江河段后,每年均有相当一部分水量要经过南岸的松滋、太平、藕池、调弦四口分流入洞庭湖调蓄,与湖南的湘、资、沅、澧四水汇合后,复由城陵矶注入长江。因而形成了复杂的江湖关系,即一方面江水不能不通过洞庭湖调蓄,另一方面江水在入湖调蓄时所携带的大量泥沙又导致湖泊的淤积和萎缩。近百年来湖区围垦又人为地缩小了洞庭湖的自然面积,减弱了洞庭湖的调蓄能力。上述江湖矛盾引起湖南、湖北两省人民生死利害的矛盾。

长江水利委员会提出的荆江分洪工程方案,包括荆江大堤加固、进洪闸、节制闸、拦河土坝、围堤培修以及安全区等工程项目。分洪区位于荆江南岸，湖北省境内公安县虎渡河以东，安乡河以北，外围自太平口沿长江干堤至藕池口，折向西南抵虎东干堤，再沿虎东干堤至太平口，成一袋形，总面积 921 平方公里，有效库容 54 亿立方米。对上述方案，湖北持积极态度，湖南则有些顾虑。历史上存在着舍南救北的矛盾，荆江分洪区虽在湖北境内，但分洪区蓄满水，就等于洞庭湖头上顶了一盆水，万一南线大堤决口，就要水淹湖南。如黄克诚所说，荆江分洪工程搞得不好，湖南出了力，就等于自己淹自己。周恩来、邓子恢向湖南作说服工作，看法有所接近。1951 年长江水利委员会在修堤费里积了点钱，把分洪区原先群众修的老堤戴了个帽帽，加了个埂埂。这一戴帽、加埂，湖南从当地利益考虑向中央告了状。常德专署专员柴保中通过黄克诚向毛泽东写信，力陈长委会的做法损害了洞庭湖滨湖地区群众的利益。

在这种情况下，周恩来指示水利部安排两湖有关人员来京召开荆江分洪工程会议，以解决问题。

荆江分洪工程会议于 1952 年 2 月 17 日至 19 日，开了 3 天。出席会议的有：中南水利部潘正道副部长，规划处王恢先处长；长江水利委员会林一山主任，何之泰副总工程师；湖北省农业厅徐觉非厅长；湖南省水利局孟信甫局长，常德专署柴保中专员，另外还有工程技术人员 4 人。会上，两湖对荆江分洪工程完成后既能保障荆江大堤的安全，也能减轻对洞庭湖的威胁，意见是一致的。但湖南对长江发生特大洪水是否分洪，如果分洪，如何能免除对湖南的威胁，仍存在着顾虑。

2 月 20 日，周恩来亲自召集水利部部长傅作义，副部长李葆华、张含英，技术委员会主任须恺等以及两湖到京人员开了一个会。周恩来反复询明各种情况后，先表扬常德专署、湖南水利局写信给毛主席，关心滨湖群众利益。紧接着转过来说:"荆江分洪工程是毛主席批的,怎么到现在还没有开工?"并严肃批评:"毛主席批的工程,中南局、湖北省委、水利部、长委会都置之脑后,不负责任。"这里生动地体现了周恩来深入细致的工作作风和高超的领导艺术。如果当时对湖南采取简单粗暴的压服态度,显然只能激化两湖矛盾,无助问题的解决。

2月23日夜,周恩来向毛泽东和中央写了关于荆江分洪工程会议情况的报告。他指出:"如遇洪水,进行无准备的分洪,必致危及洞庭沿湖居民,如肯定不分洪则在荆江大堤濒于溃决的威胁下,仍存在着不得已而分洪的可能和危险。这就是两省利害所在的焦点。"他说:"经反复研究并询明各种情况,得知中南对于这样大事于中央决定后只在政治报告会上做了一次传达,并未作任何切实的布置,亦未召集两省有关人员及负责同志开会商讨,便轻易地交给长江水利委员会去进行;同时两省负责同志对此事也未引起应有的注意,群众中除移民的部分外更不知道这件事。"对此,周恩来提出了具体处理办法,并主持起草了《政务院关于荆江分洪工程的决定》初稿。周恩来说:"这一决定是我当场征求了各方有关同志并在会后又征求了养病中的袁任远的同意做出的,现送上请审阅,拟将此决定草案再电询子恢、先念、克诚等同志意见后再以正式文件下达。"[1]

2月25日,毛泽东仔细审阅了周恩来的上述报告,并作如下批示:"周总理:(一)同意你的意见及政务院决定;(二)请将你这封信抄寄邓子恢同志。"

(三)发布工程决定 规定完工期限

1952年3月15日,中南军政委员会作出了《关于荆江分洪工程的

---

[1] 中央档案馆编:《周恩来手迹选》文电、批示卷(下),北京出版社1998年版,第192页。

决定》。《决定》指出，根据中央指示，经有关部门负责人商讨，"一致同意荆江分洪的计划，认为这一计划的方针是照顾全局，兼顾了两省，对两湖人民都是有利的"。

3月21日，周恩来主持政务院第129次政务会议，通过了《政务院关于一九五二年水利工作的指示》。其中规定："长江中游继续加强荆江大堤，以保证堤身的安全，并于汛前保证完成荆江分洪工程中围堤及进洪闸与节制闸。中下游其他地区仍应分段保证1931年或1949年的最高洪水位不生溃决。"

2月底，李葆华同苏联水利专家布可夫一道去武汉，然后又亲往荆江分洪地区视察，调查掌握具体情况。李葆华去武汉后，周恩来不断与李进行电话联系。在李葆华汇报情况的基础上，周恩来对原来起草的《政务院关于荆江分洪工程的决定》初稿进行了部分修改。

3月29日，周恩来写信给毛泽东并刘少奇、朱德、陈云："送上1952年水利工作决定及荆江分洪工程的规定两个文件，请审阅批准，以便公布。关于荆江分洪工程，经李葆华与顾问布可夫去武汉开会后又亲往沙市分洪地区视察，他们均认为分洪工程如成则对湖南滨湖地区毫无危险，且可减少水害。工程本身，关键在两个闸（节制闸与进洪闸），据布可夫设计，六月中可以完成，中南决定努力保证完成。我经过与李葆华电话商酌并转商得邓子恢同志同意，同时又与傅作义面商，决定分洪工程规定修改如现稿，这样可以完全解除湖南方面的顾虑，因工程不完成决不分洪，完成后是否分洪，还要看洪水情况并征得政务院批准。至北岸分洪的根治办法及程颂云（程潜）所提意见，当继续研究。"这封信字里行间充满了周恩来对荆江分洪工程的积极、慎重、认真、负责的精神。他在筹划过程中所付出的大量心血，也可从信中略知一二。

《政务院关于荆江分洪工程的决定》是周恩来在与李葆华、傅作义、程潜、邓子恢等多次商量，反复斟酌，才最后定稿的。3月31日，公布了政务院的《决定》。《决定》指出："为保障两湖千百万人民生命财产的安全起见，在长江治本工程未完成以前，加固荆江大堤并在南岸开辟分洪区乃是当前急迫需要的措施。"《决定》就工程经费与人力、工程期限与质量、分洪的条件与审批、分洪区移民、北岸蓄洪区勘测、工程的领导与指挥等六大方面，一一作了具体规定。政务院的《决定》有力地保证了荆江分洪工程的全面开工与顺利进行。

政务院的《决定》中有四个字加了着重号，即"1952年汛前应保证完成两岸分洪区围堤及节制闸、进洪闸等工程"一句中的"保证完成"四字。这一限期完工的规定体现了周恩来严谨的治水思想。其一，天时不可多得，两个汛期之间是完成分洪工程的最佳时机。1952年汛前完成工程，即使1952年汛期荆江发生大洪水，既可使工程发挥防洪作用，又不使工程半途而废，毁于洪水。其二，通过李葆华、布可夫的实地调查，证明汛前完成是有现实可能性的。这同那种凭抽象可能性规定过高任务，结果欲速则不达，有着根本的不同。其三，规定完工期限，使工程领导者和建设者能有一种紧迫感。荆江分洪主体工程完工后，周恩来在政务院第143次政务会议上说，荆江分洪工程不搞吧，又怕淹了湖北；搞吧，黄克诚同志来电说，如果不彻底搞，湖南出了力，就等于自己淹自己。我们决定了彻底搞，并限期100天完工，结果75天就完工了。如果没有限期，就不会完成得这样快。

（四）组建领导机构 保证工程所需

周恩来具体过问水利建设，向来认为大型水利工程必须要有强有力的领导和指挥机构。对于荆江分洪工程的领导机构，周恩来主持制订的政务院《决定》提出了如下原则："为胜利完成 1952 年荆江分洪各主要工程，应由中南军政委员会负责组成一强有力的荆江分洪委员会和分洪工程指挥机构，由长江水利委员会、湖南、湖北两省人民政府及参加工程的部队派人参加，并由中南军政委员会指派得力干部任正副主任。工程指挥机构的行政与技术人员由各有关单位调配。"

根据政务院的要求，中南军政委员会于 4 月初发布命令，成立荆江分洪工程委员会和荆江分洪工程指挥部。荆江分洪工程委员会以李先念为主任委员，唐天际、刘斐为副主任委员，郑绍文为秘书长，黄克诚、程潜、赵毅敏、赵尔陆、潘正道、齐仲桓、张广才、李毅之、林一山、许子威、王树声、袁振、徐觉非、郑绍文、刘惠农、田维扬、李一清、刘子厚、张执一、任士舜等为委员。荆江分洪工程指挥部以唐天际为总指挥，李先念为总政委，王树声、林一山、许子威、田维扬为副总指挥，袁振、黄志勇为副总政委。实践证明，这个强有力的领导与指挥机构对保证荆江分洪工程按质提前完成起了关键性的作用。

为促使荆江分洪工程能按期完工，周恩来设法从全国组织和筹集人力、物力与财力，以保证工程所需。3 月 7 日，周恩来在给邓子恢的电报中说："抢修南岸蓄洪区堤及两个闸所需器材，除中南可自行解决者外，尚缺何项物资须由中央调拨，望即作出详细计划，迳电中财委请拨。如人力及其他尚有困难，亦请电告。"8 月 31 日，政务院《决定》指出，必须保证荆江分洪工程按期完成，"至于人力、器材、运输及技术等方面，如中南力量不足时，得提出具体计划，速报请政务院予以解决"。工程进行中，周恩来问林一山差什么建筑材料，并说："如有困难不及时提出，我就无法负责了。"当时，长江内满载着工程器材的船只往来如梭，数十万吨的器材物资，从东北、上海、北京、天津、太原、汉口、南京等地，源源不断地运到荆江分洪工程工地。两湖组织了近20万的民工、工人、技术人员到工地。周恩来还征得毛泽东同意，抽调六个师，其中包括水利、铁道、建筑方面的四个工程师，6万余人，参加荆江分洪工程建设。全部工程由中央投资7150亿元，其中主体工程即第一期工程实用经费4142亿元（1955年3月1日实行币制改革前的旧人民币10000元兑换新币1元）。在当时百废待兴，抗美援朝战争正在进行，财政十分紧张的情况下，中央投入这么大的财力于荆江分洪工程是极不容易的。

4月5日，荆江分洪工程全面开工。5月24日，水利部部长傅作义代表中央到荆江分洪工地慰问，授予绣有毛泽东、周恩来亲笔题词的两面锦旗，毛泽东的题词是："为广大人民的利益，争取荆江分洪工程的胜利！"周恩来的题词是："要使江湖都对人民有利"。毛泽东、周恩来的亲笔题词对荆江分洪工程全体建设者是一个巨大的鼓舞。6月20日，荆江分洪主体工程全部完工，比规定的期限提前了15天。

1954年汛期长江流域连续发生暴雨。5、6两月暴雨中心分布在中游湘、鄂、赣地带，致荆江下段江湖水位均高。7月中旬，中游地区雨未停止，而上游地区又连降大雨，不仅雨区广，强度大，而且持续时间长。7月下旬至8月上旬，上游洪峰又接踵而来，而中下游江湖满盈未及宣泄，以致荆江发生了百年一遇的特大洪水。为了解除洪水对荆江大堤的威胁，经中央批准，先后三次运用荆江分洪工程，分泄了一万流量，使沙市水位下降近1米，保住了荆江大堤。荆江分洪减缓了武汉洪水的上涨速度。当毛泽东获悉长江特大洪水被武汉人民战胜后，题词祝贺："庆贺武汉人民战胜了1954年的洪水，还要准备战胜今后可能发生的同样严重的洪水"。这次大洪水是对荆江分洪工程一次严格的考验，若没有荆江分洪工程发挥蓄纳超额洪水的作用，其后果将不堪设想。

二、筹划三峡水利枢纽

（一）探求治本之策

1954 年长江大水，通过荆江分洪工程蓄纳超额洪水，保住了荆江大堤、武汉市堤，但仍有耕地 4755 万亩受淹，受灾人口达 1880 万人，死亡 33000 多人，京广铁路不能正常运行达百日之久。荆江分洪工程减轻了洪水为害的程度，但还不能根本改变"万里长江，险在荆江"的严峻局面。

长江大水时，周恩来正忙于在日内瓦举行的关于解决印度支那和朝鲜问题的会议，并进行紧张的国事访问。回国后，周恩来一方面认真组织救济灾民和恢复生产的工作，一方面指示长委会一定要从长江流域规划入手，探求治本之策。他还亲自与苏联部长会议主席布尔加宁联系，要求派苏联专家来华帮助长江流域规划工作。1953 年 2 月，毛泽东乘"长江"舰从汉口到南京，就三峡工程和南水北调问题同林一山谈了三天。1954 年 12 月中旬，毛泽东、刘少奇、周恩来在武汉到广水的专列上，又专门听取了林一山关于长江三峡水利枢纽的汇报。

开发三峡的设想最早是孙中山先生在 1918 年以英文撰写《实业计划》时提出来的。他说，自宜昌以上，"当以水闸堰其水，使舟得溯流以行，而又可资其水力"。1924 年 8 月 17 日，孙先生在《民生主义》第三讲中又进一步说："像扬子江上游夔峡的水力，更是很大。有人考察由宜昌到万县一带的水力，可以发生三千余万匹马力的电力，像这样大的电力，比现在各国所发生的电力都要大得多；不但是可以供给全国火车、电车和各种工厂之用，并且可以用来制造大宗的肥料。"1936 年奥地利人白郎都，1944 年美国人潘绥、萨凡奇也先后研究并提出过"三峡开发初步计划"。由于当时政府腐败，经济凋敝，是项工程殊难举办。中华人民共和国成立仅 3 年就兴修了荆江分洪工程，紧接着就开始探求治本之策，把三峡工程提到了国家建设的议事日程上。

1954 年 12 月底，苏联部长会议主席布尔加宁给周恩来一个复照，答复立即派首批专家 12 人启程来华。1955 年 3 月至 7 月，苏联专家陆续到达武汉，参与长江规划查勘与设计工作。当时中国没有修大坝的经验，非常重视苏联专家的意见。苏联专家热情工作，同长委会专家一起进行了艰辛的探索，为寻找三峡合理坝址，发挥了重要作用。最初，苏联专家组曾认为：位于重庆以上 40 公里的猫儿峡，应该做一个大坝。但是，控制猫儿峡还不能解决长江中下游的洪水威胁问题，因为下面还有嘉陵江、乌江以及三峡区间共达 30 万平方公里尚未控制，这些地区还可以发生相当大的洪水。1870 年洪水，嘉陵江地区、三峡区间就是主要的洪水来源地。后来，苏联专家又帮助找到了三峡三斗坪坝址。

1955 年底，周恩来请林一山和苏联专家组长德米特里也夫斯基一同到北京开会。周恩来亲自主持会议，围绕着治江战略重点应放在哪里？是在猫儿峡筑坝还是在三峡修建水库等问题，认真听取了双方的意见。周恩来最后明确指出，三峡水利枢纽有着"对上可以调蓄，对下可以补偿"的独特作用。三峡应是长江流域规划的主体。德米特里也夫斯基赞同周恩来的意见。

1956 年 6 月，毛泽东三次畅游长江之后，写下了《水调歌头·游泳》，描绘出"更立西江石壁，截断巫山云雨，高峡出平湖"的壮丽宏图。毛泽东以诗的形式再次肯定了治理长江的战略重点在三峡。1957 年12 月 3 日，周恩来为全国水力发电建设展览会亲笔题词："为充分利用中国五亿四千万千瓦的水力资源和建设长江三峡水利枢纽的远大目标而奋斗！"清楚地表明了三峡工程在全国建设中的重要地位。

总之，毛泽东、周恩来把三峡水利枢纽看成是长江治本的千年大计。

（二）实地查勘三峡

1958 年 1 月中旬，中共中央在南宁召开工作会议。毛泽东要求会议安排讨论三峡工程问题，并派飞机把两种不同意见的代表林一山和李锐接到会上，进行了汇报。为了加强对三峡工程的领导，在会上，毛泽东请周恩来挂帅。周恩来谦虚地说："这么大的事，还是请主席管。"刘少奇说："恩来同志能领会主席意图，还是请恩来同志挂帅。"周恩来说："好，我来管。"毛泽东高兴地伸出 4 个手指说："好吧！你来管，一年抓四次。"

南宁会议后，周恩来访问朝鲜。回国后，周恩来不顾旅途疲劳，风尘仆仆乘火车赶往武汉。2 月 26 日，周恩来、李富春、李先念等到达汉口，王任重到大智门车站迎接。晚上，周恩来等登上江峡号客轮，溯江而上，开始了对三峡地区的考察。27 日，周恩来在船上主持讨论了汉江流域规划和丹江口工程。

28 日上午，周恩来头戴一顶皮帽，身着黑灰色呢子大衣，冒着鹅毛大雪，视察荆江大堤。他在堤上认真听取了林一山等关于"万里长江，险在荆江"的情况介绍，仔细询问荆江大堤的历史沿革和抗洪情况。离郝穴不远的祁家渊，是荆江大堤最险要的堤段。那里有一座 170 年前为防止河岸冲刷而修建的导流顶坝。周恩来在那里察看得十分仔细，他指着顶坝赞扬说："这是公元 1780 年建筑的，它充分表现了我国劳动人民和古代水利专家的智慧。170 年前有改变水流方向的思想可不容易啦！"周恩来赞成林一山等人的看法：只有修建三峡大坝，迎头拦蓄调节汛期上游来的洪水（占中游洪水来量的 70%），才能从根本上防止洪水可能产生的大灾难。周恩来又指出，在三峡大坝没有修建之前，必须重视加高培厚堤防和分洪工程等治标工作；有了三峡大坝，也还要修堤防汛。下午 2 时，周恩来到沙市同荆州地委负责人座谈治理荆江和加固荆江大堤问题。在沙市逗留约 1 小时后，复乘江峡轮西上视察三峡。

3 月 1 日上午，江峡船在南津关下牢溪附近泊岸。周恩来健步踏着青石板路，攀上了南津关制高点，环视大江东去，还看了三游洞和打的斜钻孔，了解了溶洞情况。美国萨凡奇曾提出以南津关作三峡大坝坝址，而今这里只是供选择的坝址之一。下午，看三斗坪坝址。周恩来和大家到中堡岛实地观察。在一个土台上，摊开设计图纸，由李镇南总工程师汇报了三峡枢纽布置以及施工方案，周恩来一一对照地形作了详尽的了解。在了解地质勘测工作，观看地质钻探岩芯时，周恩来取出一截岩芯，反复观看，赞不绝口，想带到北京给毛主席看看。技术人员说这是编了号的，他按照岩芯管理制度，在编号卡片上签了"周恩来"三个字。

3 月 2 日上午，周恩来在船上主持开会，苏联专家组长德米特利也夫斯基汇报了三峡水利枢纽建设的技术、造价、工程期限问题；对南津关和三斗坪两个坝址的优劣作了客观的分析比较；认为建设三峡大坝的综合效益是肯定的，技术上是有把握的。下午，周恩来和大家一起饱览了巫峡幽深、雄伟、秀丽的景色。

3 月 3 日，周恩来在船上主持讨论，要求大家敞开思想，各抒己见。讨论的问题主要是：需要不需要修建三峡大坝，能不能修建三峡大坝，三峡大坝是不是开发长江水利资源的主体工程，这个工程是不是有巨大的经济和社会效益，是不是要争取提前修建这个工程。这些问题林一山和李锐早有争论。林一山于 1956 年在《中国水利》第 5 期、第 6 期上发表了《关于长江流域规划若干问题的商讨》一文，从防洪、发电、航运、引水北方等方面说明三峡工程在综合治理开发长江中的重要地位和作用。李锐在同年9月《水力发电》第9期上发表文章反驳了林一山的观点。南宁会议上，两人又各自力陈了自己的看法。这天讨论，李锐仍旧不同意林一山的意见，反对长江流域规划确定的三峡为控制利用长江水利资源的主体。李锐主张先开发支流，认为长江防洪问题不大，加高堤防就可解决。李锐发言之后，周恩来让钱正英谈谈。钱正英发言赞成修建三峡水利工程，不同意李锐的意见。钱从长江流域的全局出发，认为三峡作为规划的主体工程是有道理的。钱说，长江的防洪问题关系到千百万人民的生命财产，决不可掉以轻心，单靠加高堤防是不能解决问题的。讨论会上，王任重、张劲夫、刘西尧、李葆华、刘澜波、阎红彦、李镇南以及苏联专家都发表了意见。林一山写的书面报告在会上发给了大家。周恩来非常重视反面意见，努力从中得到启发，吸取合理的内核。尽管他不赞成争论者执于一端的看法，但他没有也不会简单地否定争论双方的一家之言。

讨论会结束时已是深夜。当工作人员要收拾挂在墙上的规划和设计示意图时，周恩来亲切地说："留在这里，我还要看看。"天亮后，周恩来的秘书告诉林一山："总理发现里面的数据有错误。"林一山请李镇南复查，结果证明数据确实错了。周恩来这种严肃、谨慎、细致的工作作风，深入具体、夜以继日地为三峡操劳的崇高精神，深深教育了长江水利工作者。

（三）从渝、蓉到北戴河

3月5日到达重庆，周恩来领着大家去狮子滩，参观了水电站。他为狮子滩水电站亲笔题词："为综合利用四川水力资源树立榜样，为全面发展四川经济开辟通路"。在这一题词中，我们又一次领略到周恩来把水利建设放在整个经济建设的基础的和先行的位置上，不仅在全国如此，在每一个流域如此，在每一个地区亦如此。

3月6日上午，周恩来在重庆主持讨论《总结纪要》（即为中央文件写的草稿）。下午，他为三峡现场会作了总结讲话。主要总结了四个方面：第一，这次会议的主要问题是如何积极准备兴建三峡枢纽，并将向中央报告解决有关问题，同时必然会涉及长江流域的综合治理与开发。第二，应该肯定，"长办"（长江流域规划办公室）工作上有成绩，争论也是必要的。他说，这次通过实地考察，又连续开会讨论，大家一致肯定三峡工程必须搞，而且也能够搞，在政治上、经济上都具有伟大意义，技术上也是可能的，在不太长的时间，15年到20年，就可以建成。取得这样一致的意见，是很大的成功。同时，他又说，两年来的争论是有意义的，不争论哪会有这样多的材料回答各个方面提出的问题？在今后工作中，还允许有反对的意见，这是我们社会主义的优越性。争论只要是不妨碍工作，有利于工作，就应当提倡、鼓励。三峡是千年大计，对问题只发展一面，很容易走到片面，为三峡搞得更好，还是可以争论的。第三，周恩来就修建三峡水利枢纽本身的问题，讲了很多重要意见。兴建三峡准备工作要认真搞；三峡综合利用，不能孤立地谈，三峡是重点而不是一切，不能集中一点，不及其他；兴建三峡的准备工作可分为长江流域规划要点阶段、规划性设计阶段、初步设计阶段；三峡的南津关和三斗坪两个坝址还待进一步勘测设计比较再作决定；三峡大坝的正常高水位应当控制在吴淞基点以上200米，不能高于这个高程，同时还应该研究190米、195米两个高程；三峡枢纽完成的时间设想是15—20年；三峡投资与效益计委要进行计算；"长办"应仔细计算提出具体的工作程序。第四，对于以三峡为主体的长江流域规划，周恩来提出了"统一规划，全面发展，适当分工，分期进行"的十六字原则；指出要解决好远景与近期、干流与支流、上中下游、大中小型工程以及水火电等"相济"关系；强调在三峡未兴建之前，防洪要加紧进行，要防止等待三峡工程和以为有了三峡工程就万事大吉的思想；宣布成立长江流域规划委员会，"长办"属"规委"和水电部领导。最后，周恩来表示，以上问题要报告中央和毛主席，批准了之后才能执行。

3月8日至26日，中共中央在成都召开有中央有关部门负责人和各省、市、自治区党委第一书记参加的工作会议。23日，周恩来在大组会上作了关于三峡水利枢纽和长江流域规划的报告，会议讨论并同意周恩来的报告。25日，形成了《中共中央关于三峡水利枢纽和长江流域规划的意见》的文件。4月5日，中共中央政治局会议予以批准。文件明确指出："从国家长远的经济发展和技术条件两个方面考虑，三峡水利枢纽是需要修建而且可能修建的，但是最后下决心确定修建及何时开始修建，要待各个重要方面的准备工作基本完成之后，才能作出决定。""现在应当采取积极准备和充分可靠的方针，进行各项有关的工作。"既重视三峡工程在长江治理与开发中的重要地位，积极为之准备；又反对三峡工程在条件不充分具备的情况下草率上马，急躁冒进，这是周恩来具体负责三峡工程的一贯指导思想。

8月31日，周恩来在北戴河亲自主持了长江三峡会议。参加会议的有李富春、李先念、聂荣臻及长江流域三大区第一书记、各有关省委第一书记以及中央各部、委、院的主要负责人。会上，林一山作了工作汇报。周恩来听取了汇报和各方面的意见之后，发表了讲话。他再次强调长江流域规划应是联系全面、综合利用的整体规划；三峡是长江主体工程，应有主有从，全面进行论证，防止只集中一点不及其他的思想。他说："三峡两个坝区，应找更多的材料，目前实际力量可以摆在三斗坪，增加三斗坪坝区有价值的论证。"周恩来亲自担任长江流域规划委员会主任，提议流域三大区第一书记以及李富春、李先念、聂荣臻当副主任，各有关省的省长和第一书记参加，并责成王任重多负些责任。会上，周恩来批准了三峡试验坝——蒲圻枢纽，并指出："从现场研究工作方法最好，把握也更大。"

（四）雄心不变 加强科研

1959 年 7 月 2 日至 8 月 16 日，中共中央在庐山先后举行政治局扩大会议和八届八中全会。会议期间，周恩来挤出时间去询问在庐山工作的苏联专家组长巴克塞也夫："三峡工程设计已达到怎样的水平？"巴克塞也夫回答："现在即可做施工准备。"但是，由于"大跃进"的主观蛮干和盲目冒进，民力与国力受到了损伤，加上继之而来的自然灾害和苏联撤走专家，1960 年国民经济和人民生活遇到了严重困难，三峡工程建设也一度受阻。

为渡过难关，1960 年 8、9 月间，周恩来、李富春提出了"调整、巩固、充实、提高"国民经济的八字方针。8 月，第二次北戴河中央工作会议期间，周恩来又召开了一次长江规划工作会议，根据当时总的形势，亲自调整了三峡建设步伐。他说："现在国家正处在困难时期，但对三峡工程应该是：雄心不变，加强科研。"

三年困难与调整时期，在缩短基本建设战线的同时，非农业机构也进行了精简。长江流域规划办公室要不要精简？对此，"长办"党委研究了三个方案，即大减方案、小减方案和不减方案。所谓不减方案，就是以自办农业，渡过难关的办法来保存技术力量。周恩来说："'长办'不能散。"又问："'长办'大办农业哪来的钱?"林一山说："请总理解冻'长办'10万元。"周恩来说："那点钱怎么够用?"林说："准备自筹一点。"周恩来说："好,我批准给你贷款50万元。"这样"长办"的技术力量保存下来了,并在丹江口、葛洲坝等水利枢纽的建设中发挥了重要作用。

周恩来最大的特点之一是实事求是。1961年三峡工程没有上马,周恩来具体指出了有以下几个方面原因:第一,当时全国电力装机还不到一千万千瓦,而三峡就有一千多万千瓦;三峡工程直接投资加间接投资需要上百个亿,上马后中途不能停顿,这是60年代初的国力难以为继的。第二,当时国际形势比较紧张,如果敌人把大坝炸毁,中下游五六个省就会成为一片泽国。他强调大坝修建之前必须研究解决防空问题。第三,黄河三门峡水库已发生了泥沙淤积问题,长江也有泥沙淤积问题,必须在大坝修建之前研究出解决淤积的办法。有鉴于此,周恩来曾经感慨地对人说,毛主席讲的"高峡出平湖",我恐怕是看不到了,留给子孙后代去实现吧!但是周恩来直到生命的最后一刻也没有放弃"高峡出平湖"的雄心,强调加强科学研究,积极创造条件,把三峡工程建在充分可靠的基础上。周恩来有生之年虽没有看到三峡大坝,却领导修建了长江第一坝——葛洲坝,为修建三峡大坝作了最充分的实战准备。

三、修建丹江口水利枢纽

（一）酝酿

汉水是长江最长的一条支流。它发源于秦岭南麓,经过陕西南部和湖北西北部，蜿蜒东流 1577 公里，最后于武汉市汇入长江，流域面积约 16 万平方公里。汉水源远流长，自古人们就把江、淮、河、汉并称为四大名川。但是，汉水在过去也是我国主要洪泛区之一。1935 年 7 月 1 日开始的一次暴雨，中心在湖北省五峰县，降雨量达一千余毫米，汉水中下游一夜淹死了 8 万人。"汉江洪水浪滔天，十年就有九年淹，卖掉儿郎换把米，背上包袱走天边。"这是过去汉江中下游最流行的一首民谣。现在世居国外，祖籍天门的侨民华裔，有许多是当年漂流异国的灾民的后人。

孙中山先生在《建国方略·实业计划》中对汉水曾论述道："改良此水，应在襄阳上游设水闸。此一面可以利用水力，一面又使巨船可以通航于现在惟通小舟之处也。"但在当时的社会条件下，再好的治理汉水的方略也只能束之高阁。

中华人民共和国成立后，治理汉水才真正提到了国家的议事日程上。1950 年 8 月，周恩来在自然科学大会上号召"要把几条主要河流，如淮河、汉水、黄河、长江等修治好"。长江水利委员会一成立，就开始了对汉江的查勘。

1953 年 2 月，毛泽东乘"长江"舰东下时问林一山南水北调有无可能？林说："汉江和渭河、黄河平行，中间只有秦岭、伏牛山之隔，它自西而东，越到下游地势越低，水量越大。这就有可能找到一个合适的地点来兴建引水工程，叫汉江通过黄河，引向华北。"毛泽东让林立即研究这个问题。后来，水利专家研究了从通天河引水，从丹江口水库和三峡水库引水，从江苏省江都县（今扬州市江都区）境内提水的西线、中线、东线三种南水北调方案。

1954 年 12 月，在汉口到广水的专列上，毛泽东、刘少奇、周恩来听取林一山关于三峡工程问题的汇报，了解三峡工程在技术上有无可能性。林一山曾说："如果不用苏联专家的帮助，我们自己也可以建成三峡工程，但需要在丹江口水利枢纽工程建成以后，因为丹江口水利枢纽工程的规模，也算得上是世界第一流的大工程，我们有了这种经验，就可以把技术水平提高到能够胜任三峡工程的设计。"

修建丹江口水利枢纽，曾考虑到南水北调问题，但主要是为了治理汉水，解除汉江洪水的威胁。周恩来具体负责长江干支流的治理，在抓荆江分洪工程之后，又分心过问丹江口工程建设。

（二）动工

1958年2月26日晚上，周恩来从汉口溯江而上开始了为期一周的三峡考察。他在江峡号客轮上主持的第一天会是讨论丹江口工程。27日上午，长江流域规划办公室魏廷铮汇报了汉江流域规划和丹江口水利枢纽工程设计。与会者经过讨论，通过了建设丹江口水利枢纽工程的决定。下午，周恩来作了总结发言。他指出，一定要建好丹江口水利枢纽工程。第一，确保质量。第二，要妥善安排移民。第三，设计由"长办"负责，施工由湖北省政府负责，省长张体学亲自挂帅。

3月5日，周恩来在重庆为三峡现场会议作总结讲话。在阐述以三峡为主体的长江流域规划问题时，他多次谈到丹江口工程。他说："水电部、各省以及流域机构，要适当进行分工，如丹江口枢纽，设计仍由长办搞，湖北省应着重政治领导，技术方面由'长办'负责，施工将来要另设工程局，分期进行。"周恩来指出："由于准备充分，现在已经肯定了丹江口纳入第二个五年计划，汉江流域规划仍要继续进行。"

3月25日，中央成都会议讨论并通过了周恩来"关于三峡水利枢纽和长江流域规划的报告"。同时批准了长江流域规划第一期工程——丹江口工程，应当争取1958年作施工准备或者正式开工。

7月，丹江口工程委员会成立。湖北省省长张体学担任主任，"长办"主任林一山和河南省副省长彭笑千担任副主任。

8月中旬，周恩来要林一山从北京一道乘飞机前往北戴河。在飞机上他向林一山询问了丹江口工程。

8月31日，周恩来亲自主持北戴河长江三峡会议，其中听取了丹江口工程施工组织工作的汇报，同意丹江口水利枢纽上马。周恩来在讲话中还具体指出："丹江口枢纽的器材问题，湖北与水利电力部合作解决。"

作为长江流域规划的第一期工程，不先搞三峡，而是搞丹江口，这充分体现了周恩来积极稳妥、循序渐进的指导思想，体现了周恩来贯通理想与现实、目标与步骤、远景与近期的治水辩证法。

9月1日，规模巨大的丹江口水利枢纽工程正式动工兴建。为保证工程顺利施工，国家调拨水泥45万吨，钢材5万吨以上。10万大军昼夜奋战，专门铺设了一条从武汉经襄樊到丹江全长431公里的汉丹铁路。

（三）克服困难

丹江口工程在兴建过程中，曾经遇到过不少困难，但在周恩来具体关怀下，一一得到妥善解决。

1958年12月，周恩来在去麻城途中，曾经对林一山说，不要因为大爆破而影响丹江口大坝的基础。1959年8月庐山会议期间，周恩来要林一山谈谈丹江口工程。林说："今年元月，会同水电部一起对丹江口工程质量作了检查，认为质量不好。另外，基础也出现了9—11跨破碎带。"周恩来当即严肃指出："丹江口破碎带一定要处理好，混凝土施工要有质量控制。这个工程还关系到长江规划实施的第一步，一定要保证工程的质量。"

1961 年，丹江口工程发生裂缝问题。为解决这一问题，1962 年 2 月 8 日，周恩来在北京主持开会，李先念、邓子恢、谭震林、王光伟、钱正英、张体学、林一山等参加了会议。周恩来说，1961 年发生了问题，现在才处理，是迟了一点，但我们应有信心，把丹江口工程质量搞好，这是一件大事。他还明确指出，施工要服从设计，现在出了问题，要停工处理裂缝。会议开了整整一天。

经过采取补强加固措施，工程质量达到了设计标准。但是，当时国家经济困难，调整是当务之急。丹江口工程又产生了是否复工的问题，即继续把工程做完还是下马的问题。此时，周恩来又要林一山到北京，问林："丹江口还要多少钱才能发电？还要多少钱才能滞洪？工程不干下马要多少钱进行善后处理？"林一一作了回答。听了林的汇报，在旁的李先念说："上马与下马的钱相差不是太大，丹江口还是不下马的好。"周恩来又进一步询问林：混凝土浇筑还要多少钱，发电设备和安装要多少钱，要求分类分项一一落实。在周恩来过问下，水电部多次讨论丹江口工程是否下马的问题。最后，水电部给国务院提的方案是：丹江口工程不下马，继续修；考虑到南水北调要增加坝高，增加 20 万移民，还影响发电，决定近期不考虑南水北调，只考虑防洪、发电；原来按正常高水位 170 米，坝顶高程 175 米设计，改为按高坝设计，先按正常高水位 155 米，坝顶高程 162 米施工。根据水电部的方案，国家计委进行审查，然后经过周恩来批准，1964 年丹江口工程复工。

丹江口工程复工后，虽受"文革"动乱的影响，第一期工程还是于 1967 年胜利建成了。

（四）五利俱全

丹江口工程总投资约 7 亿元，20 多年来，综合效益累计达 110 多亿元，为投资的 15 倍。高 98 米、长 2500 米的凌霄大坝横锁着奔腾不羁的汉江。在汉江上游干流和支流谷地中，形成了一个能拦蓄 190 多亿立方米洪水的大水库，比洞庭湖装的水还要多。鄂西北和豫西南的工农业、"明星"城市襄樊、武汉 1.7 米轧机……都因丹江口水利枢纽的水和电而活、而发、而旺。当年的丹江口工地，不仅是后来的葛洲坝工地的练兵场，而且为将来三峡工程建设准备了队伍，提供了经验。

1972 年 11 月，周恩来在主持讨论葛洲坝工程的会议上，几次谈到要总结丹江口工程建设的经验教训。他给大家出了个题目：我们搞了这么多年的水利建设，哪一个工程能做到防洪、发电、灌溉、航运、养殖五利俱全？他说："丹江口将来有可能，现在还是开始。"

丹江口工程 1968 年 10 月第一台机组发电，1974 年 2 月竣工，自运行以来，五个方面都起了很大作用。

防洪方面：丹江口工程有效地控制汉江上游的洪水，再与下游的堤防、杜家台分洪工程联合运用，初步解除了洪水对中下游地区的威胁。

发电方面：电站装机 6 台，总容量 90 万千瓦，平均年发电 38 亿千瓦时，相当于旧中国水力发电总量的四倍多。它把强大的电流输送到河南和湖北的许多重要城市和广大山乡，有力地保证了华中工农业生产。

灌溉方面：丹江口为鄂豫两省引丹灌区 360 万亩耕地提供自流引水水源，昔日荒凉多难的"水泡子""旱岗子"成了旱涝保收的商品粮基地。随着引汉总干渠的延伸，还将进一步把汉江的水引向淮河和黄河去，逐步实现南水北调的宏伟规划。

航运方面：通过水库补充调节，汉江航道有所改善。上百吨的轮船从武汉上溯，通过升船机翻越大坝，直达陕西白河；小型机动船舶可直通陕南的汉中。

养殖方面：丹江口拥有 100 万亩水产养殖面积，适于静水或缓流中生活的鱼类逐步形成优势种群，建成商品鱼养殖基地。

四、修建葛洲坝水利枢纽

（一）葛洲坝工程的提出

葛洲坝工程位于长江三峡出口南津关下游 2.3 公里处，下距宜昌市 6 公里，上距三峡工程三斗坪坝址 38 公里。它作为长江流域规划的主体工程三峡水利枢纽的组成部分，1950 年代曾经有过设想，目的在于回收三斗坪坝址以下损失的水头，起调节大坝以下航道水深的作用。但是，葛洲坝工程作为三峡工程的组成部分，拟在三峡工程开工以后再建或同时开工，没有先于三峡工程开工的设想。"长办"也只把精力集中在三峡工程设计及其分期开发方案研究上面，没有做葛洲坝工程的设计工作。

1969 年 5 月，水电部提出修三峡大坝，武汉军区和湖北省革委非常积极，并向毛泽东、林彪和中央报告了修三峡大坝的设想。报告上去后，毛泽东到武汉视察，张体学再次提出修三峡大坝。当时因珍宝岛跟苏联的矛盾，毛泽东主要考虑备战，给张体学泼了冷水，并指出："在目前备战时期，不宜作此想。"事后，钱正英去丹江口，然后又和张体学共同察看清江隔河岩，想上清江隔河岩工程。钱正英、张体学从清江隔河岩回到武汉，"长办"的一个青年建议：修隔河岩还不如修葛洲坝，葛洲坝没有三峡的移民问题。钱正英、张体学对这个建议很感兴趣，曾思玉也很赞成。1970 年 9 月，曾思玉访问朝鲜经过北京，向周恩来要求修建葛洲坝工程。周恩来召集国务院业务组会议进行了讨论，他针对葛洲坝泥沙问题不好解决的反对意见，派钱正英到葛洲坝看看泥沙问题能否得到解决。10 月，武汉军区和湖北省革委在现场组织了葛洲坝工程的设计研究和试验工作，并于 10 月 30 日向毛泽东、林彪、党中央和国务院写了《关于兴建宜昌长江葛洲坝水利枢纽工程的请示报告》。报告提出："经过反复勘察，模型试验，认真研究，均认为切实可行。现建议兴建宜昌长江葛洲坝水利枢纽工程。"并说："我们在现场进行了水土试验研究。试验结果：泥沙虽有些淤积，但人工完全可以调节、控制，对大坝影响不大，保证不淤塞、不断航。"

与此同时，林一山则以先建葛洲坝所带来的重大技术难题，以及三峡工程已完成了设计而葛洲坝工程只有一个规划没有正式设计，反对先建葛洲坝工程。

（二）先修葛洲坝工程的决策

面对两种不同的意见，周恩来发挥了天才般的领导艺术和高超的协调能力。

首先，周恩来支持了先建葛洲坝工程的意见。1970 年 12 月 16 日，周恩来同纪登奎、李德生在国务院会议厅主持召开了葛洲坝工程设计汇报会。国家计委余秋里、袁宝华，国家建委李良汉、谢北一，一机部李水清、周子健，交通部杨杰、俞侠，水电部张文碧、梁其舟、吴志笃、林汉雄，湖北省革委张体学、朱业奎，湖北省军区朱俊功，"长办"林一山，以及葛洲坝临时领导小组有关人员与技术人员参加了汇报。钱正英因出访阿尔巴尼亚，没有参加这次汇报会。汇报会上，周恩来指出，要有战争观念，高坝大库是我们子孙的事，21 世纪的事。又说，三峡和葛洲坝，两个同时修，形势不允许，"四五"计划同时修两个也不可能。12月22日，周恩来逐字逐句地审阅并批改了武汉军区、湖北省革委《关于兴建宜昌长江葛洲坝水利枢纽工程的请示报告》，主持起草了《中共中央关于兴建宜昌长江葛洲坝水利枢纽工程的批复》。《批复》中说："修建葛洲坝水利枢纽，是有计划、有步骤地实现伟大领袖毛主席'高峡出平湖'伟大理想的实战准备"，修建中"既要考虑战时万一遭到敌人破坏不致危害下游的可靠措施，也要考虑今后保证三峡高坝建设的有效措施"。12月24日，周恩来致信毛泽东和林彪，赞成兴建葛洲坝水利工程。信中写道："修三峡下游宜昌附近的葛洲坝低坝，采用径流发电，既可避免战时轰炸影响下游淹没的危险（低坝垮了只多三亿到八亿五立方米水量的下泄，宜昌到沙市河槽内可以容积），又可争取较短时间加大航运和发电量（航运单向年达到二千五百万吨左右，发电装机可达到二百零四万千瓦，保证出力八十万千瓦，时间五年可成）。""至于三峡大坝，需视国际形势和国内防空炸的技术力量的增长，修高坝经验的积累，再在'四五'期间考虑何时兴建。"[1]

毛泽东早有"高峡出平湖"的远大理想。困难时期，三峡工程虽未能上马，但仍在"加强科研"。在当时战备时势下，毛泽东不是要放弃三峡大坝，而是要设法解决防空炸问题。周恩来通过支持先建葛洲坝工程的意见，灵活地贯彻了毛泽东的战略意图，正确地处理了战备与工程、理想与现实、目标与步骤、远景与近期的关系。

其次，周恩来十分重视林一山反对先修葛洲坝的几点理由，强调了先修葛洲坝工程的难度与技术复杂性。他要求林一山把自己的观点写出来，并在致信毛泽东、林彪时，附上林一山的意见书。周恩来在信中说：

---

[1] 《周恩来书信选集》，中央文献出版社 1988 年版，第 607—608 页。

在施工过程中"力求避免二十年修水坝的许多错误"。在 1970 年 12 月 16 日的汇报会上，周恩来特别指出了三点：一、我们只是同意这个工程。二、方案要非常可靠，要放在可靠的基础上。要安全，要发动群众，加强领导，实事求是，走群众路线，领导和群众相结合。三、投资要注意节约，要发动群众节约。

（三）葛洲坝工程的开工

1970 年 12 月 26 日，毛泽东看了周恩来 12 月 24 日的信和《中共中央关于兴建宜昌长江葛洲坝水利枢纽工程的批复》后，写下以下批示："赞成兴建此坝。现在文件设想是一回事。兴建过程中将要遇到一些现在想不到的困难问题，那又是一回事。那时，要准备修改设计。"[1] 对于毛泽东的批示有两种不同的理解。一些人认为毛主席是用哲学的术语作了一个正确的工程批示，批准的不是这个工程的设计而只是一个文件设想，是把希望寄托在重新修改设计上。另一些人则认为毛主席是在自己生日的当天作的这一批示，这是对我们兴建葛洲坝工程最大的信任、鼓舞和鞭策。在当时"左"的思想指导下，后一种理解占了主导地位，他们以主观热情代替了科学态度，以毛泽东的批示作为"边施工、边设计、边勘测"的"三边政策"的政治依据。

中央还没有正式批准上马，葛洲坝工程指挥部却事实上已经组成了。为了纪念毛主席 1958 年 3 月 30 日视察三峡，定名为"330"指挥部。《中共中央关于兴建宜昌长江葛洲坝水利枢纽工程的批复》，要求武汉军区和湖北省革委会主持，由水电部、交通部、一机部和长江流域规划办公室等有关方面参加，组成坚强的施工指挥部。但在当时"文革"混乱的形势和极左的做法下，民主集中制的领导原则遭到破坏，指挥部内正确的

---

[1] 《建国以来毛泽东文稿》第 20 册，中央文献出版社 2023 年版，第 95 页。

主张受排斥，20多个指挥，一个参谋长说了算。

1971年元旦，十万人举行了葛洲坝第一期工程的开工典礼。各路大军齐上阵，葛洲坝工地沸腾了。三个半月的时间，搞了第一期围堰的施工。然而，没有正式设计的施工具有盲目性。小围堰起来了，在枢纽布置方案的选择上却遇到了困难。参谋长搞的设计方案把电厂摆在三江，船闸摆在二江，存在很大问题。交通部称这种摆法叫"剪刀水"，很有意见。钱正英、林一山、张体学都认为要改方案，有的同志反对改方案，两种意见相持不下。

1971年6月，在周恩来主持下，李先念、纪登奎、李德生、余秋里参加，召集国家建委、水电部、交通部、一机部负责人开会讨论上述问题。与会者争得非常激烈，最紧张时，一会儿坐飞机到工地现场勘察，一会儿又飞回北京讨论。6月23日下午，周恩来在会上指出："葛洲坝水利工程，要综合考虑，不要光把重点放在发电上，要保证通航、发电和泄洪的安全。不能坝一做，船也下不去。"他说："太急容易出乱子，长江出了乱子不得了。长江是一条大河流，葛洲坝是个大工程，很复杂，要不断修改设计。"他还说："有些数据要改，要校正，话要说得留有余地；要特别注意两件事，一是开现场会，走群众路线，一是民主集中制。"这次汇报会，周恩来虽然向葛洲坝工程的设计、施工敲起了警钟，但限于当时的形势和条件，未能从根本上扭转葛洲坝工程设计和施工中存在的危险局面。对此，工地广大干部群众忧心如焚。由于原方案漏洞百出，他们已无法再按原方案干下去。另一方面，毛主席亲自批准的工程，谁也不敢设想停下来。他们不能冲出造成葛洲坝工程种种困难的怪圈。1972年11月8日、9日、21日，周恩来亲自主持召开的葛洲坝工程汇报会才开始了葛洲坝工程的转机。

（四）11 月 8 日汇报会

晚上 5 时 30 分至 9 时 20 分，周恩来在国务院会议厅主持了汇报会。听汇报的还有李先念、纪登奎、李德生、王洪文、余秋里、刘西尧、王观澜、陈华堂。参加汇报的有国家计委、国家建委、水电部、交通部、一机部、农林部等部委负责人袁宝华、谢北一、钱正英、杜星垣、王英先、马耀骥、沈鸿、郝中士，还有张体学、林一山、麦汝强和 330 指挥部李地山、傅庞如、廉荣禄、靳景泉等。将近 4 个小时的汇报会，大家都围绕周恩来的提问进行汇报、发表意见，并期待他那高屋建瓴的决策。

这次汇报会，周恩来针对葛洲坝工程"左"的指导思想和做法，主要廓清了三个方面的认识。

第一，搞水利工程不能用军事体制与军事办法。汇报一开始，周恩来看汇报人员名单上有第二指挥长，就问第二指挥长是谁？第一指挥长是谁？听完回答后，他十分严肃地说："第一指挥长、第二指挥长，都是司令员，分区司令员，都没有搞过，怎么能搞，容易瞎指挥，完全不懂怎么能当指挥长。"当有人以 1970 年 12 月中央的《批复》作为军人指挥和在军区抽人的依据时，周恩来念了一段《批复》后说："没有叫在军区抽人嘛！与中央指示不合。"文件是叫由武汉军区、湖北省革委会主持，和各个部组成坚强的施工指挥部。纪登奎在旁作了个形象的解释："强就是懂"。很明显，周恩来的用意是要改变外行指挥工程施工和设计的体制。

第二，搞水利工程不能搞空头政治，要精通业务，重视质量。周恩来认为丹江口水利工程建设中有教训也有经验，应吸取教训，总结经验。他问：丹江口是按专业分的，为什么不采用丹江口的经验？当有人回答：为了"一打三反"运动的方便。周恩来马上说，"一打三反"是上面领导的，下面工人有多大关系！针对得过且过、马马虎虎的思想，他意味深长地说:"水利工程是与水打交道,一点马虎不得,马虎一点马上出问题,是关系人民生命财产的问题,怎么能得过且过,对于长江第一坝更不能马虎。""长江出乱子,不是一个人的事,不是你的事,也不是我的事,是整个国家,整个党的问题。"

第三,搞水利工程不能急于求成、急躁冒进。针对葛洲坝工程出现的一系列严重问题,周恩来首先承担责任,公开检讨。他说:"1970年底听了汇报,我们也同意了。如果我们硬是不同意,也是搞不起来的。"另一方面,他又批评说:"应该准备一年。我们当时不想马上上,就是你们急得不得了,以为机不可失。"对于毛泽东的批示,周恩来解释说:"'赞成兴建此坝',首先是不泼冷水。批示然后说:'现在文件设想是一回事。兴建过程中将要遇到一些现在想不到的困难问题,那又是一回事。那时,要准备修改设计',现在是修改的时候了,再不能等了。"

(五)11月9日汇报会

晚上,7时30分至12时20分,仍然由周恩来在国务院会议厅主持汇报会,与会人员亦同上次一样。

葛洲坝出了问题,是不是先修葛洲坝的战略决策错了?是不是应该先修三峡?对此,周恩来要大家充分讨论,首先回答这个问题。大家平心静气进行了讨论,最后一致认为葛洲坝应该修,但方案要改。大家先答复了周恩来该修的问题。这次会上,周恩来多次征求林一山的意见。林一山原来不同意先修葛洲坝,毛泽东批示下达后,林在"长办"大会上表态:"我原先不主张先修葛洲坝,中央已批准了,我全心全意支持修建葛洲坝。"葛洲坝工程的设计方案没搞好,不能由此否定先修葛洲坝的战略决策。这次会上,林一山又一次表态说:"我不坚持,现在是努力把葛洲坝做好。"

葛洲坝工程开工后,在"边施工、边设计、边勘测"的政策导向下,许多设计图纸没有技术人员签字。会上，沈鸿汇报了这一情况。如何解决工程存在的严重问题，会上有人提出，希望在于"要鼓干劲"。周恩来当即敏锐地说："光鼓干劲不行吧！主席批示不是这样。主席批示兴建过程中将要遇到一些现在想不到的困难，要修改设计，重点在这里。"他还指出鼓干劲意见不一致不行。周恩来并不是否定"鼓干劲"的作用，而是强调在没有设计、地质不清、情况不明、认识不一的条件下"鼓干劲"是缘木求鱼。他说："现在不是鼓干劲问题，是对客观没有认识清楚。"周恩来果断地提出，将工程停下来，统一认识、修改设计。他说："主要是设计，要把方案搞出来。""先把认识一致了，方案定下来。""长江上如果出了问题，砍头也不行，这是国际影响问题。建国二十几年了，在长江上修一个坝，不成功，垮了，要载入党史的。"

那么，由谁来领导设计呢？显然，空头政治、军事体制在葛洲坝工程上留下的是极其惨痛的失败的记录，必须选一个懂水利、知长江的明白人来领导设计。周恩来选中了林一山。他又一次重复着毛泽东的批示，特别加大嗓门重复了最后一句："那时，要准备修改设计。"然后，他看了看林一山说："现在，请林一山同志主持讨论。钱正英、张体学、王英先、马耀骥、沈鸿、谢北一、袁宝华，给你们三天讨论，不够就五天。"李先念提议："廉荣禄也参加。"周恩来说："对，他也参加，共九个。"这样就组成了林一山、钱正英、谢北一等9人的葛洲坝工程技术委员会，使葛洲坝工程技术有了一个强有力的领导核心。

11月10日至14日，技术委员会遵照周恩来的指示，在友谊宾馆举行了第一次会议。围绕要不要修葛洲坝、如何修改葛洲坝工程的设计问题进行了认真讨论。大家认为：1. 从一般规律讲，在葛洲坝建坝是可行的，采取一定措施，防止航道淤塞，保证通航是可能的；2. 一定要听取不同意见，认真进行研究比较，最后作出结论；3. 科研、设计工作一定要做深做细，局部问题也不能疏忽。大家表示要认真总结经验教训，集中力量搞好科研设计，做到确有把握，经国务院和有关部委批准后，主体工程才能复工。会后，写成了《关于修改葛洲坝工程设计问题的报告》呈送国务院，报告从设计思想、设计原则到重大问题的处理以及工作方法都作了明确规定，为技术委员会以后的工作打下了初步基础。

（六）11 月 21 日汇报会

晚上 5 时 45 分至 9 时 20 分，周恩来在国务院会议厅主持了最后一次汇报会。听汇报的还有纪登奎、余秋里、粟裕、刘西尧、苏静、李震、王观澜。参加汇报的除张体学已回湖北外仍是上两次汇报的那些人员。林一山将技术委员会第一次会议的情况作了汇报。林说："上次会上总理指示很正确，很及时，很重要。"周恩来马上谦逊地说："正确、重要不能说，及时倒是，因为再不抓，就不能按照主席批示做好工作。"

这次汇报会，也是周恩来身患癌症后主持的最后一次治理长江会议，他十分清楚自己已是来日无多。唯其如此，他总结新中国成立后水利建设的经验教训，表白自己对水利建设的心情，每一句话都格外掷地有声，语重心长！他说："二十年来，水电工程多次犯急躁情绪，屡犯屡改，屡改屡犯。""我非常欣赏'力求避免二十年来修水坝的错误'这句话。""解放后二十年我关心两件事，一个水利，一个上天。这是关系人民生命的大事，我虽是外行，也要抓。"

1960 年代，周恩来最担心的是黄河三门峡；此时，周恩来最担心的是长江葛洲坝。他嘱咐林一山，修改葛洲坝工程设计一定要立足于整个流域，联系好各个方面，不能顾此失彼。"长江如果不能通航，那我们这一代犯的错误不得了"。他支持林一山设计工作每一个局部都不能疏忽的看法。他说:"原则大方向对了,具体问题错了,也可能犯大错误。红卫兵只说大方向对,一切都对。实际是大方向对了,政策错了,还是不行。"

周恩来带病向林一山、向技术委员会交代了重任:"修葛洲坝要成为三峡大坝的试验坝,你(林一山)原先主张先修大的,我们说服你,先修葛洲坝,做试验,这里出现的问题,那里同样出现。搞好了葛洲坝,就是大成功。"葛洲坝工程开工时,林一山诸多建议没有被指挥部采纳,为此他曾向周恩来请假去西部考察几个月。这次周恩来叮嘱林一山:"你要把主要精力集中在葛洲坝,不要到上游跑了,上游你已去过了。"后来的事实证明,林一山和葛洲坝工程技术委员会没有辜负周恩来的厚望。

(七)"她在丛中笑"

经过两年多的努力,葛洲坝工程技术委员会召开了五次会议,"长办"按计划提出了《葛洲坝工程修改初步设计送审稿》。1974年10月,葛洲坝工程在停工了22个月之后正式复工。工程技术委员会的成员们牢记周恩来的嘱托,兢兢业业地工作。他们在复工后的葛洲坝工程建设中,创造了"静水通航、动水冲沙"的誉满中外的工程技术杰作。

1981年葛洲坝第一期工程完工。1月,大江截流成功。6月,三江船闸投入运行。7月,正当第一台发电机组安装就绪准备运转的时刻,新中国成立以来最大的一次洪水在川江发生了。7月19日凌晨,每秒72000立方米的特大洪峰,奔腾咆哮着通过泄水闸,大坝傲然挺立,大江围堰安然无恙。1954年大水检验了荆江分洪工程。这次大水是对长江第一坝——葛洲坝工程一次极严格的验收。

1982年,葛洲坝二期工程开始施工。1985年12月,二期工程大江大坝建成挡水。1988年底最后一台机组安装完毕。

葛洲坝工程的大坝,全长2606.5米,高70米,犹如一座水上长城,巍然屹立在江面上。工程主体建筑物包括泄洪建筑物、电站厂房和通航建筑物三大部分。通航建筑物按两条航道布置，其中一、二号船闸是当时世界上内河航运最大船闸之一，可以一次通过15000吨左右的船队。建筑在大江和三江上的两座水电站，共装有21台机组，总装机容量271.5万千瓦，年平均发电量157亿度。建筑在二江的27孔泄水闸、三江的6孔冲沙闸、大江的9孔泄洪冲沙闸，最大泄水能力为每秒119500立方米。

无论从规模还是从效益看，葛洲坝工程不仅在我国当时的水利工程中居于首位，就是在世界上，它也是屈指可数的低水头的大型水利枢纽工程。葛洲坝工程使每一个中国人感到骄傲和自豪。葛洲坝工程吸引了一批批前来参观的外宾，有的在留言簿上赞扬说：这是"伟大的工程，伟大的人民"。

"待到山花烂漫时，她在丛中笑"。周恩来曾解释这两句诗：首创的人，没有等到事业的成功，也就是看到别的花开的时候它谢了。我们要有这样的精神：你首创，但不一定能自己享受。周恩来虽然生前未能亲眼看到葛洲坝工程的胜利建成，但正是他在关键时刻，呕心沥血，力挽狂澜，解决了工程领导体制和修改设计的问题，为长江第一坝的建成奠定了坚实的基础。

五、关心长江上的每一件事

（一）"文革"期间抓长江流域防洪

周恩来不仅对兴修荆江分洪工程、筹划三峡工程、兴修丹江口与葛洲坝水利枢纽付出了巨大心血，而且长江上的每一件事他都挂在心上，设法予以解决。

防洪是治理长江的首要问题。兴修荆江分洪工程是为了防洪，筹划三峡工程和兴修丹江口水利枢纽的首要目的也是为了防洪。周恩来认为三峡工程修起来以后才能应付长江百年一遇的特大洪水；但即使如此也要注意中下游的堤防培修加固工作，不能认为有了三峡水库就永保无虞了。在三峡工程没有修建之前，必须戒慎恐惧、百倍警惕长江可能出现的洪水问题，做好天气预报和防洪准备工作。

"文化大革命"期间，长江流域防洪工作受到严重干扰。周恩来多次排除干扰，亲自处理长江流域的防洪问题。

1968年湖南衡阳专区200多个公社于6月下旬连续三次遭受水灾，50多万亩稻田被淹没，10000余间房屋被冲倒，400多万斤晚稻种子被冲走，许多耕牛、牲猪以及社员的衣服、家具等均受重大损失。由于不断发生群众组织之间的武斗和拦截车船抢劫物资事件，支援防洪的物资无法输送，这对防洪抢险抗灾自救造成严重困难。周恩来得知这一情况，心忧水灾，气愤武斗。7月13日，他在中央办公厅秘书局信访处的汇报材料上批示：请黎源、龙书金立即组织衡阳铁路分局军管会、衡阳革委会、衡阳军分区、衡阳驻军按照"七三布告"，召开革委会和各代会会议商定救灾几点办法，责成驻军和各派坚决执行，尤其是车船要交回救灾，保证畅通，一切物资不许抢劫。凡出头阻拦救灾者即以违反公议论处。

1969年汛期，湖北因武斗、怠工严重影响了防汛工作。荆江大堤的末端出现了决口。7月28日，周恩来在给毛泽东、林彪的报告中说："荆江大堤由于武斗和疏于防护，在嘉鱼对岸决口，损失不小。"8月31日，周恩来在湖北灾情简报上批示：请国务院业务组今晚开会谈一谈并帮助解决湖北所提出的问题。

1973年5月14日，周恩来看了当日《参考消息》上关于世界气象变化的两篇报道，当即写信给李先念、纪登奎等，请他们好好读一下这两篇报道，并要气象局好好研究下这一问题，"今年我们可能还会遇到南涝北旱的局面，请告农林部多多提醒各地坚持实行防涝抗旱的措施，不要丝毫松懈"。[1]7月7日，他看了湖北新华社分社写的《长江水位出现第二个洪峰，沿江地区工作重心转入防汛排涝工作》的内部报道后，当即作为"特急件"批给李先念、华国锋、李德生等，并请他们特别注意。李先念看了周恩来的批示后指出："先将总理批示电告湖北省委遵照执行，并可以传达到长江沿岸各省、市，加强长江防汛工作，千万不可大意。"1973年周恩来已身患绝症，但他仍然想着洪水无情，人命关天，长江防洪不能有丝毫疏忽。

（二）要求车船畅通

长江素有"黄金水道"之称，干流横贯东西，支流辐辏南北，江阔水深，终年不冻，四季通航，在世界同类河流中，航运条件最为优越。有人估算过，一条长江可以顶40条铁路的运量。筹划三峡工程、兴修丹江口和葛洲坝水利枢纽不仅为了防洪和发电，改善航运条件，发挥"黄金水道"的作用，亦是其重要目的。在葛洲坝工程修建过程中，周恩来多次强调航运问题，提出不能顾此失彼，为了发电而影响航运。一次会议上，他十分严肃地说："长江水运断了还得了！""航运中断是大罪呀！"他还嘱咐林一山："我给你一个任务，如果船闸不通航或减少航运效益，葛洲坝工程要停下来。一条长江抵多少条铁路啊，一条铁路也不许中断，何况长江！"

"文革"期间，武斗愈演愈烈，长江这条"黄金水道"也受到影响，

---

[1] 《周恩来年谱（1949—1976）》（下卷），中央文献出版社2020年版，第578页。

轮船难以顺利通航，航运事故接连不断。为扭转铁路瘫痪，长江停航的危险局面，周恩来多次召集会议，采取措施，苦口婆心地向各派代表作说服工作。1968年5月12日，周恩来接见全国铁路、交通会议全体代表时说，交通的特点是近代化的组织，只要有一个站通不过，有一个港口压了船，就会因一点而影响全局。拿长江来说，从重庆那里看，因两派斗争非常激烈，把船打了，货卸不下来，因而很多东西不能出川入川。他要求各派要顾全大局，努力保证车船畅通。1971年12月31日，周恩来看到长江航运公司"东方红104号"客轮触礁事故的电话记录后，立即批示："先念、国锋同志阅。请苏静同志负责抓紧，彻查触礁原因，并作出适当结论，吸取其中的经验教训，以便教育交通战线上的领导和广大干部、群众。"

江河既给人类带来了舟楫航运之利，也给人类带来了陆路通行的障碍。长江自古就有"天堑"之说。为发展陆上交通，需要在长江上架桥。对武汉长江大桥，毛泽东曾描绘"一桥飞架南北，天堑变通途"。周恩来十分重视发挥水运与陆运相得益彰的作用，努力避免二者之间出现此消彼长的情形。1958年黄河大水，他多次视察郑州黄河大桥和济南黄河大桥，亲自指挥被洪水冲坏的郑州黄河大桥的抢修，为的是保证京广和京浦两条铁路大动脉的畅通。南京长江大桥修建时，为了不影响长江"黄金水道"的作用，他亲自审查桥墩之间的距离和大桥净空高度。1962年7月10日，长江航运局201号拖轮顶推90个铁驳通过长江武汉大桥时，其中第103号铁驳撞了第5号桥墩两处。初查原因是：船长罗新雨对长江水性不了解，是第一次通过大桥航行；长江水涨，航标不准确。周恩来7月12日看了上述情况报告后立即批示："即送邓（小平）、彭（真）、富春传阅。请送吕正操同志阅办。最好会同交通部派人前往查明情况，做出结论，迅速修整，严禁再犯。"

（三）水土保持

新中国成立之初，周恩来就指出我国森林覆盖率低，远不够一个森林国家的标准，并指出森林植被的破坏是造成水土流失的关键性原因。对于长江流域，他提出要防止出现西北那样的荒山秃岭。1960年5月，周恩来视察贵州，赞美贵州得天独厚，山川秀丽，但又指出，树木砍伐多了一点。1962年11月8日，他说，因为山区开荒，水土流失很严重，在湖南、福建等省已经看出来了。江西鄱阳湖围垦31万亩的计划有无可能？对水利、水产方面有无问题？利弊如何？要组织专门小组实地勘察研究。在研究过程中，要吸收各方面的专家和科学研究机构的人员参加。1966年2月23日，周恩来说："南方本来有林，现在一些地方也有水土流失的现象。南方造林、护林、用林都很重要。"[1]

长江在祖国诸多大河中是利最大的一条大河，治理长江就是为了兴利除害，造福人民。但是，如果不做好长江流域的水土保持工作，就会消长江之利而长长江之害。1963年11月21日，周恩来接见阿富汗来宾时说："我们共同的问题是，两国都砍伐掉很多森林，都是古老的文化地区，也是森林砍伐较多的地区。"[2]中国长江以北的水库泥沙很多，长江以南的水库泥沙问题也未很好地解决。长江上游地区由于开垦荒地多，砍伐的森林也多，因此泥沙更易流失。他对长江流域水土流失的状况深为忧虑和不安。

周恩来早已用恳切的语言指出了长江流域的水土流失问题，并提出了重视长江流域的水土保持工作。但是，由于历史原因和某些工作的失

---

[1]《周恩来选集》下卷，人民出版社1984年版，第447页。

[2]《周恩来年谱（1949—1976）》中卷，中央文献出版社2020年版，第582页。

误，整个长江流域水库、河道严重淤积，水旱灾害、泥石流日益频繁，生态环境恶化，严重阻碍长江流域经济建设的发展。如贵州毕节地区是全国最贫困的地区之一，水土流失是造成贫困的诸因素中的一个重要因素。加强长江流域水土保持工作已是当务之急。

（四）防治黄浦江污染

万里长江奔向东海，它接纳的最后一条支流是黄浦江。黄浦江在长江众多支流中是一条全长仅114公里的支流。但是，坐落在黄浦江畔的上海市却是我国的经济中心。

对于黄浦江，周恩来谈得最多的是预防和治理污染的问题。1970年6月21日，周恩来指出，中国的地形和美国、苏联不同，是西高东低，江河的淡水东流，把肥沃的土都带进江河大海，对发展水产有利。但要注意把工业污水处理好，农林都要和水电部结合，注意这个问题，水产资源要保护。几个月后，他又指出，工业污染问题不解决，将来就没有鱼吃了。1970年11月21日，他在人民大会堂三楼小礼堂接见国家计委地质局会议全体代表时，对上海代表说，炼油厂的废油、废气、废水怎么办？统统回收，综合利用才好，不然倒进黄浦江里把鱼都弄死了。又说，苏州河多脏啊！水是黑的。搞工业不能给人民生活带来不利。

1971年2月17日，他在全国中西医结合工作会议上指出，搞卫生运动，治理三废，变三害为三利是上海很现实的问题。他分析上海近郊区比远郊区的病人多，原因之一是工业发展污染了空气和水，以致黄浦江、苏州河都很脏。

1973年8月，中国共产党第十次全国代表大会期间，周恩来参加上海小组讨论会，了解到蒋汝元是燎原化工厂的工人，非常高兴，第一句话就问："燎原化工厂的'三废'搞得怎么样？"蒋说："我们做了一些工作，但离党的要求差距还很远。"周恩来又问："厂里废水处理了吗？"蒋答："废水大部分处理了，但还有一些没有处理好。"周恩来听到这里，便端起一杯水对蒋说："你喝喝北京的水，好喝吧！"蒋激动地说："比上海的水好喝。"周恩来说："我听说有人到上海，就是水喝不惯。上海工人一定要把'三废'治好。"

在江河污染初发之时，周恩来就看到了对水产资源的威胁，对人民身体健康的影响，对人民生活的不利。这既体现了他深远的洞察力，也体现了他对人民和子孙后代极其负责的精神。

（五）都江堰的两次改建

在庞大的长江水系中，论水量，岷江居诸条支河之首，多年平均水量达 900 亿立方米，抵得上两条黄河。

秦代李冰父子在岷江上游与中游分界处的灌县修建了著名的都江堰水利工程，几千年来一直发挥着很好的社会效益。古代灌溉面积最大时曾达到 300 万亩。新中国成立以前由于工程年久失修，灌溉面积一度下降到 200 余万亩。新中国成立初期经过几次岁修，灌溉面积恢复到历史最高水平。

毛泽东和周恩来都非常珍视都江堰这一古老的水利工程。1958 年成都会议一结束，毛泽东怀着极大的兴趣视察了都江堰。周恩来则多次向外宾介绍都江堰，把它作为中国水利史、文明史的突出成就。

"大跃进"期间，有关领导不经科学论证，贸然决定改建都江堰，修建综合利用的水电站。水电部派员检查后，认为设计方案对推移质、漂木等许多问题考虑不够，如盲目改建，不但不能达到设计意图，还会破坏原有工程的效能。最后，情况反映到国务院，周恩来亲自批准拆除那次改建的部分，恢复都江堰工程的原貌。他还多次指出要认真研究都江堰的经验，保护好都江堰工程，古为今用；多次批评那次改建都江堰的主观随意性。1961年7月4日，周恩来批评指出，四川灌县都江堰是秦汉时代依照水势修起来的，引岷江水灌溉很多地方，现在有个工程师要把它改造，这种创造精神可嘉，但要很好研究。1964年6月10日，他又批评那次改建都江堰违反了自然规律，造成了一些破坏。

以后，经过10多年的勘测、实验和研究工作，水利专家慎重提出都江堰的改建设计，经审批后于1973年开工，1974年完成。这次改建是成功的，在原有工程基础上，加上现代化的闸坝，提高和扩大了都江堰的效益。

（六）关心"长办"

长江干流流经青、藏、滇、川、鄂、湘、赣、皖、苏、沪等10个省、市和自治区，自西而东，横贯中国腹部。长江的支流则南北延伸，还分布到甘、陕、豫、黔、桂、粤、闽、浙等8个省、自治区的部分地区。流域面积广达180万平方公里，约占我国总面积的五分之一。

长江的治理与综合利用需要流域内18个省市区和众多部门的通力协作与配合，需要有专门的机构在其间进行联系与协调，进行规划与治理等专门性的工作。

中华人民共和国成立后，成立了长江水利委员会（简称长委会），由水利部直接领导，下设上游、中游、下游三个工程局和洞庭湖工程处、荆江工程处。

1955年中共中央和国务院曾设想成立长江、黄河规划委员会，邓子恢曾提议周恩来任主任，自己担任副主任。后来因修建三门峡水利枢纽，黄河流域规划委员会先行成立，由邓子恢担任主任。1956年，长江流域综合利用规划工作全面展开。由于流域规划涉及中央有关部委和长江流域各省市，经国务院决定，将长江水利委员会改为长江流域规划办公室（简称"长办"），原长委会主任林一山任"长办"主任。1958年南宁会议后，筹划修建三峡水利枢纽，拟成立长江流域规划委员会，由周恩来担任主任，"长办"属长江流域规划委员会和水电部领导。后来，长江流域规划委员会虽未正式成立，但在毛泽东、周恩来的关心与支持下，在周恩来亲自过问下，"长办"在长江干支流的综合治理与开发中，在三峡工程的初步设计中，在宏伟的丹江口和葛洲坝工程的修建中，发挥了极其重要的作用，作出了十分重大的贡献。

"长办"在三年经济困难时期，在十年动乱中，也历尽了艰辛与坎坷。三年经济困难不仅改变了三峡工程开工的预期，而且连"长办"的技术力量能不能保存下来也成了问题。此时，周恩来批准50万元贷款给"长办"办农业，才使"长办"渡过了难关。"文革"一开始，林一山等"长办"负责人靠边站了。周恩来为保证长江规划和三峡工程的资料免于损坏，派他的联络员在国务院听取了"长办"上京人员的情况汇报。1970年初，周恩来有意安排林一山参加全国计划会议，好让林出来主持"长办"的工作。1971年有人要砍掉"长办"，把一支拥有8000多技术人员为主要力量的队伍，砍成只要450人。周恩来否定了这种意见。他严肃地说"长办不能动"，并经国务院下达文件保证执行。1972年11月，在葛洲坝工程汇报会上，周恩来多次提出要重视"长办"的设计力量。他说，"长办"不要改组，不要撤销。"长办"需要的人，需要的工作，还是要管起来，凡是有用的人留下，先把设计搞出来。

留得青山在，不愁没柴烧。周恩来精心保留下来的"长办"的技术力量，在后来举世瞩目的三峡工程的修建中发挥了技术中坚作用。

　　　　　　　　　　　　　　　　　　　　　周恩来与治水

治理黄河

一、从堵口归故到新中国成立初期的治理

黄河同长江一样，是我们伟大祖国的象征。它发源于青海省巴颜喀拉山北麓的约古宗列盆地，经青海、四川、甘肃、宁夏、内蒙古、山西、陕西、河南、山东，注入渤海。它气势宏伟，一泻万里，"引无数英雄竞折腰"。它水丰土沃，物产丰富，养育了一代又一代中华儿女。

黄河又是一条被称为"中国的忧患"的河。它从中上游的黄土高原，每年挟带十几亿吨的泥沙下来，是世界上泥沙最多的河。这些泥沙，部分输送入海，填海造陆；部分在下游河床淤积，使黄河下游形成高出地面的悬河，全靠两岸的大堤约束洪水。在历史上，黄河经常决口改道，洪水泛滥所及，北至天津，淤塞破坏海河水系，南至淮阴，淤塞破坏淮河水系，是世界上最难治理的河。

（一）在堵口归故斗争中

解放战争时期，周恩来在领导黄河堵口归故的斗争中，就开始了对黄河治理的指导。

1938 年 6 月 9 日，蒋介石政府扒开花园口大堤、黄河改道是我国军事史上最愚蠢的一次"以水代兵"战术，也是黄河史上最严重的一次人为水患。这次人为的决口改道，虽意在阻止日本侵略军的继续西进，掩护国民党军队撤退，却造成了人民生命财产的空前浩劫。据河南黄河花园决堤堵口记事碑上的记载，淹耕地 844529 公顷；逃离 3911354 人；死亡 893303 人。洪水所至，人畜无以逃避，财物田庐，悉付流水。

花园口决堤后，周恩来领导的《新华日报》先后发表了《救济灾民》的社论和《救济黄灾》的短评，表达了对黄泛区灾民的深切同情。同时，他通过武汉八路军办事处组织了群众性的救灾运动。对于蒋介石不顾人民死活，不相信人民抗战力量，企图以黄河决堤来阻挡日本侵略军的以水代兵战术，周恩来是不赞成的。后来，周恩来曾说，中国古代许多水战都不成功，三国时第一次赤壁之战拦住了曹操大军，第二次就拦不住了，晋朝、宋朝都没能用水拦住敌人，蒋介石想以黄河决堤拦住日本人进攻，是对历史的无知。

抗战胜利后，蒋介石政府于 1946 年 3 月 1 日开始堵塞花园口口门，企图引黄河水回归故道。蒋介石政府的这一决定是另有所谋的。抗日战争期间，中国共产党领导人民在黄河故道两岸开展了广泛的抗日游击战争，故道所经地区建立了冀鲁豫和渤海抗日根据地。另一方面，黄河南流八年中，群众在故道里植树造林，开辟田园，建设村镇，故道居民已达 40 多万人；同时，故道堤防历经战争破坏，风雨侵蚀，险工毁坏殆尽，已无抗御洪水的能力。周恩来揭露蒋介石堵复花园口"其用心就在想利用黄河水淹死豫、鲁解放区的人民和部队，隔断解放区的自卫动员，破坏解放区的物资供给，好便于他的进攻和侵占，以达到他的军事目的"。周恩来具体领导了黄河堵口归故斗争，他过问了开封谈判和菏泽谈判，参与了南京谈判，亲自参加了上海谈判；并飞往开封了解情况，专程视察了花园口堵口工地。周恩来领导的黄河堵口归故斗争，揭露了蒋介石政府玩弄以水代兵的阴谋，粉碎了他们所谓的"黄河战略"，为冀鲁豫解放区胜利地开展自卫战争创造了有利条件，为刘邓大军突破黄河天险，揭开我军战略进攻序幕奠定了基础。同时，通过有理、有利、有节的谈判斗争，使蒋介石政府在谈判桌上不得不接受复堤尤重于堵口，堵口不能先于复堤的原则，由此不得不承诺复堤工程费与故道居民迁移救济费。这样就为解放区复堤、整理险工，争取到了时间，并最终为解放区人民争取到了一定的复堤工程费、故道居民迁移费和救济物资。

周恩来领导黄河堵口归故斗争，重心在政治与军事方面。但是，他在领导治理黄河方面也初步作出了重要贡献。首先，解放区建立了治理黄河的组织，培养了技术力量，发动群众进行了两期复堤工程，共完成土方近3000万立方米，为保证黄河不决口，为新中国成立后全面治理黄河积累了宝贵的经验。其次，周恩来初步阐述了如何领导治水的问题：第一，各方兼顾，密切配合。黄河归故问题不仅关系到蒋管区人民和解放区人民的切身利益，而且关系到冀鲁豫、渤海与苏皖几个解放区之间的利益。周恩来认为，我们不能像国民党那样搞水灾搬家，而要各方的人民利益都照顾到。他说："黄河复道，国民党与联总行总，皆以救济新泛区为辞，我只能提新区、故道均要照顾，如只顾解放区，而不考虑新泛区之救灾问题，则难以争取群众。"他不赞成用筑坝挡水的办法来反对蒋介石政府片面堵口，认为这样即使挡水成功，"其势横流左右，必然成灾"，损害一部分人民群众的利益。1946年6月5日，为黄河问题他分别致电山东解放区陈毅、渤海解放区杨秀峰与戎伍胜、冀鲁豫解放区代表赵明甫，强调几个解放区必须"密切配合""加强联系""统一筹划"，指示他们注意做好各区之间的协调工作。

第二，重视科学，尊重专家。上海谈判时，国民党当局的一个代表煞有介事地从所谓工程技术观点出发，说什么"假定"堵口后水并不大，"估计"下游损失并不重，则"无须救济"等等。周恩来义正词严地驳斥说："人民所遭到的痛苦和损害，必须以科学方法去对待，经验估计和主观假定，皆不可作依据，怎么能把如此重大问题的考虑，放在一个'假定'之上?！"花园口口门长达1623米，黄河上堵塞这样大的缺口，科学性强，技术要求复杂，工程十分艰巨。在施工技术上出现了两种不同方案。联合国善后救济总署（联总）美籍工程师塔德提出抛石平堵的方案，主张工程立即进行，在是年6—7月间合龙竣工。黄河堵口复堤工程局总工程师陶述曾提出捆厢进占立堵的方案，工程在10—12月间进行，第二年春天合龙竣工。塔德的方案符合蒋介石政府军事上的需要，因而得到了批准。但塔德的方案既违背了黄河汛情，也忽视了下游复堤必需的时间。对此，周恩来在整个黄河谈判过程中，十分重视做塔德的工作，帮助他了解蒋介石政府抢堵花园口的真正目的，建议他实地调查考察，以便做出正确的决定。南京协议达成后的第四天，周恩来写信给塔德，"我真诚地希望，下游的修堤工作一开始，你可以利用一些时间对这些地区旅行，以决定是否能在四十天内完成修堤工作。我特别强调这一点，因为我充分认识到，你作为第一流的专家，充分尊重你的决定，因而对今后的决定会产生很大的影响，而这种旅行调查将大大有助于你作出决定"。

第三，发动群众，以工代赈。在战争的环境中，解放区地方政府的

周恩来与治水

财政十分有限，联总因对解放区的政治歧视，提供的救济物资也十分有限，蒋介石政府则迫不及待地要堵口复故水淹解放区。在此情况下，漫长的黄河故道两旁复堤，整理险工所需要的大量人力、物力、财力如何解决呢？对此，周恩来主张宣传群众、动员群众与依靠群众，自卫自救，并在解放区有限的财力和联总提供的少量救济的基础上采用以工代赈的办法来抢修浩大的复堤工程。

周恩来上述治水思想对领导黄河归故斗争，完成复堤工程发挥了重要的指导作用。新中国成立后，周恩来在指导新中国的水利建设中，其治水思想有了很大的丰富和发展。在1946年至1947年的黄河堵口复堤过程中，我们已看到他的治水思想的一些最初的轨迹。

（二）新中国成立初期的治理

新中国成立后，党和人民政府十分重视治理黄河。毛泽东第一次出京巡视的地方就是黄河，并嘱咐"要把黄河的事情办好"。周恩来亲自过问水利工作，他的工作日程上经常安排研究、讨论黄河治理问题。

1949年11月，水利部召开各解放区水利联席会议，傅作义部长表扬了治黄工作，"根据过去的记载，黄河四千流量就有可能决口，一万流量决口有百分之七十五的可能；去年和今年，黄河流量都到过一万以上，而能安全渡过，这就很好地说明了华北、华东解放区几年来的对黄斗争获得了重大的胜利"。会上决定1950年举办引黄灌溉济卫工程，决定设置黄河水利委员会，由水利部直接领导。11月18日，周恩来主持政务院第6次政务会议，听取了水利部对各解放区水利联席会议情况的口头报告。会上还散发了傅作义在各解放区水利联席会议上的总结报告和李葆华《当前水利建设的方针和任务》报告的前半部分。11 月 20 日，周恩来接见各解放区水利联席会议部分代表并作了讲话。他说："有人提出黄泛区的问题，对这个地区实际的情形，我们希望先能收集更多的资料以供研究，必要时，明年可先动员一部分军队去帮忙。"12 月，政务院第 12 次政务会议通过任命王化云为黄河水利委员会主任。

三年经济恢复时期，周恩来对治理黄河突出强调了引黄济卫灌溉工程与黄河大堤加固工作。当时，他多次把引黄济卫灌溉工程同根治淮河、官厅水库、荆江分洪工程并称为四大水利工程，并积极予以支持修建。1951 年 1 月 12 日，周恩来主持政务院第 67 次政务会议，讨论并批准了傅作义作的《一九五〇年水利工作总结和一九五一年的方针与任务的报告》。该报告提出治理黄河 1951 年的工作"以整理下游河槽及修护堤防为重点，包括培修大堤、加强护岸、堵支塞串、固滩整险等工事，以宣泄较 1949 年更大洪水标准"，"关于引黄灌溉济卫工程，应继续推行，期于 1953 年汛前完成"。会上，周恩来作了结论性发言。对于治理黄河，他说："要把堤加高加厚，要以治标辅助治本。"[1]1952 年 3 月，周恩来主持起草了《政务院关于一九五二年水利工作的指示》。3 月 21 日，周恩来主持的第 129 次政务会议讨论通过了这一决定。3 月 29 日，周恩来写信给毛泽东并刘少奇、朱德、陈云，请他们审阅批准 1952 年水利工作决定。《指示》指出 1952 年治黄的具体任务是："加强石头庄滞洪或其他堤坝工程，应保证陕县流量 23000 秒公方并争取 29000 秒公方的洪水不致溃决"，"引黄灌溉济卫工程，本年应争取春季提前灌溉 20 万亩，年内达到 40 万亩"。

新中国成立初期，周恩来对治理黄河，要求积极慎重、稳步前进。

---

[1] 《周恩来经济文选》，中央文献出版社 1993 年版，第 87 页。

周恩来与治水

首先，黄河治理极其艰巨而复杂，不能在情况不明，资料不全的条件下贸然进行。1950 年 9 月 14 日，周恩来说，我们现在做任何一件事，必须要有材料，没有材料，盲目干就会出乱子。他以过去解放区有一位热心家在河北平原修运河，修到中间遇到沙滩，半途而废为鉴戒，强调建设没有充分的材料是不好随便下手的，需要知识，需要材料，需要勘察，需要统计，需要技术，总起来说需要时间。1951 年，他又反复重申上述观点，并进一步指出，今天我们有了城市，有了全国的政权，我们一动手建设都是大规模的，稍微一不注意就会损失很大的数目。周恩来号召黄河工作人员钻到实际中去摸索、搜集、调查、勘察、研究，以明了黄河各方面的情况。

其次，根治黄河需要大量的人力、物力、财力，不仅要明了情况，而且要根据国力，有计划、有步骤地进行。1953 年 8 月，周恩来在政务院第 186 次政务会议上讨论农田水利工作报告时说，大工程要搞，但不能冒进、贪多。如根治黄河的问题，现在不要贸然提出。否则搞错了，一返工就是几万亿（旧人民币）的事。

再次，江、淮、河、汉等大江大河都需要从根本上治理，但不能四面出击，齐头并进，而要分清缓急，先易后难。1950 年 11 月 8 日，周恩来在政务院第 57 次政务会议上讨论治淮报告时说，有人说为什么不治长江、黄河、汉水？原因是淮灾最急，而要治黄也不是那么容易，要有更大的计划，不是一年内勘测得清楚的。

根据积极慎重、稳步前进的指导思想，新中国成立初期治理黄河，既完成了石头庄滞洪工程、可浇地 72 万亩的引黄灌溉济卫工程以及宽河固堤的许多工程，又于 1952 年查勘了黄河河源、1953 年对黄土高原地区进行了全面查勘，为开始根治黄河作了许多准备工作。

二、修建三门峡水利枢纽

（一）三门峡工程的准备与开工

1953 年是我国由经济恢复阶段走向第一个五年计划建设的第一年。当时，苏联政府帮助我国建设的 156 个项目的主要部分正在磋商。在水利部和黄河水利委员会的要求下，在周恩来具体负责下，经过与苏联政府商谈，决定将根治黄河列入苏联援助的 156 个工程项目。

中央决定聘请苏联专家组帮助治黄后，周恩来根据黄委会技术力量有限的现实，指示国家计委，从燃料工业部、水利部、地质部、农业部、林业部、铁道部、中国科学院等单位抽调力量成立黄河研究组，负责收集、调查、整理、分析有关黄河规划所需的多项资料。1953 年 7 月 16 日，黄河研究组正式成立，李葆华任组长，刘澜波、王新三、顾大川、王化云任副组长。1954 年 1 月，以苏联电站部列宁格勒水电设计院副总工程师柯洛略夫为组长的苏联专家组来华。在这之前，黄河研究组共集中技术干部 39 人，在有关部、院的协助下，已整编并翻译出黄河概况报告 17 篇，干支流查勘、各主要坝址地质调查、几个大水库的经济调查及水土保持调查等报告 30 余篇，各种统计图表 168 张，水文统计资料 4 本，地质图 921 张。苏联专家在研究了上述各项基本资料以后认为，现有资料已具备编制《黄河综合利用规划技术经济报告》的条件。2 月至 6 月，中苏专家 120 余人，行程 12000 余公里，进行黄河现场大查勘。苏联专家在查勘中肯定了三门峡坝址。柯洛略夫说："任何其他坝址都不能代替三门峡为下游获得那样大的效益，都不能像三门峡那样能综合地解决防洪、灌溉、发电等各方面的问题。"4 月，国家计委将黄河研究组改组为黄河规划委员会，增加张含英、钱正英、宋应、竺可桢、柴树藩、赵明甫、李锐、张铁铮、刘均一、高原、赵克飞、王凤斋等为委员。1954年底，黄河规划委员会正式提出《黄河综合利用规划技术经济报告》，三门峡水利枢纽作为第一期工程的主要项目。

1955年7月，全国人民代表大会一届二次会议在北京召开。18日下午1时，周恩来主持国务院第15次全体会议，在听取李葆华和刘澜波的说明后，通过了关于根治黄河水害和开发黄河水利的综合规划的报告，决定由邓子恢副总理代表国务院在全国人大一届二次会议上作报告，并请大会审查批准。18日下午5时，邓子恢代表国务院在会上作了《关于根治黄河水害和开发黄河水利的综合规划的报告》。邓子恢说："黄河干流阶梯开发计划选定在陕县三门峡地方修建一座最大和最重要的防洪、发电、灌溉的综合性工程。""三门峡工程对于防止黄河下游洪水灾害有决定性的作用。"7月30日，全国人大一届二次会议通过决议，批准国务院所提出的关于根治黄河水害和开发黄河水利的综合规划的原则和基本内容，同意邓子恢的报告，并要求"国务院应采取措施迅速成立三门峡水库和水电站建筑工程机构"。

全国人大一届二次会议后，周恩来具体负责了三门峡工程机构的组建工作。当时，撤销了燃料工业部，分别成立煤炭、电力、石油部。成立三门峡工程局，首先遇到一个由水利部领导还是由电力工业部领导的问题。三门峡工程由苏联帮助设计。苏联未设立水利部，一切综合性的大型水利工程均由电站部所属机关进行设计与施工。虽然两个部都认为三门峡工程重大，必须由两部合作，但由哪个部负主要领导责任的问题，则有分歧意见。电力工业部根据苏联专家的建议认为：三门峡水电站是第一、第二个五年计划中规模最大的电力工程，是水电建设的一所最好的学校，为了培养水电建设的领导力量和技术力量，应以电力工业部领导为主；并且电力工业部在改建小丰满的工程中已经培养了一个将近4000名技工的建筑安装队伍，作为三门峡工程施工力量的基础，也是比较合宜的。水利部则认为，新中国成立以来，全国重大的水利工程都是在水利部领导下进行的，已经积累了经验，培养了技术力量，三门峡工程是综合性的大型水利工程建筑，应以水利部领导为主。两部经过几次协商，意见仍未能统一。为此，周恩来于1955年11月2日主持国务院常务会议专门研究了两部的意见。12月1日，周恩来就三门峡水电防洪工程的施工领导问题，向毛泽东和中央写了书面报告。周恩来指出，"必须集中两个部的技术力量和建设经验，共同负责，通力合作，各有关部门也必须大力支持"，"如果存有任何单干的思想则都是错误的"。他从中国的国情出发，认为苏联只设电站部不设水利部的体制并非适宜于中国。他说："考虑到中国河流很多，防洪、灌溉等水利工程的工作量极为繁重，而且考虑到电力工业的发展趋势，在第三个五年计划之后，水力发电比重将会超过火力发电，水电与火电的建设工作今后势必由两个部门分别管理；因此，水利部不仅现在有必要存在，将来除了农田水利之外，作为水电工作的领导部门也是需要的。"他提出，在黄河规划委员会的领导下，由两部共同负责，并吸收地方党委参加组成三门峡工程局，统一领导三门峡的设计施工工作，局长、副局长应该是专职干部，并且应该按照企业领导的原则建立首长负责制；为着加强政治领导，工程局还应该受河南省委的领导。周恩来根据水利、电力工业两部党组11月23日关于三门峡工程局领导干部配备的报告，拟调湖北省省长刘子厚任局长，黄委会主任王化云、电力工业部水力发电建设总局副局长张铁铮、河南省委委员齐文川任副局长。

1955 年 12 月 6 日，经国务院常务会议批准，刘子厚任黄河三门峡工程局局长，王化云、张铁铮、齐文川任副局长。1956 年 1 月 8 日，三门峡工程局在北京开始办公。1956 年 7 月 2 日，周恩来同三门峡工程有关部门和地方的同志谈话。7 月 3 日，周恩来接见三门峡工程苏联设计专家。7 月 27 日，三门峡工程局移驻三门峡工地。

1957 年 4 月 13 日，三门峡水利枢纽工程隆重举行开工典礼。

（二）三上三门峡

三门峡工程开工一年后，已开挖石方 74 万立方米，土方 500 多万立方米，浇筑混凝土 3 万多立方米，但仍争论很大。1958 年 8 月初，周恩来率队考察荆江与三峡后，在重庆与李葆华、钱正英等分手，去成都参加中央会议。李葆华和钱正英看了四川一些水利工地，几天后，也到了成都。周恩来把李葆华、钱正英找去说，陕西极力反对三门峡，虽然定下来了，要求翻案，理由是水土保持能解决问题，无须修三门峡。周恩来要李葆华、钱正英了解情况、准备意见。周恩来为掌握情况、解决问题，于 1958 年 4 月 21 日至 24 日，在三门峡主持召开了现场会议。4 月 20 日，他坐火车到郑州，在河南省直属机关党员干部会议上讲了几个小时话，他说，我们要去三门峡开会，就是为了讨论这个大的水库。然后，他坐直升机到洛阳参观了几个工厂，从洛阳坐火车到三门峡。为了便于对陕西做说服工作，周恩来还请了对西北局有很大影响的彭德怀、习仲勋去参加会议。

4 月 21 日，三门峡谷春寒犹劲，河风料峭。周恩来身着中山装，到工地上看望 1 万多名建设者。他一会儿走到头戴安全帽的工人面前一一握手；一会儿停下脚步，双手抱怀同工程技术人员和工人们亲切交谈。当他走到工地浮桥上凭栏远眺，热闹沸腾的工地、汹涌澎湃的黄河、突兀而立的中流砥柱，使他产生了许多联想。他微笑着说："砥柱，就那么点大，冲刷了多少年还在那里！"这质朴的语言，深深表达了周恩来对中流砥柱的赞美。

三门峡现场会争论热烈、气氛活跃。时任国务院副总理彭德怀和国务院秘书长习仲勋讲了话，陕、豫、晋和水电部、黄委会、三门峡工程局的负责人及有关专家都在会上发了言。特别是陕西省去了不少人参加会议，发表了慷慨激昂的讲话，说水位高了，西安地区的土地会碱化等等。

4月24日下午，周恩来作了总结发言。他首先指出，开会的目的是要听取各种意见，特别是反面意见。到现场开，各方面人都有，各种意见都可以听到，跟实际能够结合。三门峡水库的争论是社会主义建设中百家争鸣的一个表现，开工一年多还有分歧意见，"就是因为规划的时候，对一条最难治的河，各方面研究不够造成的"。他说："将三门峡作为一个特定问题来开展讨论和争论，来更好地解决根治水害、发展水利的问题，就可以推广到其他的流域，对海河流域、长江流域、珠江流域、松花江、辽河等等，总有好处。"开场白寥寥数语，表达了周恩来亲临现场，结合实际，百家争鸣，博采众长，深入具体，指导一般的领导方法。

接着，周恩来根据各方面的发言，综采各方面的意见，运用马克思主义的哲学理论，深刻阐述了上游和下游，一般洪水与特大洪水，防洪与兴利，局部与整体，战略与战术等问题的辩证统一关系。

他明确指出修建三门峡水库的目标应以"防洪为主，其他为辅"，"先防洪，后综合利用"，"确保西安，确保下游"为原则。他说："不能把发电、灌溉、航运跟防洪这个要求等量齐观"，但是，"修这个水库投资这么大，最后总要综合利用"；防洪第一，因为"冀、鲁、豫，还加上苏、皖，这五省是五六亿亩土地、二亿多人口的地方"，但防洪有个限度，库容以不损害西安为前提。

他特别强调"不能孤立地解决三门峡问题"，"要综合治理"，"要同时加紧进行水土保持、整治河道和修建黄河干支流水库的规划问题"，"不要只顾一点，不及其余，不能一搞三门峡就只依靠三门峡"。周恩来还亲自布置尽快搞出这三大规划。四个月后，他在北戴河政治局扩大会议期间，又亲自主持了黄河三大规划汇报会，听取了黄委会主任王化云的汇报，并讲了话。

在现场会上有的同志对水土保持的速度和减沙效果估计过高，周恩来泼了冷水。他在总结发言中说："如果我估计保守了，我甘愿做愉快的右派。""有些问题我们能够解决就解决，不能解决的后人会替我们解决的，总是一代胜过一代，我们不可能为后代把事情都做完了，只要不给他们造成阻碍，有助于他们前进。"

1954年编制的《黄河综合利用规划技术经济报告》确定三门峡正常高水位为350米。1956至1957年的初步设计，又将正常高水位抬高到360米，大坝泄水孔底槛高程为320米。正常高水位的抬高，将增加土地淹没、泥沙淤积和移民问题。陕西省反映强烈。周恩来支持中国专家多次提出的降低泄水孔底槛高程的意见。由于苏联方面提出闸门启闭有困难，修改设计可能要延长工期，认为降到310米比较经济合理。在这次会上周恩来说：三门峡水库泄水孔底"原订320，这就太高了。320就是高出库底42公尺，是不是能够降低？我们说可以减低到300，但是和苏联专家商量，最多让步到310，不然关闸比较困难"。"还可以继续争一争，看是不是能改到300，因为减低一点，总可以使泥沙多冲出去些。"由于周恩来等人的努力，最后决定泄水孔底槛高程降至300米。

这次现场会，在"确保西安，确保下游"的思想指导下，突出了整体利益，适当照顾了局部利益，进一步明确了修建三门峡水库对治理黄河特别对下游五省防洪的重要作用，回答了陕西省关于三门峡水库有没有必要修建的疑问。同时，会议采纳了大坝泄水孔底槛高程降低20米的意见，这对水库兴建和改建后长期减少库区淤积和淹没损失，起到了关键性的作用。

1959年10月12日至13日，周恩来第二次视察三门峡工地并主持现场会。12日下午，周恩来到三门峡，晚上与吴芝圃、卫恒等研究河南、陕西、山西三省水利与运输问题。13日，在三门峡工地上，周恩来同建设者亲切交谈，频频握手。有的建设者手沾油污，可是周恩来不等他们擦手就紧紧地握了上去。当周恩来走到起重25吨、高耸30米的大塔吊前，女司机小郭恰巧从塔吊的扶梯下来。周恩来同她握手，关切地问："塔吊那么高，怎么上去的？一天上下几次？"亲切交谈后，周恩来又走到另一座龙门吊跟前，攀上去俯瞰了整个工地的全景。这次现场会有中央有关部门与河南、陕西、山西、湖北等省负责人参加，讨论了三门峡工程1960年汛期拦洪蓄水和以后继续根治黄河的问题。周恩来在会上指出，根治黄河必须在依靠群众发展生产的基础上，大面积地实施全面治理与修建干支流水库同时并举，保卫三门峡水库，发展山丘地区的农业生产。他还就控制水土流失问题发表了意见。

1961年10月8日，周恩来第三次来到三门峡。他这次是和陈毅副总理陪同尼泊尔马亨德拉国王先视察了三门峡水工机械厂，接着又视察了三门峡水利枢纽，了解水库蓄水运用的情况。

（三）深入实际，解决困难

周恩来三上三门峡期间，正是中苏关系由热变冷之时。三门峡工程同其他苏联援建的工程一样，受到了卡脖子的威胁。1960年大坝拦洪后，急需安装启闭闸门的350吨门式起重机，合同规定由苏联供货，苏方却有意拖延不供。当时我国尚未生产过这种大型设备，对此，周恩来果断决定我国自己设法制造，并亲自责成有关部门，为三门峡解决困难。太原重型机器厂的广大职工，克服困难，为国争光，设计、制造了两台350吨门式起重机，解决了三门峡工程的燃眉之急。第一台15万千瓦发电机组由苏联供货，水轮机转子根据运输条件由两半铸成，在安装前焊成整体，但苏方把原答应提供的大型水轮机的全部焊接技术资料卡住不给。为解决分瓣水轮机转子的焊接问题，周恩来于1961年7月7日，7月12日，两次同沈鸿、李强、冯仲云等研究具体办法。他亲自在三门峡工程局上报的试验计划上批示，把全国各地具有丰富焊接经验的老工人和专家集中起来解决这个问题，并让机械部和水利电力部的负责人到现场指挥，通过试验，总结经验。结果在沈鸿同志主持下，在短时间内总结出了一整套我们自己的水涡轮焊接及热处理工艺。1961年10月8日开始焊接。8日，周恩来陪同尼泊尔国王参观三门峡水电站时，仔细观看了水轮机转子，并询问沈鸿焊接会不会出毛病。沈鸿说："估计不会。"周恩来听了十分高兴。10月11日胜利地完成了水轮机转子焊接。1962年2月第一台发电机组安装完毕，并进行了试运转。后在三门峡改建中，将其拆除，把它重新安装到了丹江口水电站。

周恩来三上三门峡，在三门峡工地度过了八个日夜。他每次到三门峡都不顾疲劳，深入现场，掌握实情。他勉励工程建设者好好学习政治、文化和技术，为工程作出更大的贡献。他关心水利职工生活，询问伙食情况。一次，一个小伙子一边吃着馍，一边挤到周恩来面前，周恩来随手掰了一块放到嘴里尝尝，说好吃，乐得大家亲切地笑了起来。当他得知灌浆工人长期在潮湿的廊道内工作，已有一些人患关节炎时，十分关心，当场指示工程局的领导注意解决这个问题。他回京后不久派来了调查组，又从北京送来医疗设备、药品和保暖防潮劳保用品，安排患者到疗养院治疗休养，工地上为灌浆工人成立了保健食堂。周恩来的亲切关怀，使三门峡工程建设者受到了巨大的教育和鼓舞。

三、北京治黄会议与改建三门峡

（一）三门峡出现问题之后

三门峡水库 1960 年 9 月开始蓄水，经过一年半的时间，到 1962 年 2 月，水库就淤了 15 亿吨。不仅三门峡到潼关的峡谷里淤了，而且在潼关以上，渭河和北洛河的入黄口门处，也淤了"拦门沙"。

三门峡水库出现问题后，引起社会各方面的极大关注，议论颇多。1962 年 4 月，在二届全国人大三次会议上，陕西省代表提出第 148 号提案，要求三门峡工程增建泄洪排沙设施，以减轻库区淤积，会后，周恩来亲自召集有关人员专门座谈研究了这个问题。以后，水电部又多次召开三门峡水库技术讨论会，进行了广泛的探讨，但意见未能统一。从 1962 年 3 月起，三门峡水库决定由"蓄水拦沙"运用，改为"滞洪排沙"运用。但淤积仍继续发展，到 1964 年 11 月，总计淤了 50 亿吨，渭河的淤积影响，已到距西安三十多公里的耿镇附近。

面对三门峡工程出现的淤积问题，周恩来一方面承担责任，检讨自己未能将工程办好；一方面认真谋划如何改建。同时，初步总结了治理黄河的经验教训。

第一，周恩来认为三门峡工程上马，没有很好地总结、消化历史上的治黄经验。1961年7月4日，他指出，修建三门峡工程，搞了新的把旧的忘了，或者否定了。旧的也有好的经验，要和新的经验结合起来。1962年5月11日，在中央工作会议上，周恩来说："三门峡的水利枢纽工程到底利多大，害多大，利害相比究竟如何，现在还不能作结论。原来泥沙多有问题，现在水清了也有问题。水清了，冲刷下游河床，乱改道，堤防都巩固不住了。""洪水出乱子，清水也出乱子。这个事情，本来我们的老祖宗有一套经验，但是我们对祖宗的经验也不注意了。"[1]1964年6月10日，他批评把黄河的洪水和泥沙全部拦蓄在上中游，使黄河下游变清的规划思想，他说，"黄河清"这句话好不好也值得研究，黄河虽然为害了二千多年，但是，泥沙有时对下游也是有利的，可以增加土地肥力。我们历史上治黄是最重要的问题，现在还没有将历史经验加以科学总结。

第二，周恩来认为三门峡工程上马，没有很好地借鉴、分析苏联水利建设经验。三门峡工程是苏联帮助设计的，但苏联也没有搞过这样的工程，苏联专家不可能在短期内认清黄河的特殊性。周恩来说，三门峡工程苏联鼓励我们搞，现在发生了问题，当然不能怪他们，是我们自己做主的，苏联没有洪水和泥沙的经验。

第三，周恩来认为三门峡工程上马仓促，结果很被动。1964年6月10日，他说，现在看来三门峡工程上马是急了一些，一些问题不是完全不知道，而是了解得不够，研究得不透，没有准备好，就发动了进攻，这一仗一打到现在很被动。又说，黄河规划搞得比较快，由1952年到

---

[1]《周恩来经济文选》，中央文献出版社1993年版，第484页。

1955 年花了三年的时间就搞出来了，写报告只花了 8 个月，这样大的河流，问题是比较复杂的，规划时间短了些，搞得比较粗糙。

（二）北京治黄会议

1964 年春，邓小平去西安，陕西省对三门峡的淤积问题意见很大。邓小平把王化云找去。王化云说，要解决三门峡库区淤积问题，还得靠上游修拦泥水库，三年修两个，见效快，花钱也不算多。邓小平回京指示中央书记处找水电部定方案。当时，周恩来正出访非洲，彭真开会过问了这件事。会上，刘澜波和钱正英都不赞成修拦泥库的方案。周恩来出访归来，不顾旅途劳累，深夜打电话把钱正英找去，详细询问三门峡工程的情况，要钱正英去现场查勘。陕西省的意见还反映到毛泽东那里。毛泽东对周恩来说：三门峡不行就把它炸掉。陕西省意见很大，毛泽东说炸坝，水电部和黄委会在解决方案上又有分歧，面对这样复杂的局面，为统一思想，尽快作出治黄决策，解决三门峡淤积问题，周恩来决定召开一次治黄会议。

治黄会议原通知 1964 年 10 月召开。10 月 14 日赫鲁晓夫下台后，毛泽东让周恩来到莫斯科去摸摸底，观察一下赫鲁晓夫下台后，中苏关系有没有得到改善的希望。因此，推迟了会期。11 月 14 日，周恩来访苏回北京。11 月 24 日，他找钱正英研究了治黄会议准备工作。12 月 5 日至 18 日，周恩来亲自主持召开了治黄会议。此间，三届人大一次会议和四届政协一次会议开幕在即，周恩来起草报告，筹备大会，还要不断处理内政和外交问题。但他还是抽空参加治黄会议，有时实在分不开身来，就委托人组织治黄会议照常进行。会上，周恩来认真听取大家发言，让不同观点充分展开争论。河南省科委的杜省吾认为"黄河本无事，庸人自扰之"。对于三门峡水库，杜力主炸掉大坝，最终进行人工改道。由于杜陈词激烈，言语尖刻，会场上的气氛有点紧张。但周恩来却在一旁耐心地听着杜的发言。杜读讲稿时有的字念错了或者看不清，周恩来还不时提示。

治黄会议气氛活跃，思想解放，大家畅所欲言。北京水利水电学院院长汪胡桢认为"节节蓄水，分段拦泥"的办法是正确的，不同意改建三门峡枢纽，被称为"不动"派。杜省吾说，黄土下泻乃黄河的必然趋势，绝非修建水工建筑物等人为力量所能改变，主张炸坝，被称为"炸坝"派。王化云主张以拦为主，辅之以排，实行"上拦下排"的方针，被称为"拦泥"派。长江流域规划办公室主任林一山主张干支流沿程引洪放淤，灌溉农田，以积极态度吃掉黄河水和泥沙，被称为"放淤"派。周恩来引导大家互相听取不同见解，辩证地看问题。四派之争，主要的是"拦泥"与"放淤"两家之争。王化云和林一山发言时，周恩来没有到场。随后他派秘书到林、王住地和平宾馆，分别征询了林、王的治黄设想和具体意见。12月17日，周恩来召集开了个小会，参加会议的有水电部副部长钱正英、国家计委副主任王光伟、林业部党组副书记惠中权以及林一山、王化云等。周恩来先让林、王把各自的观点复述一遍，然后转而征求其他三位的意见。最后，周恩来说："今天暂不作结论，你们可按各自的观点作出规划，明天再开会讨论。"

12月18日，周恩来在广泛听取各种意见的基础上，作了总结讲话。第一，周恩来提出了治理黄河总的战略方针，他说："总的战略是要把黄河治理好，把水土结合起来解决，使水土资源在黄河上中下游都发挥作用，让黄河成为一条有利于生产的河。"

第二，周恩来对治理黄河规划和三门峡水利枢纽工程既没有全面肯定也没有全面否定，而是谈了三点看法：其一，"治理黄河规划和三门峡枢纽工程，做得是全对还是全不对，是对的多还是对的少，这个问题有争论，还得经过一段时间的试验、观察才能看清楚，不宜过早下结论。"其二，"黄河自然情况这样复杂，哪能说治理黄河规划就那么好，三门峡水利枢纽工程一点问题都没有，这不可能！"其三，"当时决定三门峡工程就急了点。头脑热的时候，总容易看到一面，忽略或不太重视另一面，不能辩证地看问题。"

第三，周恩来要求各派都要克服片面性，要从全局看问题。他说："不管持哪种意见的同志，都不要自满，要谦虚一些，多想想，多研究资料，多到现场去看看，不要急于下结论。""不要自己看到一点就要别人一定同意。个人的看法总有不完全的地方，别人就有理由也有必要批评补充。"他指出："泥沙究竟是留在上中游，还是留在下游，或是上中下游都留些？全河究竟如何分担，如何部署？现在大家所说的大多是发挥自己所着重的部分，不能综合全局来看问题。"对于"炸坝"派听其自然的治黄思想周恩来是不赞成的，但对其提出炸坝这种大胆的设想的精神是赞赏的，认为这样有利于发现矛盾，解决矛盾。对于反对改建的"不动"派，周恩来说："改建有利于解决问题，不动就没法解决问题。""五年已淤成这个样子，如不改建，再过五年，水库淤满后遇上洪水，毫无问题对关中平原会有很大影响。反对改建的同志为什么只看到下游河道发生冲刷的好现象，而不看中游发生了坏现象呢？如果影响西安工业基地，损失就绝不是几千万元的事，对西安和库区同志的担心又怎样回答呢？"对于"拦泥"派，周恩来说："我看光靠上游建拦泥库来不及，而且拦泥库工程还要勘测试点，所以这个意见不能解决问题。""实施水土保持和拦泥库的方案还遥远得很，五年之内国家哪有那么多投资来搞水土保持和拦泥库，哪能完成那么多的工程。那样，上游动不了，下游又不动，还有什么出路！"

　　　　　　　　　　　　　　　　　　　　周恩来与治水

第四，周恩来认为泥沙淤积是"当前的关键问题"，"是燃眉之急，不能等"。他说："对三门峡水利枢纽工程改建问题，要下决心，要开始动工，不然泥沙问题更不好解决。"

最后决定三门峡大坝左岸增建两条隧洞，改建四根发电引水钢管（即二洞四管改建方案），以加大泄流排沙能力，先解库区淤积之急。周恩来说："决定二洞四管不是一件轻松的事，既然决定了，就要担负起责任。"他嘱咐在设计和施工中"要兢兢业业地做。如果发现问题，一定要提出来，随时给北京打电话，哪一点不行，赶快研究"。[1]

会后，周恩来要水电部送给与会代表每人一本《毛主席的四篇哲学著作》，要求大家运用毛泽东哲学思想，分析和解决治黄问题。

周恩来主持召开的北京治黄会议，是当代治黄史上一次具有重大意义的集会。这次会议不仅决定了对三门峡枢纽工程的改建，挽救了一个接近失败的工程，而且明确了治理黄河的战略方针，大大推动了治理黄河的伟大事业。

（三）治黄会议之后

治黄会议之后，周恩来一直关心着三门峡工程的改建，关心着"使水土资源在黄河上中下游都发挥作用，让黄河成为一条有利于生产的河"这一治黄战略方针的具体化。

1965 年 1 月 18 日，水电部党组写了《关于黄河治理和三门峡问题的报告》给周恩来并报中央和毛泽东。《报告》回顾了 1954 年以来 10 年治黄的经验教训，介绍了围绕三门峡问题的治黄大论战，特别介绍了"拦泥"与"放淤"之争。《报告》认为治黄会议上"放淤派是少数，但这是一个新方向"。"我们打算，上半年拿主要力量，研究下游的出路。

---

[1] 《周恩来经济文选》，中央文献出版社 1993 年版，第 556—562 页。

同时，对拦泥库的方案，也勘察研究，不轻易放弃。"周恩来审阅了这份《报告》并作了批示："印发中央政治局常委、书记处、国务院副总理和有关各部委、各省、市同志。此件系水电部在去年十二月召开治黄会议后于今年一月写的报告，比较全面，并对过去治黄工作的利弊和各种不同意见做了分析。"《报告》中说："对已经取得协议的两条隧洞和四根泄水管，批准开工。"周恩来在这里加了个注："经计委批准已于今年一月开工。"

　　鉴于王化云提出要搞拦泥试验，林一山提出要搞放淤试验，周恩来决定两家分头作规划搞试验。他同意王化云把甘肃巴家嘴水库选作拦泥试验坝的要求。对林一山放淤稻改试验的方案，周恩来也给予了热情支持，他说："袁世凯能在天津小站的盐碱滩上成功地种出小站米，黄河两岸条件无论哪一方面比小站都好，为什么就不能大面积种植水稻?!"1965年3月两家开始了分头规划和试验。王化云组织调查了渭河下游及陕北、晋西北群众用洪用沙经验，查勘了支流拦泥库坝址，研究了拦泥库开发方案。对巴家嘴拦泥坝成立了实验工程处和实验工程指挥部，到1966年7月拦河土坝坝后加高8米工程竣工，共完成土石方47万立方米。后来因地方政府坚持发电为主，加之"文革"的冲击，致使拦泥坝试验设想未能按计划进行下去。林一山带领"长办"规划组奔赴下游豫、鲁两省，沿着黄河两岸进行调查、研究、宣传、发动和选择试验点，以期从大搞放淤稻改上寻找一条治理黄河的新路子。林在山东梁山陈垓引黄闸搞远距离输沙试验，做了渠道衬砌设施。放淤稻改取得了一定的成功，1965年就在黄河两岸种上了水稻。周恩来对这次分头作规划寄予了很大希望，并约定规划试验结束时，他再主持召开治黄会议，但"文革"使这次规划搁浅了。

　　三门峡二洞四管改建工程，1965年1月开工。四管工程于1966年5

月竣工，7 月 29 日投入运用。两洞工程于 1968 年 8 月先后竣工。1968
年 8 月 16 日二洞四管全部投入运用。二洞四管工程提高了三门峡枢纽的
泄流排沙能力，减缓了库区淤积，为进一步改建赢得了时间。但泄流排
沙能力仍感不足。为此，1969 年 6 月，周恩来委托刘建勋、纪登奎在三
门峡市主持召开了晋、陕、鲁、豫四省治黄会议，研究了三门峡工程的
第二次改建和黄河近期治理问题。

　　为加强三门峡第二次改建的技术力量，周恩来提议清华大学水利系
师生到三门峡去，参加研究怎样解决三门峡工程改造的问题。1970 年 1
月，周恩来对他们说，黄河的泥沙问题研究得怎么样了？要把黄河泥沙
整个的情况摸清楚，沙从什么地方来的，淤在哪里，怎样处理，这是你
们去主要解决的问题。

　　1970 年全国计划会议后，周恩来在国务院接见了王化云和林一山，
详细询问了三门峡工程的改建情况。

　　三门峡工程局广大职工以高昂的斗志，于 1970 年至 1973 年 12 月
挖开 8 个施工导流底孔和改建了五个电站坝的进水口，大大提高了泄流
排沙的能力，基本解决了库区的泥沙淤积，保持了一定的长期有效库容，
为在多泥沙河流上修建水库和治理黄河开辟了新路。

　　1974 年 12 月 20 日，新华社报道《三门峡水利枢纽工程改建获得初
步成功》，周恩来在重病中看到了这一报道。当时，周恩来病情一天比一
天加重，可是他还在惦记治理黄河的伟大事业，多次询问，三门峡改建
后的效果怎么样，三门峡水库的泥沙是不是解决了？一天，纪登奎去医
院看望，周恩来要纪登奎打电话问钱正英："三门峡改建成功的报道是否
属实？"这是周恩来最后一次过问我国的水利事业。

　　周恩来为三门峡工程操尽了心！三门峡工程的建设成功凝聚了周恩

来非凡的智慧和惊人的力量，是他长期关怀和正确指导的结晶。

四、修建刘家峡水电站

周恩来曾多次亲自主持研究黄河上游刘家峡水电站的建设。

1954 年 2 月至 6 月，由中苏专家组成的黄河查勘团，在黄河上游考察到刘家峡。专家们认为：在兰州附近能满足综合开发任务的最好坝址是刘家峡。

1955 年 7 月，邓子恢在一届全国人大二次会议上作《关于根治黄河水害和开发黄河水利的综合规划的报告》。邓子恢说，黄河规划"第一期计划规定，首先在陕县下游的三门峡和兰州上游的刘家峡修建综合性工程"。"刘家峡水库虽然比三门峡小得多，它的'水头'却有 107 公尺高，那里的水电站也可以发电 100 万千瓦，每年平均发电 523000 万度，可以使甘肃新发展的工业区用电需要得到满足。刘家峡水库可以把河流最小流量由 200 秒公方提高到 465 秒公方，从而保证了下游原宁夏、绥远省境灌溉和航运的需要。""河套以上，在刘家峡水库修成以后，就可以把最大的洪水流量 8880 秒公方减至 5000 秒公方，因而完全避免水灾。"一届全国人大二次会议通过的《关于根治黄河水害和开发黄河水利的综合规划的决议》，要求国务院应采取措施完成刘家峡水库和水电站的勘测设计工作，并保证工程及时施工。

一届全国人大二次会议之后，周恩来具体过问了修建刘家峡水库的准备工作。当时在总理办公室任秘书、联系水利工作的杨纯回忆说："周总理对建水库发电的事情过问得很细，甚至亲自调查研究。他对水库建成后的经济效益问题非常关心，比如说建一个水库要占多少亩农田，能储蓄多少立方米水，可发多少电等他都一一了解，并请专家来座谈。我记得在建刘家峡水电站时，为调查研究具体情况，总理请了许多专家，其中还有苏联专家在西花厅开会，问他们水库建成后实际的蓄水量是多少，从上游夹带下来的泥沙量是多少，如何解决等等，这一下把专家们问住了，本来他们来之前准备得很充分，算的数字也很清楚，但他们没有想到总理会问这些不利因素。""结果专家们只好说，我们回去再算算。"

刘家峡水电站由水电部北京勘测设计院设计，水电部第四工程局负责施工。该工程1958年6月完成初步设计，同年9月27日开工兴建。1961年因调整基本建设计划而暂停施工，1964年复工。

1967年，在"文革"混乱中施工的刘家峡水电站，下闸蓄水时，因闸门关闭不严，造成严重漏水，最后冲毁了导流隧洞，使工程不能蓄水。1968年初，在广大群众的努力下，利用定向爆破筑成了导流洞入口处的围堰，但导流洞出口围堰仍无法修筑，情况十分困难。周恩来得知刘家峡水电站出现问题后，心情十分焦急。他非常清楚：让军代表去解决刘家峡问题是难以成功的，必须让懂水利业务的领导干部出来主持工作，才有希望解决刘家峡问题。1968年2月3日，周恩来嘱值班人员询问水电部军管会：如谈刘家峡水库问题，"除军代表外，部长级是否有人抓业务，能否参加国务院业务小组会？"其含意是希望水电部军管会能解放钱正英，并让其立即负责解决刘家峡水电站问题。2月8日下午，周恩来主持国务院业务小组会议，研究如何解决刘家峡水电站问题。会上，周恩来正式提出让钱正英出来工作。会后，钱正英和杜星垣到刘家峡水电站工地，与专家和工人反复研究，决定在隧洞中修筑一道沙坎。经过努力，最后完成了隧洞上下口的堵塞，保证了工程的建成。

1969年3月29日，刘家峡水电站第1号机组投产发电，以后2、3、5号机组陆续安装并投入运行，至1974年12月18日第4号机组投入运行，刘家峡工程全部竣工。经过竣工验收及10多年的运行实践证明，刘家峡水电站规划设计成功，工程质量良好，被评为水电工程优秀设计之一，并获全国科学大会科技成果奖。刘家峡水电站装机容量122.5万千瓦，设计年发电量55.8亿度，是1980年代之前，我国建成的最大水电站。刘家峡水电站综合利用效益显著：通过蓄洪补枯的调节，可保证刘家峡电站本身及下游已建的盐锅峡、八盘峡、青铜峡各级电站枯水期出力；改善甘肃、宁夏、内蒙古1580万亩农田灌溉条件，可解除兰州市百年一遇的洪水灾害；在解冻期控制下泄流量，可防止内蒙古河段的冰凌危害；库区内的航运和养殖事业也得到相应发展。

五、在大洪水面前

周恩来一贯认为治理黄河第一位的问题是防洪，发电、灌溉、航运、养殖等综合利用必须以不影响防洪为前提。周恩来挂帅治理黄河，十分重视战胜黄河洪水，保证黄河安澜。

1958年7月上旬山陕区间、渭河中下游和伊、洛、沁河流域降雨量均在50毫米以上。特别从7月14日开始，山陕区间、三门峡到花园口干流区间和伊、洛、沁河连日普降暴雨，暴雨中心5天累计雨量500毫米。7月17日，郑州花园口出现22300立方米每秒的大洪水。癫狂、暴烈的特大洪峰，把京汉黄河铁桥冲垮两孔，使南北铁路交通陷于中断，对黄河下游造成严重威胁。

抗洪抢险，千钧一发。当时正在上海开会的周恩来，接到黄河防汛总指挥部和中央防汛总指挥部的报告后，立即停下会议，于18日下午飞临黄河。周恩来在机舱里全神贯注，俯瞰长堤和波浪翻滚的洪水，特别察看了被冲断的黄河铁桥，然后在郑州降落。吴芝圃到机场迎接周恩来。周恩来到省委后立即听取了王化云等关于黄河防汛问题的汇报。

当时，迫在眉睫的问题，是分洪好，还是不分洪好？若要分洪，就必须使用北金堤滞洪区，这样固然可以保证山东位山一带窄狭的河道安全泄洪，但却要淹没一百万人口的地区，损失4亿多财产。若不分洪，又怕一旦下游决堤，人民生命财产将蒙受更大的损失。1933年洪水与这次洪水相似，当时就决堤60多处，被淹面积6592平方公里，受灾人口273万，其中12700人被洪水夺去了生命。在分洪与不分洪的两难选择中，使用滞洪区不担什么风险，不分洪却要担很大风险。

王化云在汇报中"建议不使用北金堤滞洪区"。周恩来边听汇报边问王化云："征求两省意见没有？"周恩来对洪峰到达下游的沿程水位和大堤险工在高水位下的情况作了深入细致的调查研究，他根据这次洪水的来源、当时的气象预报，以及上下游的各种情况、各种数据，全面地权衡利弊之后，当机立断，作出了不分洪的决策。他说："各方面的情况你们都考虑了，两省省委要全力加强防守，党政军民齐动员，战胜洪水，确保安全。"遵照周恩来的指示，河南、山东两省组织200万防汛大军上堤，经过10个昼夜的苦战，特大洪峰在没有分洪的情况下安然入海。

20多年后，张含英在回忆这段往事时十分激动地说："究竟开不开分洪区，谁下这个决心啊！最后总理果断地说：'不开分洪区'。这句话分量很重，它使一百万人民的生命财产免受水患。"

周恩来听取黄河防洪汇报并周密地安排了防汛之后，不顾连续工作和旅途劳累，又登上列车，赶往另一个抗洪抢险的战场——京广线黄河大桥。在车上，周恩来详细询问黄河铁路大桥建桥史和洪水冲毁的情况，并同河南省委、铁道部、水利电力部、大桥工程局的负责人研究尽速抢修大桥的对策。周恩来从南岸车站下车，进行了现场查勘之后，到大桥局第一工程处亲自主持了群众大会。会议进行中，大雨噼里啪啦地下了起来。有位同志急忙为周恩来撑伞遮雨。周恩来推开伞说："你看大家不都在淋雨吗？"周恩来穿的浅蓝色的短袖衬衣很快湿透了，但他毅然挺身雨中，认真听工人们的发言，并一再鼓励说："修桥依靠大家。你们劲头很大，同暴风雨和洪水斗争，要像革命战争年代那样，工农兵一齐干，尽快修复大桥。我代表党中央感谢你们！"周恩来还说："这次是百年一遇的大水，黄委会已经作了各方面的准备，对战胜洪水是有信心的，现在的问题是尽快把大桥修复。"雨越下越大，周恩来一面用手帕擦脸上的雨水，一面谈笑风生，诙谐地对大家说："现在就是小考验。"开过群众大会后，周恩来又召集有关人员具体落实抢修大桥的措施，当即打电话给中央军委，要工程兵立即投入战斗，在黄河上抢修一座浮桥。周恩来回到列车上，已是深夜两点，可他还同王化云讨论根治黄河问题，到达郑州住地时，东方已露出了鱼肚白。这一天，周恩来整整工作了十八九个小时。

7月19日，周恩来又乘飞机视察水情，沿黄河飞到山东，再飞回上海参加会议。

洪水过后，大桥修复通车。8月5日，周恩来再次来到郑州，视察黄河和修复后的铁路大桥。他不顾天气炎热，在黄河大堤上步行了10多里。随行人员请周恩来乘车，他说乘车看不清楚。一路上，他边走边看边问，高兴地说："黄委的工作做的是好的，这次洪水是一次考验，要把大堤进一步整修好。准备迎战更大的洪水。"8月6日，周恩来又到济南，视察了黄河下游和津浦线上的黄河铁路桥。

三门峡水利枢纽建成后，有些地方对防洪有所松懈，误认为黄河洪水问题已经完全解决了。1961年6月14日，水电部党组向中央写了《关于1961年黄河防汛问题的报告》。中央于1961年8月19日批转了这份《报告》，并作了《关于黄河防汛问题的指示》。中央指出，决不能因为三门峡已经建成，黄河就万事大吉，必须认识，治理黄河仍然需要一个较长的时间；三门峡工程尚须经过几个汛期的考验；三门峡以下的许多工程尚需要8年到10年时间才能分别做成。因此，对黄河堤坝每年应作的岁修工程和保护工程，以及保护的各项规定，必须继续贯彻执行，决不允许破坏。6月18日，周恩来对上述水电部的报告和中央指示的初稿，作了逐字逐句的审阅和修改，并批示："拟同意。即送邓（小平）、彭（真）、富春、一波、先念、瑞卿核阅。"他要求以"特急件"下发河南、山东、陕西、山西、河北五省委。

1967年汛期，河南两派武斗，形势严峻，周恩来十分担心黄河度汛的安全。7月1日、2日，他连续两天谈到河南问题。他指示水电部负责人召集黄委会群众组织的代表，到北京协商解决黄河安全度汛问题，并嘱水电部负责人转告："不论在任何情况下，对黄河防洪问题都要一致起来，这个问题不能马虎。"在周恩来叮嘱下，黄委会两派群众组织的代表集会北京，经过协商，于7月7日达成了六点协议。协议第五条规定："不准挪用防汛专用资金、器材、材料等，即使一件器材、一块石头、一堆土、一条麻袋、一根木头也不能动用。各方过去挪用的立即全部退还。"由于周恩来对黄河防洪的重视，使得在"文革"中原混乱的局面下，也确保了黄河度汛的安全。

1973 年，周恩来已身患重病。这年汛期，黄河下游花园口站出现每秒 5890 立方米的小洪峰。9 月 1 日晨东明县、兰考县滩区生产堤决口。河南新华社说成是黄河大堤决口了，而且在《内部参考》上作了报道，姚文元借题发挥反映到周恩来那里。9 月 6 日半夜零时 30 分，周恩来把钱正英找到人民大会堂。询明真相后，他又把新华社张纪之找去。周恩来说："新华社以后出内参一定要发给有关部门。"从此，这就成了一条规定。另一方面，周恩来指示国务院召集有关部门开会，组成工作组，实地进行调查研究，共同商讨如何解决黄河下游出现的新情况。事后，水电部、农林部和黄委会联合组织调查组，到灾区调查灾情及黄河滩区和生产堤的情况，10 月 12 日，向水电部、农林部及国务院写出了《关于东明、兰考黄河滩区受淹情况和生产堤问题的调查报告》。10 月 22 日，李先念副总理在调查报告上批示"假使哪一年（或者明年）来历史最高水位的时候，能否保证大堤不出问题？水电部要严格和充分考虑这个问题，决不能马虎。"[1] 在周恩来和李先念过问下，既纠正了夸大黄河汛情和洪灾的报道，又促进了水电部、黄委会为增强黄河下游堤防抗洪能力，建立和完善下游防洪工程体系而努力。

六、重视水土保持

周恩来总结 1958 年战胜黄河特大洪水经验时，充分肯定了广大群众

---

[1]《李先念年谱》，中央文献出版社 2011 年版，第 324 页。

治水防洪的热情。但又指出，几百万人上堤是当时的应急之法，不是保证黄河安澜的积极的和长久的办法。如何防止黄河洪水灾害，保证黄河岁岁安澜？周恩来认为做好水土保持工作，改造黄土高原，是长期性和根本性的办法之一。

1952年12月19日，周恩来主持政务院第163次政务会议，讨论通过了《政务院关于发动群众继续开展防旱、抗旱并大力推行水土保持工作的指示》。12月26日，周恩来签署下发这一《指示》。《指示》中说："由于各河治本和山区生产的需要，水土保持工作目前已属刻不容缓。""水土保持是群众性、长期性和综合性的工作，必须结合生产的实际需要，发动群众组织起来长期进行，才能收到预期的功效。必须与农林、水利和畜牧各项开发计划密切配合，才能巩固和扩大水土保持工作的成绩。"《指示》还特别强调"除去已经开始进行水土保持的地区仍应继续进行以外，应以黄河的支流，无定河、延水及泾、渭、洛诸河流域为全国的重点"，以取得经验，逐步推广。

我国向苏联政府聘请专家综合组来我国帮助解决黄河规划问题，开始时，没有聘请水土保持专家。黄河研究组根据黄河流域水土保持工作的需要，于1964年1月12日电告政务院要求增聘水土保持专家。1月21日，周恩来电告中财委并外贸部，"同意为黄河研究组增聘水土保持专家1人"。

1956年12月8日至14日，黄委会在郑州召开黄河流域水土保持会议。中央林业部、水利部、中国科学院和陕、甘、晋、豫、鲁、蒙、青七省（区）负责水土保持工作的干部，以及苏联水土保持专家扎斯拉夫斯基参加了会议。1957年1月23日，水利部向国务院写了《关于召开黄河流域水土保持会议的报告》，将会议研究讨论的关于水土保持工作的方针问题、关于合理使用劳动力贯彻按劳取酬政策问题、关于培养技术力量问题、关于领导问题、关于编制黄河流域 12 年水土保持规划问题，逐一作了报告。周恩来逐字逐句审阅并修改了这一报告，对报告提出的不够具体或没有连续性的措施的有关内容则画了问号，提出了批评。5 月 10 日，国务院向有关省和部门转发了水利部的报告，并下发了经周恩来修改的国务院批示，指出，"过去几年来，在水土保持工作方面，已经取得了很大成绩，但也存在着农业、林业和水利方面的综合措施和配合不够的现象，希望你们研究解决"。

1958 年 4 月，周恩来在去三门峡视察时，多次对黄河沿岸的干部和群众说，要搞好植树绿化和水土保持工作。4 月 24 日，他在三门峡现场会上说："不能孤立地靠修水库来解决防洪问题，必须联系、配合各方面的工作。特别是，首先要以水土保持为基础。"又说："三门峡水利枢纽规划是全面的，因此要联系整个黄河流域干支流，上中下游。而这个中心基础就是水土保持。"[1]1958 年 8 月 30 日在北戴河，1959 年 10 月 13 日在三门峡，周恩来又一再强调根治黄河要做好水土保持工作。

1959 年 11 月 2 日至 18 日，国务院水土保持委员会召开黄河流域陕、甘、晋、青、宁、蒙、豫七省（区）水土保持会议。11 月 20 日，王化云向周恩来汇报会议情况以及黄河流域水土保持治理规划初步方案时，周恩来说，规划口号要提得恰当，过去认为做了水土保持工程和措施，保水保土就解决了，现在看来距离还很大。

"文革"期间，周恩来仍在关心着黄河流域水土保持工作。1972 年 12 月，他在听取陕、甘、宁、晋四省（区）领导人的汇报时指出，解放

---

[1] 中共中央文献研究室、国家林业局编：《周恩来论林业》，中央文献出版社 1999 年版，第 71、72 页。

这么多年了，群众生活还这样困难，要加强对灾区的支援，尽快恢复水土流失治理的规模。

水土保持工作具体包括哪些方面？1952年12月26日，周恩来签发的《政务院关于发动群众继续开展防旱、抗旱运动并大力推行水土保持工作的指示》指出："首先应在山区丘陵和高原地带有计划地封山、造林、种草和禁开陡坡，以涵蓄水流和巩固表土，同时应推行先进的耕种方法，如修梯田、挑旱渠、等高种植和牧草轮作等办法，期使降落的雨水尽量就地渗入，缓和下流，不致形成冲刷的流势和流量。对于已经冲刷的山溪沟壕，即应先支沟，后干沟，自上而下，由小而大地修筑拦沙坝和缓流坝，以改变沟壕纵向的坡度，延缓洪水下泄的速度，截留其挟带下泄的泥沙，淤出的土地并可增加生产。"1958年周恩来在三门峡现场会上提出了6条：1.修整耕地，改造梯田；2.修中小型水利；3.种草；4.开垦退耕；5.保持绿化，总要有树；6.调动劳力，使劳力分布平衡。他实际上把水土保持看成一个系统工程，不仅需要工程措施、植物措施、保土耕作措施的配合，而且需要农、林、水等部门的配合。

在水土保持系统工程中，周恩来尤重视护林、造林。1951年9月7日，周恩来在政务院第101次政务会议上说，"靠山吃山，靠水吃水"这两句话要写得适当才行。否则，"靠山吃山"，把树木砍光了，水灾就来了。在治水时，也要有计划，乱堵乱挖，反把水系搞乱了。1956年8月14日，周恩来在接见外宾时说，在水利工作方面，除一般水利工程外，还需要注意到植林，我们的祖先把许多山上的树木砍伐过多，以致形成严重的水土流失。因此，现在要注意植林以做好水土保持工作。

周恩来多次指出古老文化的负面之一是破坏了森林资源。他说，古老文化损伤了大自然，中国有林的山只有10%，好多都是荒山，古代人只知砍伐不知保护森林，后代子孙深受其害。文化越古，不知保护，树木越少。我去过的地方，如从尼罗河经过中东、中亚细亚到中国这片都如此。"黄土高原是我们祖宗的摇篮地，是民族文化的发源地，但是这个地方的森林被破坏了。"

周恩来认为森林植被的破坏，不仅造成水土流失，而且是沙漠化的根源。他说，印度的恒河和埃及的尼罗河流域，是古代人类文化的发源地，当时土地肥沃，农业昌盛，但由于不合理的开发利用，破坏了森林植被，所以后来都成了沙漠，我国甘肃省的敦煌一带恐怕也是这样。周恩来到延边、西双版纳、海南、贵州、长江、黄河视察时都反复强调要保护森林资源，开展植树造林。到大庆油田视察时，他也说，既要搞好油田建设，又要多种树，搞好绿化，尽量保护植被，建设新型矿区。为解决黄土高原地广人稀地区的水土保持问题，周恩来亲自批准配备安2型飞机，用以播种造林、种草。他还说，水土保持搞了工程措施没有植物措施不行。

1966年2月，周恩来接见出席全国林业工作会议的西北各省、自治区林业厅（局）长和西北林业建设兵团、林业部负责同志并讲了话。他怀着十分不安的心情说："十六年来，全国砍多于造，是亏了。二十世纪还剩下三十几年，再亏下去不得了。""营林是建设社会主义，我们不能吃光了就算，当败家子。""北方八省地区大，人口多，树林少"，要抓紧造林。他特别强调要抓好西北黄土高原地区的造林。他说："西北黄土高原搞了多少年造林啦？劳大功小，要很好总结经验。陕北防沙林带有人烟，地下水浅，就可以造林。靖边、定边高原上水位低，不容易成林。要有选择、有阵地地前进。""西北地区造林要集中在黄河泥沙主要来源地区，不要孤零零地分散搞。分散了，投资很大，功效很小，起不了多大作用。"他要求"西北局要搞一个领导小组，管农垦、水土保持。农林互相支援有好处。植树造林是百年大计，总得坚持到二十一世纪"。[1]

　　周恩来既把水土保持看成治理黄河基本的长期的办法之一，也把水土保持看成改造黄土高原落后面貌，提高当地人民生活水平的途径之一。他反对片面强调水土保持与黄河治理的联系而忽视水土保持与提高人民生活水平的关系，认为这样会脱离群众、脱离实际，从而影响水土保持工作的开展。对于解决黄河泥沙淤积防止黄河洪水问题，周恩来总结了三门峡水库建设过程中对水土保持速度估计过快、作用估计过大的教训，强调要通过多种途径综合治理，并强调水土保持的长期性，"我们这一代完不成，还有下一代会完成的"。

七、赤子心系黄河

　　周恩来热爱黄河，关心黄河上的每一件事。三门峡是黄河上最大的水利工程。他三次亲临现场，并在北京亲自主持治黄会议研究改建三门峡的方案，这是人所共知的。黄河上的防洪、水土保持以及其他水利工程，他同样分心予以过问，抓得很紧很细。

　　"大跃进"期间，河南大炼钢铁把黄河大堤上的树砍光了；体制下放，扩大地方权力，河南、山东两省河务局也下放到省里了，结果削弱了黄河下游修防工作。周恩来得知后，严肃指出："为什么不告诉我，黄河我还是要管的，黄河有事情，国家有总理，要给我报告，给国务院报告。"

---

[1]　《周恩来经济文选》，中央文献出版社 1993 年版，第 588—590 页。

1962 年以后，三门峡水库由蓄水拦沙改为滞洪排沙运用，洪水泥沙大量下泄，黄河下游河道恢复淤积。从 1958 年 5 月到 1960 年 7 月建成的位山枢纽，因三门峡运用方式的改变，不仅不能发挥其应有效益，反而使河道的排洪能力受到严重影响，加重淤积。1963 年，周恩来多次过问位山枢纽改建方案的讨论，并亲自向有关人员作说服工作。周恩来在专家们分析论证的基础上，于 11 月 5 日召集水电部、黄委会、长办和河南，山东等省的负责人在北京开会，最后作出了位山破坝的重大决策。12 月，位山枢纽的第一、第二拦河坝先后被破除，洪水仍由原河道通过，消除了壅水，恢复了排洪能力。

周恩来担任共和国总理 27 年中，总管内政外交，夜以继日地工作。中央领导同志和周恩来身边的工作人员要求他改变不分昼夜的工作方式，增加一些休息时间。可是周恩来心中装着国家和人民的大事，唯独没有自己。在 1963 年 11 月 5 日研究位山破坝的会议上，正汇报中，他的鼻孔忽然出血，同志们劝他先休息，改日再听汇报。但周恩来认为汇报的问题，事关黄河下游防洪安全，需要迅速处理，坚持不肯休息，继续听汇报。整整两个小时，护士给他用了数次药，他听完汇报，作出了明确的指示才离开。

周恩来虽然三次上三门峡，多次视察黄河堤防，但仍然觉得对黄河全貌认识不够，实际情况吃得不透。为解决黄河泥沙淤积问题，他多次想花些时间，亲自从黄河入海口沿河而上直到源头，做一次实地勘察，调查泥沙淤积情况，寻求根治方案。1964 年 12 月，治黄会议上，他说："我本来想用半个月到一个月的时间去现场看看，由于临时有国际活动，回国后又忙于准备三届人大，离不开北京。"他虽然日理万机、国务繁重，未能踏遍大河上下，但那颗赤子之心却一直系在黄河上。

"文革"期间，周恩来力挽狂澜，苦撑危局，维持着整个国民经济的正常运转。此时，他心中仍然想着黄河。1968年6月28日，周恩来接见阿尔巴尼亚伐乌代耶水电站代表团时说：黄河问题很多，三门峡是黄河上最大的水利工程。如果"文化大革命"完成了，我还没有死，还没有被打倒，被免职，我一定陪你们去参观。黄委会主任王化云同许多老干部一样在"文革"中受到批斗。周恩来设法让王化云出来参加黄河治理工作。1970年，他安排王化云到北京参加全国计划会议，并同王化云进行长时间的坦诚相谈。他说："黄河的事情，在毛主席的领导下，取得了很大成绩，但是治黄的任务还很重。黄河的工作是党和人民委托给你们的，是一件重要的事情，还要继续干好。"这不仅仅是对王化云的亲切关怀和信任，同时体现了周恩来对整个黄河事业的深深关切。

　　1970年以来，周恩来还亲自抓陕、甘、宁老区的抗旱救灾工作。1970年3月，他请延安地区各县负责同志来京开会，重新学习毛泽东在1949年12月26日给延安和陕甘宁边区人民的复电，勉励延安人民发扬光荣传统，制定进一步改变面貌的规划。1973年，周恩来陪同外宾去延安期间，鼓励延安人民治理好山山水水，争取粮食产量能翻一番。1973年中央工作会议上，甘肃省负责人汇报了定西地区由于连续三年遇到历史上少有的严重旱灾，粮食大幅度减产，人民生活发生困难。周恩来听后说："听了很难过，是我们工作没有做好。"接着，他又说，中央一定帮助你们解决干旱缺水问题，帮助你们改变这个地区的面貌。根据周恩来的指示，中央给定西干旱地区调去了大批救灾物资，国务院派出了工作组赴定西灾区组织抗旱救灾；国务院还批准兴建靖会电灌工程，使干旱山区人民第一次喝上了黄河水，第一次有了水田。

　　一位外国学者曾说："恐怕在世界上没有旁的东西能比黄河的滚滚洪

流，会使人看到之后更生动地兴起人们在自然面前无可奈何的情绪了。"周恩来向来反对在黄河面前无所作为的悲观论点。他以厚德载物的宽广胸怀吸取古今中外、各方人士治黄方略的精华。他以自强不息的拼搏精神领导黄河治理的伟大事业。他始终坚信，在人民共和国的时代黄河必将旧貌换新颜。1958 年 4 月，周恩来在三门峡现场会上说，黄河流域与欧洲的德国、法国、意大利处于大抵相同的纬度；历史上汉唐长安柳暗花明，有许多地方像江南的样子。不管是从同一纬度的西方国家看，还是从我们历史上看，黄河流域都是可以改变面貌的。1964 年北京治黄会议上，他说："旧中国不能治理好黄河，我们总要逐步摸索规律，认识规律，掌握规律，不断地解决矛盾，总有一天可以把黄河治理好。我们要有这样的雄心壮志。"[1]1966 年 2 月，他又说："面对黄河流域二十八万平方公里水土流失区，只要有雄心壮志，有愚公移山的精神，就能战胜它。""我们不仅要恢复森林面貌，而且要发展得更好。"[2]周恩来这些激动人心的话语不仅是对时人治黄的召唤，而且是对后人治黄的重托。

1976 年 1 月 8 日上午 9 时 57 分，周恩来在与病魔的搏斗中耗尽了生命的最后一丝精力之后，怀着治理祖国山山水水和治理国家方方面面的美好设想，怀着对中华民族前途命运的深深关切和对共产主义事业必胜的信念，离开了人世。1 月 11 日，周恩来遗体火化后，骨灰暂时安放在北京劳动人民文化宫。成千上万的人，川流不息地前往悼念。1 月 15 日下午，周恩来的追悼会已经结束。但是，在庄严肃穆的天安门广场，在哀思笼罩的十里长街，仍然站满了许许多多不愿离去的人们。大家都

[1] 中共中央文献研究室编：《建国以来重要文献选编》第 19 册，中央文献出版社 2011 年版，第 394 页。

[2] 《周恩来经济文选》，中央文献出版社 1993 年版，第 556、590 页。

周恩来与治水

希望能保留周恩来的骨灰。然而，遵照周恩来的崇高遗愿，把他的骨灰撒到祖国江河大地的任务在上午就布置下去了。一架农林业用的"7225"号小飞机，装备有整套喷洒农药的机械设备，执行着播撒周恩来骨灰的任务。20点15分，"7225"号飞机在暮色中从通县（今通州区）机场起飞。飞行员根据乘机首长的要求，在飞经密云水库上空时，第一次拉了播撒把手，将部分骨灰撒在周恩来亲自领导修建的密云水库的湖泊中。在飞经天津市上空时，第二次拉了播撒把手，将骨灰撒在周恩来关心的海河大地上。在黄河边的北镇，飞行员第三次拉了播撒把手，将骨灰播撒在周恩来为之操心治理的滔滔黄河上。

周恩来的一生是不求索取，只求奉献的一生。他在"死有所归"的问题上，仍然贯穿了这一精神。他向炎黄子孙奉献了最完美的人格，他向伟大的黄河奉献了一颗永远闪光的心。

治理海河

一、修建官厅水库

　　海河自天津西部的金刚桥东到大沽口入海，全长不过 73 公里，而它的上游却连接了北运河、永定河、大清河、子牙河、南运河五大干流和 300 多条较大的支流。加上在黄河以北直接入海的马颊河、徒骇河与五大干流相呼应，构成了我国北方重要的海河水系。海河流域西跨太行，东临渤海，北屏燕山，南界黄河。北京、天津，河北的大部，山东、山西、河南、内蒙古的一部，都处在海河流域。海河流域的特点是：雨量在时间上集中于七八两月，在空间上集中于山前地带，春天易旱秋天易涝；支流繁多，上宽下窄，尾闾不畅，洪沥争道。自古海河流域水旱灾害频繁。

　　近代中国，外患日深，水政荒废。从 1840 年到 1948 年的 108 年间，海河流域先后发生旱灾 67 次，水灾 68 次。1920 年到 1921 年海河流域大旱，赤地千里。河北的 97 个县，山东的 35 个县大部土地不能播种，受灾人口达 1200 多万，饿殍载道，惨不忍睹。1917 年大水，河北 105

个县受灾，被淹面积达 35800 多平方公里，受灾人口 630 多万。1939 年大水，被淹面积达 45000 平方公里，受灾人口 800 多万，淹死和冻饿而死的达 13000 多人；天津市区水深达 1 至 2 米，最深达 2.4 米，大水整整泡了两个月，马路上经常漂着死尸。

新中国成立后，周恩来十分重视海河治理。他批评国民党政府建都南京，根本不管海河的治理。1950 年 8 月，他在过问淮河治理的同时，专门约天津市委书记兼市长黄敬谈海河治理问题。一年后，他又约薄一波、黄敬研究海河治理的有关工程问题。

周恩来从一开始过问海河治理就强调要兼顾防旱和防涝两个方面。1951 年 8 月 17 日，在政务院第 98 次政务会议讨论华北农业生产和抗灾情况报告时，他指出，华北每年都有大小轻重不同的灾害，一方面华北水量不够，易成旱灾，另一方面，久旱之后必有大涝。1951 年 9 月 7 日，在政务院第 101 次政务会议讨论全国最近水灾情况时，周恩来说，旱灾造成的损失比水灾大，水过一线，旱成一片，旱灾时间既长面积又大。他指出，中国北方水少，时常会有旱灾，新政府应特别注意总结抗旱经验。

官厅水库是根治永定河的重点工程，也是治理海河的第一个工程。永定河跨越山西、内蒙古、河北、北京、天津五个省区市，是海河北系最大的河流，也是海河水系中洪灾最厉害的一条河。由于上游坡陡流急，河水含沙量大，洪枯季节水量相差悬殊，下游河道游荡不羁，本名为无定河。清康熙三十七年（1698 年）改名永定河。自从 1873 年怀来知县邹振岳提出在官厅山峡筑坝的建议，虽不断有修建官厅水库的计划，但一直未能动工修建。

新中国成立后，全国第一次水利会议上，审议了华北水利工程局制定的永定河流域整治开发计划，决定立即报请中央尽快考虑治理永定河和修建官厅水库。1950年，在治淮的同时，周恩来主持批准修建永定河上的官厅水库，以控制永定河的洪水，并作为首都工农业的水源。8月24日，他在中华全国自然科学工作者代表会议上说："华北的永定河，实际上是无定的，清朝的皇帝封它为'永定'，它还是时常泛滥。不去治它，只是封它，有什么用？"[1]

官厅水库拦河坝、溢洪道及输水道工程于1951年10月开工，1954年5月竣工。总库容22.7亿立方米，是继根治淮河第一期工程、荆江分洪工程，又一项举国瞩目的重大水利工程，是新中国成立后兴建的第一座库容大于10亿立方米的大型水库。如同全国支援治淮、支援兴修荆江分洪工程一样，官厅水库的修建中，也得到了全国的支援。

官厅水库竣工之前，1954年4月12日，毛泽东视察了工地。官厅水库建成时，毛泽东题字："庆祝官厅水库工程胜利完成"。

1954年9月23日，周恩来在一届全国人大一次会议上作《政府工作报告》时，肯定了官厅水库和大清河独流减河入海工程发挥了防洪和减轻旱灾的作用。

1955年8月22日，周恩来视察官厅水库。他一路上做调查、问数字、了解情况。他向官厅水库管理处的负责同志，详细询问了水库工程和效益情况后，提醒他们加强对库区的建设，充分利用水土资源，使水里有鱼，山上有树。

官厅水库是新中国成立后最早在含沙量大的河流上修建的大型水库。周恩来十分重视官厅水库的经验教训。1958年4月，周恩来在黄河三门峡工程现场会上几次谈到官厅水库。在谈论三门峡水库泄水底孔高度时，他以官厅水库为鉴，支持了有关专家降低泄水底孔高度的意见。他说：

---

[1] 《周恩来选集》下卷，人民出版社1984年版，第24页。

三门峡水库库底是 278 公尺，是不是能把底孔放到 280—290。官厅水库泄洪隧洞只高出河底几公尺。三门峡水库原订 320，这就太高了。周恩来的支持对降低三门峡水库泄水底孔高度，对后来的三门峡水库的顺利改建，起了极其重要的作用。在谈论三门峡水库控制泥沙问题时，他说：葆华同志还记得吗？当官厅修了水库，闸门还没有安装时，突然来了几天暴雨，一下子库中水涨起来，因为泄洪口子窄，不能都泄出去。过去没有修水库的时候，水任意流，现在是挡在库里。八小时后水就清了，只停顿了一下子，泥沙就沉淀了，好像挑水倒在水缸里。周恩来以此说明"水库总是有一定的寿命的，因为将来泥沙越积越多"。他十分重视泥沙淤积的解决与水库使用寿命问题。

周恩来把永定河上的官厅水库同祖国所有江河的治理看成一个整体，需要统一规划，相互支援；治理长江的也要熟悉黄河、淮河、海河的治理，反之亦然。他既重视不同河流治理的特殊性，要因地制宜，因河制宜；也重视不同河流治理的共同性，要由此及彼，善于吸取其他河流治理的经验。

1956 年初，北京市成立永定河引水工程指挥部，并于 1 月 16 日在模式口举行开工典礼。同时，市上下水道工程局根据市里批准的方案，扩挖了前三门护城河东西两段，以迎接永定河水入城。1956 年 6 月 8 日，周恩来参观北京规划模型展览，在听引水方案的汇报时，提出要注意解决北京用水和河北省用水的矛盾，不能光顾了北京而不顾河北。1957 年海河流域规划提出修建密云水库与怀柔水库。1958 年 6 月，河北省、北京市、水电部请示中央和国务院，为解决京、津供水不足，提议 9 月动工修建密云水库。国务院当即批复同意修建密云水库，并指示即刻着手筹备。1958 年，周恩来三次到十三陵水库参加劳动，视察怀柔水库，并亲自指挥修建密云水库。

二、在十三陵水库工地上

（一）第一次到工地劳动

十三陵水库是人们用义务劳动修成的。周恩来也来参加过三次。

第一次是 1958 年 5 月 25 日下午，周恩来同毛泽东、朱德等党和国家领导人乘坐普通的大轿车来到十三陵水库工地。十万建设大军豪情满怀，尽情拍手欢呼，整个工地沸腾了。

毛泽东和周恩来等先登上了水库的东墩台，观看了水库的全景，视察了工程的全貌，随后走进现场指挥部的简易工棚里。工地的同志拿来了纸笔墨砚，请毛主席和周总理等中央领导人为水库题词。毛泽东首先把纸和笔分别递给周恩来和朱德。周恩来一再请主席先题。在毛泽东写完"十三陵水库"五个大字后，周恩来才挥笔蘸墨，写下了"鼓足干劲，力争上游，多快好省地建设社会主义"的题词。

接着，毛泽东、周恩来等中央领导人走向工地，参加紧张的劳动。

周恩来来到民工当中，和大家排成一条长队往大坝上传递土筐和石料。装筐的民工看到周恩来那么大年纪了，还汗流满面地劳动，就有意少装一点。周恩来很风趣地说：

"都装这么少，大坝什么时候才能长起来呢？"

这时，他看到附近有四名女同志正在挑沙子，立即走过去，笑着说：

"我跟你们挑行不行？"

几位女同志高兴得不知说什么好。只见周恩来拣一副装得满登登的柳条筐，挑起来就向大坝奔去。

6点40分，太阳从西边的云缝里透出一道道金光。毛泽东和周恩来等中央领导人离开了工地。成千上万的群众依依不舍地来送行。

大轿车远去了。"一定要提前修好十三陵水库"的口号声响彻了山谷，响彻了云霄。

（二）第二次到工地劳动

第二次是6月15日，周恩来率领国务院和中央机关干部300多人，顶着烈日，踏着烫脚的沙粒来到工地。周恩来举着一杆大红旗，迎着扑面的热风，走在队伍的最前边。

工地负责人赶快迎上去，说："我们欢迎首长们……"话没说完，周恩来立刻认真地纠正道：

"这里没有首长。没有总理、部长、司局长的职务。在这里，大家都是普通劳动者。"

王震也接着对工地负责人说："现在你是首长，我们是你的部下。"

劳动开始了。几十辆小推车飞奔起来。周恩来同大家一起投入了紧张的战斗。他们的任务主要是为水库大坝准备石料，往车斗里搬石头。

周恩来穿着一身灰布衣，旧布鞋，弓着腰一块一块地搬石头。他的右臂受过伤，不能完全伸直，搬石头要用左手多使劲，遇到特大的石块，就得完全俯下身子，把石头抱起来。推车的同志看到总理脸上流下大颗大颗的汗珠，故意推回空车时把速度放慢一些。谁知周恩来马上提出"抗议"："我们窝工了。"

周恩来装完这辆车装那辆车，人家稍没注意，他又抢着去推车了。只见他敞开衣襟，满脸汗水，双手推着满载石料的独轮车，走在那不到一尺宽的木板小道上，脚步又稳又快……

炎热的太阳晒得石头烫手。周恩来又和大家一起传递起石头来。他乐呵呵地把大石头称作"西瓜"，把小石头称作"香瓜"。一列长长的队伍里，不时出现有节奏的呼喊声："嘿，来了一个大西瓜！""嘿，又来了一个小香瓜！"有的同志故意放慢传递速度，或者将小块的传给周恩来，他接到手就提意见："加快速度！来个大的！"数不清的石块在人们的手里不息地传递着，石料很快地堆成一座小山了。

周总理和大家一起劳动的消息，像春风一样传遍工地。人们劳动的热情无比高涨，那大夯抬得更高了，号子喊得更响了，小车推得更快了，土筐装得更满了……

6月15日夜，周恩来写信给毛泽东：

主席：

今天政府高级干部已经前往十三陵工地开始一周劳动。去的人数三百多，内部长六人，副部长、副主任六十四人，部长助理五十人，司局长级干部一百七十四人；中央直属机关干部也去了二十多人。第二批也将有三百多人，将于六月二十二日前往。

我和习仲勋、罗瑞卿两同志今日随同他们前往劳动一天，夜间回来，准备参加明天政治局会议，待政治局会议开过后，拟再去参加几天。[1]

（三）第三次到工地劳动

政治局会议后，周恩来于6月20日第三次来到十三陵水库工地，同

---

[1]《周恩来书信选集》，中央文献出版社1988年版，第546页。

水库建设者们同吃、同住、同学习、同劳动。他到工地来时，只带了一名警卫员。有人建议带一位医生，好照顾总理的健康。周恩来怎么也不同意，他说："到了工地，一点也不能特殊。参加水库建设的，有工人，有农民，有解放军，有干部，他们就不生病？不用说经过劳动，我的身体会更好，即使有点毛病，应该和大家一样，请工地的医生看看就是了。"

周恩来还嘱咐随身的警卫员小赵说："到了这里，一切都要按这里的规矩办事。"

一天，警卫员小赵和周总理用一辆独轮车运送石料，周恩来在前面拉，小赵在后面推。小赵发现车前面没有挡板，担心石头滚下来砸了总理的脚，就找了条长绳子拴在车前面，心想：这么一来，总理拉车的时候，可以离车远点了，既安全又省力。谁知到干的时候，周恩来总是紧紧拉住长绳的中间，猛劲往前走。小赵一看，急了，只得请总理停下来，指着车上的石头，慢慢地向他老人家解释："你看，车上这么满的石头，哪个也有十来斤重，掉下来准会砸着你。你抓住绳子的尽头，离车远些，就没这个危险了。"周恩来听后大声笑起来："你的意思我懂，可我要拉住绳子的尽头，那怎么能用上劲呢？拉近了才能用更大的劲，你推车才能省点劲。"他一边说着，一边手不松，脚不停地拉着小车向前走去……

有一次，周恩来运料，被石头砸破了手，流了血，大家劝总理包扎一下，休息休息，他却笑着说："轻伤不下火线嘛！"连包扎也不包扎，又干了起来。大家都心疼总理，劝他干活时戴上手套，免得石头再砸破手，周恩来却怎么也不肯。

在工地期间，周恩来一直住在一间简陋的平房里。屋里，两张窄窄的条凳，架着一块铺板，上面铺着很普通的旧布被褥；窗前放着一张三屉桌，还有两把硬木椅子，油漆都已脱落。除此之外，就什么也没有了。

　　周恩来和大家一样，每天劳动8小时，从不迟到早退。收工回来，他和大家吃着同一个食堂的大锅饭菜，同在一个几十米见方的大澡堂里洗澡。唯一特殊的是，每天大家都入睡了，周恩来那间屋子的窗上还亮着灯光。

　　夜越来越深了。有时到下半夜一点多，两点多了，周恩来还坐在那硬木椅子上，伏在桌子上读书，看材料，批文件。警卫员几次劝他休息，他总是笑笑说："在家里事多，到这里主要是劳动，应该尽量挤时间，多学习一点，多看点东西。"

　　周恩来自己工作到很晚，眼睛熬红了，身体消瘦了，但他一点也不放在心上，却时刻关怀着其他同志。他常在深夜去厨房，看望加夜班的炊事员们，感谢大家的辛勤劳动。

　　在工地上，周恩来处处以身作则，同时要求参加劳动的负责同志们都要努力做到劳动、思想、健康"三丰收"。大家除坚持8小时劳动外，还有严格的学习制度，定期的小组生活。周恩来意味深长地对大家讲："我们大家都是普通劳动者。我们要创造出一种热爱劳动、上下之间关系平等、大家互相协作和毫无隔阂的新风气。"

三、视察怀柔水库工地

　　1958年6月26日上午，刚刚在十三陵水库工地参加过劳动的周恩来，不顾一身疲劳，乘坐着吉普车前往规划中修建的密云水库勘选坝址。

中途视察了即将竣工的怀柔水库工地。

那天，天气酷热，怀柔水库工地无遮无掩，处在阳光曝晒之下。周恩来身穿旧灰布裤和褪了颜色的短袖褂，头戴一顶灰帽，脚穿一双线织袜子，圆口青布鞋，在离水库大坝还有一华里的地方就走下车来，健步登上大坝。顿时，怀柔水库工地一片欢腾，千万双眼睛仰望着周恩来慈祥的面容。周恩来频频向群众招手致意。欢呼声一浪高过一浪，响彻九霄蓝天，回荡在燕山山谷。

在简陋的指挥棚里，周恩来坐在一根圆木上，认真地听取了指挥部负责同志汇报工程进度情况。他一会儿仰起头来思考，一会儿点头赞赏。还关心地问："民工的伙食怎样？够吃不够？"指挥部负责同志一一作了回答。当得知前来修水库的大部分地区的民工是间接受益或受益很少的情况后，周恩来赞扬说："这是共产主义精神。"当汇报到工地还有许多女民工时，周恩来微笑着说："毛主席领导的中国妇女，现在成了修水库的女英雄了。新社会的妇女就是和男的一样能干革命。"当汇报到工地上的思想政治工作时，他强调说："一定要把思想政治工作做好。"他对工地广播员说："你们要大力表扬先进人物、先进事迹，鼓舞大家干劲，尽快修好水库。"

周恩来到龙山脚下观看开凿溢洪道时，对指挥部负责同志说："民工们每天劳动 12 个小时，休息时间太少，要三班倒才能有充分的休息时间。"在凭眺水库下游许多村庄时，周恩来问："雨季之前能完工吗？"水库指挥部同志回答："能如期拦洪。"周恩来高兴地点了点头，又指示说："一定要关心下游人民的生命财产。"

周恩来从大坝东头走下来后，与汗流满面的民工们热情握手，亲切交谈。成千上万的民工围拢过来。有一位民工从人群里挤了过来，伸出沾满泥土的大手，周恩来发现后，立即紧紧握住了这双手，并向这位民工问候。周恩来还和怀柔水库民工在一起留影，给全体民工以巨大的鼓舞和力量。

周恩来离开水库工地，来到怀柔县委机关。王宪等人向周恩来提出给怀柔水库题字的要求，周恩来欣然同意，饱蘸浓墨，挥笔一连写了四幅"怀柔水库"四个大字。但是，周恩来再三嘱咐王宪：字只能镶在溢洪道的横梁或立柱上。事后大家一商量，都毫无异议地主张把题字放大并用汉白玉石嵌在大坝的外坡上，而且还在坝前立了一个牌子，记载周恩来总理对水库建设倾注的一片心血。后来，周恩来陪同外宾路过时发现了，为此专门派人把王宪找去，进行了严肃的批评。这体现了周恩来勤俭建国的一贯思想，表现了他严于律己、谦虚谨慎的高尚品德。

四、指挥修建密云水库

密云水库之水被誉为北京的"生命之水"。假如没有这盆净水，4小时之内石景山发电总厂等4大热电厂因无冷却水而熄火。一天之内，靠水源八厂、水源九厂、田村山、城子等几家自来水厂供水的上百万居民将成为涸辙之鲋。首钢、燕化等大中企业会相继停工……

当北京人民打开电灯，端杯品茗的时候，怎能忘记当年挥汗如雨、苦战冬夏的几十万名水库建设者，怎能忘记高瞻远瞩，亲自指挥修建密云水库的周恩来总理！密云水库的每一滴清水仿佛都凝聚着周恩来的心血，潮白河两岸的沙砾石滩上处处都留下了周恩来的脚印。

（一）勘选坝址

1958 年 6 月 26 日，周恩来视察怀柔水库工地以后，又继续驱车来到密云县（今密云区）境内的潮河、白河河畔，为规划中修建的密云水库勘选坝址。

那时的公路是碎石路面，汽车颠簸，尘土飞扬，加之长途跋涉，大家都为年逾花甲的周恩来总理的身体担心。当车到达密云南碱厂村潮河河滩时，周恩来下车毫无倦意地大步向前走，全然不顾脚下滚烫的一步一陷的沙滩和凹凸不平的乱石堆，只专心一意地远望近观，察看地形。走到规划中的潮河坝址，他随便坐在河滩中的一根木头上，一边认真地看铺开的库区地形图纸，一边同大家一起研究方案。他在认真听取了水利专家们关于潮白河历史灾害和修建水库规划设想的汇报后，又提出问题与大家共同磋商，经过仔细推敲、认真论证和优化对比，同意了潮河主坝与九松山副坝的规划坝址。之后，周恩来站起身来向清华大学张光斗教授询问国外建库情况和现有的先进工程技术。他挥了挥手坚定地对大家说："我们一定要有敢于赶超国外先进技术水平的思想。他们有的，我们要有；他们没有的，我们也要有；我们今天没有的，明天就要有。"周恩来的话使大家受到了鼓舞，解放了思想，增强了信心。

周恩来回北京后的第二天（6 月 27 日），把正在十三陵水库工地参加劳动的钱正英召回，同阮泊生、刘澜波、钱正英等讨论了密云水库及河北、北京的水利问题。不久，他在亲自主持的国务院会议上，专门研究了修建密云水库的问题。会上决定把海河治理规划中拟定的在第三个五年计划后期（即 1960 年代中）开始动工修建密云水库的计划提前到 1958 年汛后开工。

在周恩来的亲自关怀和具体安排下，经过两个月的紧张筹备之后，这座坐落在京郊密云县城北山区，距北京 100 公里，横跨潮、白两河主河道，我国自行规划、设计、修建的华北地区最大水库，于 1958 年 9 月 1 日正式开工了。钱正英、阮泊生和赵凡三位同志分别代表水电部、河北省与北京市组成了建库三人领导小组。周恩来又指派国务院副秘书长齐燕铭代表国务院协调中央和国家有关单位及各省、市、自治区，在人力物力财力上支援水库建设。

（二）组织拦洪

每当施工进入一个关键时期，周恩来都要亲赴现场做周密的考虑和安排，帮助解决重大问题，如果实在不能亲临，也要派人或电话询问建库进展情况，需要解决的问题等等。

拦洪是修建水库的重要阶段，对以土坝为主的密云水库更不是一件容易事。从 1958 年 9 月到 1959 年 6 月，要使水库能够达到拦蓄潮、白河汛期大洪水的程度，就必须完成各类土石方和混凝土等的开挖、搬运、填筑，工作量达两千多万立方米，等于把一座大山移至一二十里外的另一处去，而 20 多万"愚公"们所得的时限仅 10 个月。但是，能不能按计划要求拦洪，能否确保大坝经受度汛的考验，是关系到首都安全，水库下游人民生命财产安全和生产安全的大事。一旦拦洪失败，不仅已建成的工程将被冲毁，而且那垮坝瞬间形成的特大洪峰会将下游村镇席卷一空。周恩来最担心的正是这 10 个月拦洪能否成功。在百忙中，他多次亲临工地，了解情况，组织和安排了抢工拦洪的重要事项。

1959 年 5 月 19 日，周恩来到水库工地，首先到指挥部看了沙盘模型和各项进度图表，听取了水库工程总指挥王宪和工程技术人员的汇报。当他走到现场看到白河主坝的工作量几乎比潮河主坝多一倍，且起步又比潮河迟的情况后，有些不放心，想了想后说："我给你们再调一万名解放军来支援白河，务必确保全面拦洪，你们看如何？"其实，对于白河主坝拦洪比潮河主坝更困难更紧张这一点，指挥部早就多次研究过，只是不好再向中央和省、市伸手要人，而周恩来却为他们考虑到了。

7月初，白河局部山区暴雨使小黑河洪流直下，冲毁了围堰，淹没了上游坝前施工场地，幸亏一万名解放军的及时支援，否则大汛之前，白河大坝是难以筑到48米高的拦洪高度的。

8月初，一场连续7天7夜的大暴雨使潮、白两河产生了新中国成立以来最大的洪流，严重地威胁着水库大坝的安全，各种险情不时告急，20多万水库建设者彻夜不眠与洪水搏斗，抢工拦洪进入了最后的决战阶段。此刻，周恩来正在庐山参加中央重要会议，但他一直牵挂着水库拦洪的安危。他几乎每天向钱正英打电话询问情况，并一再叮嘱："务必竭尽全力保护大坝安全。"当他得知上游洪峰被控制住，水库安然无恙时，那颗一直悬挂不安的心才放了下来。

5年后，周恩来接见越南水利考察团时说："1959年汛期我们正在庐山开会，很担心密云工程。"险情已过，记忆犹存。

（三）重视质量

在密云水库修建期间，周恩来反复强调，既要保证进度，更要保证质量，绝不能把一个水利工程建成个水害工程或者是一个无利可取的工程，要把工程质量永远看作是对人民负责的头等大事。一次，在水库工地座谈会上，周恩来站在大家面前，举双手过头比喻道："这座水库坐落在首都东北，居高临下，就如同放在首都人民头上的一盆水，一旦盆子倒了或漏了，洒出大量的水来，人民的衣服都要被打湿的。"这"湿"字的含义显而易见是指千百万人民生命财产所受到的重大灾难。为了确保大坝施工质量，专门设置了质量检查站，挑选300多名质量控制检查人员在试验室和现场严格把关。大家都牢牢记住周总理的叮嘱，与其修一个坏工程还不如不修的好，一定要认真地坚持按设计要求和操作规程施工。在填筑坝体的土料中，哪怕是一块小木片、一个小草根建设者们也要主动拣出来。

在施工过程中，清华大学曾派出由教授、讲师和应届毕业生近百人组成的设计代表组常驻工地。周恩来每次听取水库工程汇报时，都要征求设计组意见。他要求指挥部干部尊重和大胆使用这部分工程技术力量，充分发挥他们的作用，让他们在实践中提高。他特别要求设计负责人清华大学张光斗教授对设计上的重大质量问题一定要亲自鉴定或签署意见。

密云水库建设中遇到了一个基础渗漏问题，这就是白河大坝坝底河床沉积了四五十米厚的砂砾卵石层，如何解决渗水问题，当时可以采取几种方案处理：一是挖掉；二是灌浆；三是做混凝土防渗墙。混凝土防渗墙的办法，专家们从有关材料上看到有的国家用过，但苏联和中国都未用过。经过优化比较，最后确定采用混凝土防渗墙的办法。周恩来听取这一问题汇报后，支持采用混凝土防渗墙办法。他指出，对新技术在尚未完全掌握时，要首先摸索、消化。还说："对于密云水库这样重大工程，应当特别慎重，必须一切通过试验，有把握再正式施工。"施工中，又遇到了防渗墙与主坝拦洪工程力量分散的矛盾。按原定计划，白河主坝的防渗墙应在1959年汛前与主坝的拦洪工程同时完成。但到1959年春，防渗墙的进度拖后，主坝的进度也很慢，两者同时完成原定计划已不可能。若齐头并进，主坝不能在汛前达到原定的拦洪标准，如果汛期发生较大洪水，将造成严重损失。经反复研究，决定将防渗墙的施工队伍立即撤退，汛后重新进入，以便汛前集中力量搞主坝施工。这一决策对保证战胜1959年密云水库汛期大洪水起了重要作用。汛后，继续采用混凝土防渗墙的办法切断渗流，面临的困难是施工期短，必须集中大量的设备和技术力量，以最大的密度来布置施工。为此，1959 年 9 月 18 日，水电部党组写了《关于密云水库白河坝基处理问题的报告》，提出坝基处理所需器材设备和技术力量，除由水电部设法尽量解决外，要求各部支援的物资需请各有关部门大力支持。9 月 19 日，周恩来逐字逐句审阅了水电部党组的报告，并批示："请一波同志阅后指定孙志远同志邀集建委、水电部、北京市赵凡、国务院齐燕铭、地质部、冶金部、建工部商办。我原则同意水电部党组意见，并且应立即布置设备、器材和人员的供应，否则十一月初不易开工，将误明年汛期。"他还委派齐燕铭从全国各地调来 206 台钻机。在周恩来亲自过问和督促下保证了混凝土防渗墙所需要的大量设备和技术力量，保证了白河大坝基础的工程进度。同时，为今后砂卵石坝基处理开辟了一条新途径，培养出了一支基础处理的专业队伍。后来，中国援建阿尔巴尼亚的水利工程，也成功地运用了防渗墙技术。

现在水库已正常使用了 30 多年，最高蓄水位达到 153 米高程，然而大坝下游地上地下，找不出丝毫漏水痕迹。难怪有人称誉密云水库是地上竖"铜墙"，地下插"铁壁"，这盆水是不会"湿"了首都人民的衣服的。

（四）关心群众

周恩来每次到工地，总是不忘询问民工们的生活和健康情况，一再指示要注意民工的劳逸结合。在一次民工支队干部会上，周恩来首先建议，为保证民工有充分的休息时间，要将两班制劳动改为三班制。他说："民工两班作业，每天要劳动 12 多小时，休息时间太少。你们要考虑改成三班制，这样才能有劳有逸，有利安全生产，有益民工健康。"那天他还一再询问：民工们的生活补贴发了没有，没发的赶快发到他们手里；冬去春来，民工们是否换上单衣，没穿上单衣的要想办法尽快解决；要保证民工们的身体健康，生了病应该及时给他们治疗。就连民工们多少天能看一次电影，鞋子破了有没有地方补，喜欢抽烟的人从哪里买烟等等细小事情都一一问到了。最后他说："我建议除伙食费外，你们应考虑发给民工点零花钱，要把钱发到他们手里，任何人也不得借口克扣。"那时，我国的经济条件是很艰苦的，在有限的条件下，周恩来总是不忘人民群众的切身利益，不忘保护广大群众的建设社会主义的积极性。

1959年9月拦洪以后，周恩来又一次来到水库工地，下车后先到工地现场看望民工，然后把参加施工的各民工支队负责人找到一起，说："我这次来，是和大家商量事情的。现在水库能拦洪了，我们还要把农业搞上去，因此要撤一部人回去。大家发表意见吧。"过了一会儿，见没有人吭声，周恩来又说："既然你们不发言，我就先说说我的想法。"周恩来提出让不受益县的民工先回去，受益县的民工后回去，河北的先回去，北京的后回去，密云县的民工最后回去。"这样行不行啊？"周恩来说完，还风趣地问了问身旁的密云县委书记，又问大家这么做是否合理。大家齐声答："合理。"周恩来又提出大家是不是要跟县委商量一下，和家里打个招呼？当大家说不用了，照总理的指示办就是了。周恩来连忙说："不能叫指示，这是跟大家商量嘛。"最后他还建议，民工已经来了一年了，让准备留下的民工先回去休息10天，要撤走的民工再坚持一下，等休假的人回来再走。这样周到的安排，既保证了农业，又完成了水利工程，既照顾到局部利益，又照顾到全局的利益，谁能不同意呢。

1959年5月，周恩来第二次来水库视察时，看到水库沙盘模型和图表上都没有移民的标记，就对指挥部的同志说："你们的模型图表中缺少了一样很重要的东西，那就是'人'。修密云水库有五万多人需要迁移，你们对这五万人作了安排没有？你们这是见物不见人呀，是一条腿走路。"接着，周恩来又对在座的水库修建总指挥部副政委、密云县委书记阎振峰说："你是县委书记，老乡的房子盖了多少？你要赶紧盖，不然老乡要对我们有意见的，也会影响他们的生产与生活的，以后我每月都要问你，你要是不盖好，我就月月催你。"1960 年 8 月，周恩来又一次来到水库，听说仍有一部分移民的房子没有盖好，有些不高兴，严肃地批评说："你们的确是见物不见人，你们不把移民的房子盖好，我再也不来了。你们什么时候把房子盖好了，给我打个电话，我一定来看。"

周恩来走后，工地立即成立了移民指挥部，加紧了移民安置工作。到 1962 年底，需要盖的移民房子基本盖好，移民迁入了新居。

（五）一座丰碑

密云水库建成后，周恩来多次陪同外宾来此参观。每次周恩来都兴致勃勃地向外宾介绍说："密云水库是一项大型水利工程，20 万人干了 10 个月，完成了 2000 多万立方米的工程量，不到一年的时间就拦了洪，我们打了一个大胜仗。"他有时还情不自禁地亲自拿过讲解棍站到图表前，向外宾介绍水库的全面情况，同时虚心地向外国朋友了解国外水利建设情况。当外宾高度评价中国人民真是天才时，他坚定地说："有人民就有天才。"有一次，水库负责人忍不住向外宾介绍周恩来总理对工程的视察和亲自指挥的情况，周恩来听后指着位于 143 米高的工程现场指挥棚，对外宾说："我曾到那里去过，当时研究要在洪水到来之前筑起大坝，拦蓄洪水，我们还没有把握。起先我主张两年内完成，可是建设者们要一年就蓄水，结果还是他们胜利了。青年人比我们勇敢，他们造成了形势，我们只好跟着走。"接着，周恩来又指着工地的干部说："这是他们领导的，不是我领导他们。当然也不能光靠他们几个人，他们也要依靠广大群众，因为广大群众要求尽快地把水库修好。"

密云水库投资 2.4 亿元人民币，两年建成容积 43.75 亿立方米的大水库，共计完成土石量 3000 多万立方米。它是艰苦创业、勤俭建国的奇迹！

"文化大革命"期间，周恩来为保护密云水库，保证首都人民的用水和生命财产的安全，同林彪集团的破坏行为进行了坚决的斗争。1969 年国庆节前夕，林彪头脑一热，要放掉密云水库的水，说是为了防备敌人利用节日进行轰炸，防止因轰炸造成水库决堤。黄永胜（时任总参谋长）把林彪的意见用电话告诉周恩来，周恩来立即表示反对。周恩来召集水电部负责人开会，否决了放水的意见。林彪集团垮台后，周恩来在一次会议上回忆了保护密云水库的情况。他说："那时，林彪搞阴谋诡计，他先跑到西郊机场，把飞机都弄走，以后又要把坦克弄走。后来又要放密云水库的水，黄永胜、吴法宪找我，说要把水库的水放出。他们说，不放，敌人要炸。我不准放。我说，密云水库十几亿立方的水还要用，不能自己淹自己。"

密云水库凝聚了周恩来的无数心血，凝聚了许多专家学者的报国之情，凝聚了 20 万劳动大军的无数汗水。它是人民群众、人民的好总理为子孙后代竖起的一座丰碑。

五、修建岳城水库

（一）"开煤要服从水库"

河北、河南与山西交界的漳河上的岳城水库，是海河规划中由水电部提出的。1958 年开工后，因邯郸地区的生产与基建上得太多，加上地区间纠纷，不久就下马了。

1959 年 5 月下旬至 6 月上旬，周恩来到河北调查研究、视察工作。他了解到漳河南岸有个六合沟煤矿，是块飞地，过去属河南管辖，后来属河北。以前怕水淹没有开采，"大跃进"中河南要求开采。当时正准备在漳河上修建大型的岳城水库。开采六合沟煤矿会不会影响岳城水库的修建？河南安阳认为不会影响，河北邯郸则认为可能影响，双方争持不下。

6 月 5 日，周恩来在邯郸召集邯郸地委、市委及河南安阳市委负责人开会研究解决六合沟煤矿问题。他首先询问了观台地区的历史隶属关系、煤藏及水利情况。接着，开门见山地说："六河沟的问题，一是煤的问题，但主要的还是水的问题。工农业并举，农业是基础。岳城镇水库将来势必要修的，开煤要服从水库。水库先搞 135 米的高程，矿还可以开啦，但要勘察。"观台最早是属磁州（河北磁县），明、清时代改属河南，后又归河北。根据这种情况，他提议，由河北、河南、山东、邯郸、安阳、加上水电部、煤炭部组织个 7 人小组，以水电部为主，进行调查，然后中央开会时再加以解决。他认为政治与经济，重要的还是经济。他说，为了研究历史上经济基础，希望磁县、安阳各摘一份县志，送到石家庄。他批评，去年"大跃进"，不少地方否定了老农经验，这就不好。治水问题，历史经验很重要，统治阶级统治人民也要给人民做点好事，不治水，人民没有了，还统治谁。为什么"开煤要服从水库"？为什么要重视水利？他说，因为我们还不能完全控制自然，吃饭还要一半靠人一半靠天，发展农业离不开水利，而没有粮食人心就不稳。6 亿 5000 万人都离不开粮食，没饭吃怎么行？他还说，少搞点工业还不要紧，农业搞坏了就不安定，要死人吗！他对河南安阳市委负责人说："你们要煤要得很紧，但我和你们谈水利，这是为了告诉你们一个想问题的方法。"

6月9日，周恩来同李葆华研究海河治理问题。他说，修建岳城水库与开采六合沟煤矿，要以水利部为主组成7人小组带上技术人员进行勘察。要研究资料，采矿服从水利。煤矿能否开采，最后决定于水文地质，不要出乱子。他还同李葆华讨论了岳城水库的勘察、抽调劳动力、技术力量与物资安排等问题。他说，邯郸岳城镇水库，今年上马，明年拦洪，是否有把握？水电部要帮助河北勘察清楚，要在汛期中（7月）调查清楚，不然，上了马就被动啦。

1959年汛后，岳城水库全面开工。1960年，周恩来在《关于一九六〇年国民经济计划草案的报告》中说，1960年的水利建设，河南三门峡、湖北丹江口、河北岳城镇等大型水利工程都将进行大规模施工。他把岳城水库看成当时在建的三大水利工程之一。

（二）视察岳城水库

1966年3月邢台大地震的第二天，周恩来不避艰危，不辞劳累，冒着频繁的余震，星夜乘飞机赶到了灾区，到隆尧县白家寨大队等地察看灾情。视察地震灾区的紧张活动中，他没有顾得上看海河流域的几个大水库。回到北京后，他惦记着大震之后那些水库，放心不下。于是打电话到郑州，要钱正英从郑州赶回北京，去河北看看那几个水库的情况。3月29日，周恩来同李先念、谭震林、周荣鑫、赵鹏飞、王光伟、陈正人、钱正英等研究了抗旱等问题。然后，钱正英受周恩来派遣，专门去河北看了滏阳河、子牙河和岗南、黄壁庄、岳城等水库的情况。地震使滏阳河堤遭到了一定的破坏，但岗南、黄壁庄、岳城等水库没有受到损坏。在钱正英去看河北水库的同时，周恩来也于3月31日离开北京去河北了解、研究、部署抗旱工作。4月2日至4日，他在刘子厚等陪同下去魏县、大名县、临漳县、城安县，观看了五个大队的抗旱打井情况。5日，周恩来与刘子厚等到岳城水库，钱正英正在那里迎候他们。

上午，冯寅总工程师，向周恩来汇报了岳城水库震后的情况。当冯寅汇报到水库防洪灌溉效益时，周恩来说，在干旱年份灌溉比防洪更重要，在丰水年份防洪比灌溉更重要，水库运用必须和农业灌溉很好结合起来考虑。

搞水库只管防洪不管灌溉是不对的，灌溉既要考虑到现在生产的需要，还要考虑到将来的发展。1965年汛前，为了处理岳城水库大坝出现的问题，水电部决定放掉两亿方水。河北省一是不知大坝出了问题，一定要放水进行处理；二是希望从岳城水库多分些水灌溉。因此在这次周恩来视察期间告了水电部的状。周恩来详细询问了去年汛前放水情况，他一方面指出水库里有水，才能灌溉，才能为人民服务；另一方面指出为处理大坝问题而放水并不是一个错误。他说："去年汛前放水，也可能放对了，但要争论一下。"这样，他既平息了河北省对水电部的意见，又通过批评水电部而支持了水电部的工作。对于河南、河北两省的分水问题，他问道："河南、河北渠道分水的比例怎样定的？考虑到将来灌溉的发展没有？两个渠道为什么定50个流量，以后是否还可以增加？"冯寅汇报了幸福渠及民有渠工程情况，并回答说："分水的比例是河南46%，河北54%，是中央和省共同确定的。目前，河南大约灌溉30万亩，河北大约灌溉100万亩，有50左右的流量已足够，而两个渠道设计是按100个流量考虑的，已考虑到将来灌溉发展问题。"周恩来对此表示满意。当冯寅汇报到主坝内有一部分"水中倒土"的坝体时，周恩来详细询问了"水中倒土"在什么部位，有多长、多宽、多高？有没有发现问题？并指

治理海河

示：为了对子孙后代负责，要把"水中倒土"的情况，在工程档案中作为要点写清楚，让子孙后代知道是怎么回事，不要向后代隐瞒缺点。他针对水库泥沙淤积问题，强调要搞好水土保持与综合利用。他说，修水库要搞综合经营和综合利用，灌溉、防洪、水土保持要全面搞。上游水土保持很重要，还要对整个流域进行查勘，防洪、灌溉都要调查，哪些县需要多少水，要搞清楚。修水库大坝修好了不能算完，防洪、灌溉、水土保持都要管，水利部门要负责到底。又是工，又是农，又要造林。头疼医头、脚疼医脚，不搞综合经营、综合利用，怎么行呢？他还询问了岳城水库的设计按几级地震考虑的？九级地震有没有问题？并指示要研究该地区历史上对地震的记载。

中午吃饭前，钱正英预先跟岳城水库负责人打了招呼。钱说："你们可不要做很多菜，总理最不高兴人们大吃大喝。"水库负责人还是准备了点菜，但不敢拿出来。结果七八个人一桌，只有三盘菜：一盘炒鸡蛋、一盘青菜、一盘素炒豆腐。主食是烙饼。周恩来夸奖烙饼做得好，豆腐做得好。于是厨房师傅又在每桌增加了一盘豆腐。周恩来在生活上向来注意节俭。

饭后，周恩来察看了岳城水库大坝。下午，他再次指出，搞水库要防洪、灌溉并重；去年放了2亿立方米水，多争论一下好些，要从中吸取教训；"水中倒土"要记载下来；全面规划，综合经营，要树立雄心壮志；移民有18000人，还有6500人没搬，要帮助他们把生产搞好。他针对安装水电站问题，提出要结合农业季节发电，结合农业用电进行考虑。周恩来还专门谈了岳城水库的管理问题。他说，修完大坝留下一些人，党委书记、局长不一定都留下，但总要留一些人，在此安家，搞他一辈子，把库管好。不能花了四亿二就万事大吉，背起包袱就走了。把水库管好，要有个远大的设想。为什么不能把山区搞好，为什么不能把下游多灌溉一些。他建议水库管理人员到上游直至山西跑一跑，也到下游直到天津跑一跑，沿整个流域跑一跑，把上游的水土保持，下游的灌溉，好好规划规划。

（三）"文革"中关心岳城水库

"文化大革命"中，周恩来仍然关心着岳城水库的管理与漳河流域水利纠纷的处理。"文革"开始后，岳城水库尚未完全建成。为保证岳城水库在动乱中能顺利竣工，水电部向周恩来提出对岳城水库实行军管，得到批准。岳城水库是水利工程中第一个提出并实行军管的。1969年汛期，河北派性武斗情况严重。为确保岳城水库的安全，在周恩来主持的一次会议上，研究决定对岳城水库派一个连实行警卫。1968年6月28日，他接见阿尔巴尼亚伐乌代耶水电站代表团，指出水利主要是决定于水源、水文地质，地面上有无森林，有很多复杂因素。水利都应该综合规划，整体规划。没有整体观念，孤立修一个大坝，上游修一些小坝，缺水天旱时大坝就没有用了，当发大洪水时，小坝又撑不住了。岳城水库就是这个问题。他说，在河北、河南交界的地方有条漳河，河北、河南经常吵架。灌溉谁的？山西要用水，水源又在山西。上游小水库一截水，下面就没有水了。河北、河南也别吵架了，吵架也白吵了。前年地震时，四月初我看过这个水库，那时天旱，水很少。山西更旱，山西如果只管山西，岳城水库就没有水了，根本没法灌溉了。另外一个最坏的情况，就是1963年河北特大洪水，岳城水库又很危险。

学习周恩来关于整体规划、整体观念的思想具有重要的现实意义。仅从漳河流域来看，要让闻名天下的河南林县红旗渠与岳城水库发挥最好的社会效益，仍然离不开防洪、灌溉、发电、水土保持等方面的综合利用与治理，仍然需要山西、河北、河南三省通力协作，合理分水、合理用水。

六、视察岗南、黄壁庄水库

岗南水库与黄壁庄水库是 1958 年开工、在滹沱河上修建的两座大型水库。岗南水库位于平山县西柏坡附近，修好后水将淹没原西柏坡党中央和毛主席的办公地点。开工前，几个老同志说："修岗南水库要淹西柏坡，谁能担得起这个罪名？"不修，遇到洪水怎么办？在两难选择面前，河北省和水电部都不敢定。钱正英以个人名义给毛泽东写信，力陈岗南水库修与不修的得失利害。钱认为修岗南水库淹西柏坡，利多得多，影响好；相反，为了保留西柏坡旧址而不修岗南水库，影响不好。毛泽东赞成钱正英的主张，将钱信批给邓小平，并说，中央纪念地点越少越好。邓小平又将此信批给河北，指示：岗南照修。周恩来则具体指出：水库还是要修，办公的地点可以搬一搬嘛！后来就把西柏坡中共中央办公的院子往上移动了十几米。1973 年 2 月 26 日，周恩来在国务院图博口负责人王冶秋《关于梨菜铁路通过红岩村和新华日报馆旧址问题的请示报告》上写了一段批示，其中写道："纪念馆要服从基建工程，绝不许基建工程服从纪念馆。平山修水库时要淹西柏坡，中央马上批准了。西柏坡是毛主席和党中央进入北平、解放全中国的最后一个农村指挥所，指挥三大战役在此，开党的七届二中全会在此。"周恩来把岗南水库看成纪念馆服从基建工程的范例。

1959 年 6 月初，周恩来在天津听取河北水利负责人丁廷馨对岗南、黄壁庄、王快、西大洋、密云等水库建设的汇报。当丁廷馨谈到王快、西大洋水库建成后遇到历史上最大洪水也没问题时，周恩来说："不能乐观，一乐观了就会被动，你们防汛会上要研究研究万一有事怎么办。"黄壁庄水库上游连接了滹沱河与冶河。当丁汇报到黄壁庄上游冶河在 1956 年几天之内降雨 780 毫米时，周恩来说："假设滹沱河也下这么大雨，合起来流量达到两万以上，你们怎么办？必须要从坏的方面准备。"他提出："回头到工地研究这个问题。"当丁汇报库址群众搬家情况时，周恩来说："对群众生活要下决心安排好，要帮助移民把房子盖起来，不能让群众无家可归。今后大工程都要事先考虑安排有关群众的生活问题。"

　　6 月 7 日，周恩来在李葆华等陪同下视察岗南水库与黄壁庄水库工地。他身着短袖白衬衫、脚穿圆口布鞋，从工地的这边走到工地的那边。在黄壁庄水库工地，他同有关人员讨论了防洪问题。在岗南水库工地，他察看了设计图纸、向工地领导和工程技术人员详细询问水库设计与施工情况。

　　周恩来这次河北之行，通过视察岗南水库和黄壁庄水库，对于水利急于求成，大工程上马过多，轻视配套、轻视实效，移民安置草率等初步进行了总结与批评。他对河北省负责水利的同志说，河北省的水库器材要控制，别的水库一律不上马，渠道要修吗！布置灌溉阵地吗！6 月 9 日，从石家庄到天津的车上（当时河北省会在天津），周恩来对李葆华说，修水库的人，不注意移民和耕地问题，是不对的。他十分重视水库修建过程中得到锻炼和提高的技术力量，嘱咐李葆华："要把技术力量掌握住，水库修成后，密云水库的力量归水利部掌握，岗南的力量归河北省掌握。"最后，周恩来说，从河北的经验看全国，今冬明春，大水库要

治理海河

少搞些，中小的可多搞些。新工程上马要非常谨慎，咱们来个君子协定，再有上马的要找我谈一下。因为上了马就不能下来，与民生有关。他要求水电部调查一下，真正受益的到底有多少，实际情况与设计相差多少。他说："搞水库像搞工业一样，工业上计算达到设计能力要经过三个过程，先是机械配套，再是实际投入生产的能力，还要经过工人掌握操作技术的过程，大概须一二年的时间，才能达到设计能力。有些人把这个过程忽略啦，把设计能力就当成了现实。水利上也是这样，水库修成以后，还没有蓄水哩，就算受益面积。有了主坝，还要有渠道，有了主干还要有支干，有了渠道还要有提水工具。枯水年蓄不了那么多水也不行。他批评道："我研究了莽河的经验。照小册子看来，就是把设计能力当成实际了，把前途当成现实啦。""河网化受益面积也是说快了点。"

七、防治洪涝灾害

1963 年 8 月上旬，华北平原西部、太行山脉的东侧出现了历史上罕见的特大暴雨，不少地方旬内暴雨日数有五六天，有的地方连降暴雨四五天，旬雨量普遍超过 300 毫米，安阳至保定一线在 600 毫米以上，河北的赞皇达 1187 毫米，邯郸 1034 毫米。同时，暴雨强度也大，如临城县灰山 8 月 4 日降雨 642 毫米，易县大良岗 8 月 7 日降雨 589 毫米，为河北历年所未有。面对非常严重的汛情，周恩来亲自听汇报，作指示，动员全国支援海河流域的抗洪斗争。

9 月初，他主持召开了八省生产救灾会议。9 月 7 日，他作了生产救灾问题的重要讲话。9月9日，他召集有关人员讨论救灾及与救灾有关的粮棉安排问题。9月12日、13日、16日、20日，他多次同曾山、林铁、刘子厚等讨论救灾问题。9月19日、27日，周恩来在中央工作会议上的两次讲话，10月12日，周恩来在五个专业会议上的讲话，11月5日，周恩来在第19次最高国务会议上的讲话，反复分析了灾情及其对形势的影响，认真进行了生产救灾的部署。

第一，周恩来指出了灾情的严重性，充分肯定了广大干部在抢险救灾中所起的骨干作用。9月7日，他说：这次北方水灾不论时间、地点都太集中了，而且来得很突然，因此部分地区的灾情是很重的。9月19日，他说：北方的涝，南边的旱，特别是涝，毁得厉害。以河北为例，到现在还有1800多万亩在水里泡着，将近3000个村庄毁了，变成一大堆泥堆。过去的水是一条线，这次的水是由高往低，从西往东，先冲京汉线，然后沿京汉线以东的洼地，慢慢流出海，几乎淹了天津。近几百年来，从明朝成化年间到现在，没有这样的大灾。灾情的严重性对广大干部是一个考验。9月7日，周恩来说：这次抢险救灾，许多同志表现得非常英勇，奋不顾身，公而忘私。我们的干部，有些人是一贯好的，有的人平时有点毛病，但一旦人民遇到危险，他们就会挺身而出，把个人利益置之度外。经过这场考验，证明我们的干部是经得住风险的。从这里也可看出，我们的前途是光明的。

第二，周恩来指出受灾是局部的，困难是暂时的，形势是好转的。9月7日，他说：从全国看，今年的年成并不坏，粮棉都是增产的，就是受灾的山东、安徽、江苏也比去年增产。可以说经过这两年工作，形势一年比一年好，全国是大丰收的底子。应该肯定，今年是丰收形势下的部分灾情。10月12日，他说：今年的灾荒跟1959、1960、1961年的情况不同，今年是"已经在三年取得的调整、巩固、充实、提高的成绩的基础上，这个发展的基础上所遇到的一个暂时性的困难"。他以重灾的河北为例，指出：整个河北农村的秩序是好的，人民的情绪是好的，现在忙于秋收、秋耕、秋种，三秋工作做得都很好。

第三，周恩来具体论述了救灾的方针。9月7日，他说："救灾工作要同整个形势、前途联系起来，救灾不忘生产，不忘建国；救灾工作要贯彻发愤图强、勤俭建国、自力更生、迎头赶上的精神。""我们要建立工业现代化、农业现代化、国防现代化、科学技术现代化的国家，必须下几十年的功夫，争取在本世纪内建成社会主义的强国。""因此在灾区特别要强调节约，要搞生产自救。"否则都要靠国家救济，就要影响国家积累，影响四个现代化的建设。9月19日，他提出救灾方针，一是生产自救；二是集体努力，不仅是本社、本县互助，还要全省、全国互助；三是国家支援。国家支援，包括救灾拨款和实物援助两方面，他认为救灾拨款，一是给灾民解决吃、穿、住、烧和治病问题；二是要恢复农业，堵口复堤；三是工业交通受了影响的，校舍、行政机构房屋损坏了的，要加以修复。他指出救灾款的来源，一部分由地方节余和救灾费开支，一部分由各部自己的基建工程事业费来挤，中央预算支出7亿。

第四，周恩来根据灾情和各省丰歉情况，提出对原来的粮食征购计划进行调整，大减产的地区，征购要减少。对于遭受严重洪涝灾害的河北，周恩来认为中央应帮助解决。9月19日，他说："照现在的分配表，河北是困难一些。我，彭真、先念、震林、一波，还有华北局的同志，专门听了河北灾情的报告。我们觉得，现在拨给河北省的粮食，到明年三月底，确实不够。"9月27日，他说："河北粮食不够怎么办？我们的办法，一个是动用库存四亿多斤。另外，我们想由商业部准备拿一点中低档商品到丰产地区。在征购以外，换一点食品，比如南方的番薯干、木薯，北方的橡子，还有其他的东西来补充。这个事情，由先念同志在国庆节过了以后，到河北去主持。"

第五，针对水旱灾害，周恩来重申了水利的地位、作用和水利的有关决策。9月19日，他说："我们今年7月定计划的时候，有这样的一个想法，认为农业已经上来了，水利投资是不是可以少一点，是不是可以少用一点事业费，把基础工业多搞一点。现在证明，这个想法不行。因为农业要不赶上去，基础不打好，工业要快也不行。""比如四川，要它出粮食，农田水利总要多投一点资。"增加水利投资，但不能齐头并进，撒胡椒面，而应该全面安排，综合平衡，抓住重点，稳步前进。他认为当时的治水重点是海河流域，不能黄河、淮河、海河一下子都铺开。"如果拿出一笔钱来，到处一撒，一用，结果又是天女散花，丢散了，就收不回来了。"抓住了重点，还要有计划、有步骤地前进。10月12日，他说："北方治水的计划现在还没有完全落实，因为我们还要摸一下，虽然这么大的水灾，地区要防汛，要治涝，要根治，没有很切实的计划，一哄而上把钱随便花掉不行。"

1963年海河流域大水之后，彭真在钱正英陪同下先去河北查看了一次灾情。国庆节后，李先念又去河北主持落实粮食问题。11月17日，毛泽东题词"一定要根治海河"。11月18日，周恩来带着钱正英等坐火车到天津，亲自部署如何根治海河。先到天津的李先念在那里迎候周恩来。周恩来一到天津，听取了河北省省长刘子厚等人的汇报，研究了根治海河的具体步骤，到一个大会上跟干部们见了面，参观了河北抗洪抢险斗争展览，并为战胜洪涝灾害的河北省、天津市人民题词："向为战胜历史上少见的洪涝灾害而进行顽强斗争的各级干部、各界人民、部队官兵表示最大敬意！要为支援灾区，重建家园，争取明年丰收，彻底治理海河而继续奋斗！"中午，周恩来请钱正英等人吃了一餐他原来在南开上学时喜欢吃的天津家乡菜——贴饽饽熬小鱼，旁边贴的是玉米饼，底下熬的是小鱼。这是一次简单的便餐，这又是一次富有深情、令人难忘的午餐。人民共和国总理指挥治水，需要同水利专家交流，而这一便餐，却胜过了那千言万语的交流。回到北京的火车上，周恩来听取了钱正英关于黄河问题的汇报。

1964 年，河北很多地方再次遭受洪涝灾害。从 4 月份开始下雨，直到 10 月初，有的地方下 10 多场雨，大部分地方下 40 多场雨。沧县和衡水两个专区平均降雨 1000—1300 毫米，加上客水流入，造成部分县大面积积水，灾情十分严重。李先念指示由粮食部、内务部、财政部、农业部、华北局派出 8 人组成工作组，到河北查灾。10 月 15 日，工作组向李先念书面报告了河北灾情。10 月 21 日，李先念写信给周恩来、邓小平、彭真，建议在 11 月上旬召集六大区管粮食工作的同志和几个灾区的负责同志开会，以摸清灾情和督促收购工作。10 月 24 日，周恩来仔细审阅了灾情报告，同意李先念的意见，并告李先念："在开会前，请你打个电话告诉河北，请他们确定一个书记或一个副省长认真地将生产救灾抓一抓，并一直抓到底，重点放在生产自救。救灾费应先拨一些，实事求是地发给那些确实买不起粮的灾户。"

河北连续两年洪涝灾害之后，上马的第一个大型治水工程是黑龙港除涝工程。周恩来及时支持了这一工程。有关部门反映，河北黑龙港治水工程土方 1.8 亿立方，投资 9000 万元，1965 年先拨（作为追加投资）5000 万元。需材料：钢材 3000 吨，物资部调拨 2000 吨，省从增产中解决 1000 吨。木材 15000 立方米，物资部拨 12000 立方米，省从清仓中解决 3000 立方米。水泥 10000 吨，完全由省自行解决。1965 年 9 月 16 日，周恩来批示："同意从今年追加费中拨款五千万元给河北黑龙港治水工程，物资照拨。"并交给计委王光伟办。黑龙港流域位于海河流域的东南部，面积约两万平方公里，历史上受黄河、漳河、滹沱河泛滥侵扰，沙丘岗坡起伏，是全流域最大的封闭洼地。在周恩来支持下，1965 年秋，黑龙港除涝工程正式开工。来自河北 7 个地区 40 多万名治河大军奋战一冬一春，开挖和疏浚了九条骨干河道，建成各种桥涵建筑物 700 多座，开挖了 35 条较大支流和 183 条较小支流河道，并搞了部分田间配套工程。这些工程又为下一年度治理子牙河流域创造了条件。

八、组织华北抗旱

（一）北方抗旱防涝决策的提出

大运河在唐、宋、元、明、清各个朝代都是连接北方政治权力所在地与南方经济区之间的生命线。自宋开始，经济中心南移，长江流域成为漕粮的主要供应地。元、明、清三代大运河更加突出地成为南粮北调的运输线。元、明、清时期许多官吏建议或尝试用发展海河流域农业生产所得到的粮食代替江南运来的漕粮，虽偶有小成，但从未扭转过南粮北调。

新中国成立后，党和政府曾多次想扭转南粮北调。1958 年曾经想过，但由于"大跃进"、瞎指挥，结果是事与愿违。1963 年海河大水，先集中力量抓了治涝，未能彻底解决粮食问题。在洪水威胁缓解后，干旱成为华北地区的突出问题。1965年出现严重干旱,1966年初仍在发展。由于常常春旱秋涝、旱涝交替,有时旱中有涝、涝中有旱,有时发大水,有时连年干旱,严重地威胁着华北的农业生产。根据1965年统计,山西、河北、山东、河南、陕西、内蒙古、辽宁、北京八个省、自治区、直辖市,人口占全国的34%,耕地占全国的40%,而粮食产量只占全国的27.5%。当时这个地区的粮食问题没有得到解决,国家每年都要南粮北调,甚至用进口粮食来解决,这个地区农民的平均口粮低于全国水平,农民的平均收入低于全国水平。

1966年1月23日,周恩来去天津治牙病,1月24日下午,他在天津听取了河北省委林铁、刘子厚、阎达开等人关于抗旱和农业生产等问题的汇报。周恩来指出,抗旱实际上联系到生产的各个方面,必须引起我们的重视。首先,他详细询问了打井的布置情况,并提出,要多打井,还要把地上水利用好,不然顺着海河都流掉了。他说,要集中人力、集中肥料把能高产的作物种到有水或有墒情的地方,不要分散开,到处都旱,到处都搞,结果效果不大。他问道:"东北有的地方搞水箱、水柜拉水,你们有没有?"其次,他谈了工业支援农业问题。他说,大中城市那么大的工业不支援农业怎么行呢?东北还向中南要粮食,那是端着金饭碗讨饭吃。他认为工业支援农业,拖拉机等大东西要少搞一些,现在正抗旱,要多搞排灌机械。最后,他谈了领导问题。他要求每个省委书记包一两个地委,要到下边去,把生产队发动起来,有水的地方要争丰收,欠水的地方要争平收。

1月28日,天津王占瀛汇报1966年天津的生产安排,按分配给天津的5.4亿立方米水,除保证城市生活,工业用水和15万亩菜地用水以外,加上各方面措施,最多只能保30万亩水稻;要保50万亩水稻,到

6月底需给 8 亿立方米水。对此，周恩来指出："城市和农村都要节约用水。排灌设备首先要清查，充分利用现有设备。"他认为抗旱要动员全党全民，不仅农村，而且城市也要这样。

周恩来对河北、天津汇报时的两次插话，初步表达了他对抗旱的一些想法。

（二）召开北方抗旱会议

1966 年 1 月下旬至 2 月初，在周恩来主持下，北方八省市区抗旱会议在北京召开。2 月 1 日下午，周恩来作抗旱会议的总结发言。

周恩来首先回答了为什么要召开北方八省市区抗旱会议的问题。1965 年旱灾和 1966 年旱象主要集中在这一地区，而且这一地区经常出现灾荒，非旱即涝。新中国成立 16 年来，国家用在这个地区的水利、救灾拨款占全国的 44%，国家支援农业的投资这个地区占 33.3%，但仍未能根本减除旱涝威胁，长期南粮北调，近 5 年进口粮食，主要是接济这一地区，一般占 100 亿斤左右，1965 年度占 120 亿斤。有鉴于此，周恩来说："这一地区不仅要抗旱防涝，而且要把它作为农业上的主攻方向，要像搞大小三线、国防工业、基础工业那样重视。并要由中央、国务院协同各级党政领导一起来抓。"使这一地区实现"粮食自给，队有余粮，国有储备，农民生活达到全国水平"。"当然，这不是说，其他易旱易涝地区就不注意了，更不是说，全国农业就不注意了。"

第二，周恩来分析了这一地区的基本状况、自然条件和社会经济条件，认为这个地区大有潜力，大有可为，需要我们克服困难，解决矛盾，抗旱防涝，争取丰收，摆脱落后。他还具体指出，紧急的任务是抗旱，防涝也应该搞；长期的任务是摆脱落后。

第三，如何抗旱防涝、摆脱落后？周恩来认为一方面要加强领导，另一方面要改善领导方法。对于前者，他提出，中央、国务院发一动员文件，并建立各级农业小组；中央、国务院、中央局一年至少抓三次，各省市区、地委一年至少抓四次；中央、大区、省市区和地委的干部要有一部分人下去蹲点抓抗旱。对于后者，他指出，要学习毛主席有关著作和中央及地方有关文件；要个别指导多于一般号召，要从群众中来多于到群众中去；要相信群众，发动和组织群众，善于集中群众智慧；上面下去的干部要听从当地党政领导的指挥，不要瞎指挥。

第四，周恩来详细阐述了抗旱防涝争取丰收的方针任务：要与备战、备荒结合。抗旱防涝的紧急措施要与农业的长期规划结合起来。要全面安排、长远打算。要以自力更生为主，国家支援为辅。现在以抗旱为主，但不要忘了防涝。要安排好群众生活，防止疾病，特别要解决最小限度饮水问题。要保护牲畜，特别要严防兽疫。要保护、修理农具。要多备种子，加紧积肥、沤肥。千方百计开辟水源，节约用水，控制用水，城市也要节约用水，自来水也要控制。打井（机井、砖井、土井）、开渠、截潜流、挖水窖、平整土地、修四田（梯田、台田、园田、坑田）都要因地制宜、因势利导、有阵地地前进。清查排灌机具，抓好修配、使用、管理。管好一切抗旱救灾物资，安排好、使用好农田水利基建资金。地方上机动的财力、物力要集中使用，用在刀刃上，并要留有余地。要节约民力，不误农时，抢季节，分先后，抓重点，高产田与基本田并重。各省分片管、分地形管，抓两头带中间，抓好副业和多种经营。

第五，周恩来提出对这一地区的抗旱防涝、力争丰收、摆脱落后要从各个方面积极支援。他列举了物资支援、地方自助、工业支援、三清（清设备、清材料、清资金）支援、财粮准备、运输调动、城乡结合、地方挂钩 8 个方面。其中，运输调动，他支持余秋里的建议：要减少一些自行车的生产，增产一些胶轮车，支援抗旱，并指出，要抽调一些车辆支援抗旱。地方挂钩，他提议天津市与天津专区、承德专区挂钩，北京市与张家口专区挂钩。

（三）四次批改抗旱防涝决定

周恩来在抗旱会议上的总结发言，不是即席而发，而是有充分准备。首先，他综合会议代表的意见，进行了深入的分析和认真的思考；其次，他亲笔起草了一个比较全面、周到的发言提纲，对代表们的意见进行了归纳和加工。他的总结发言，详尽地阐述了北方八省市区抗旱防涝摆脱落后的必要性、可能性及其具体途径与方针任务，起了重要的发动与指导作用。

根据周恩来在抗旱会议上的总结发言，有关领导同志起草了《紧急动员起来，抗旱防涝，为改变我国北方农业的落后面貌而斗争》的文件初稿。2月21日，周恩来全天批改这一初稿，将文件名称改为《中共中央、国务院关于抗旱防涝，为改变我国北方农业落后面貌而斗争的指示》。

从早晨到下午3时，他进行了第一次批改。在第一条中，他写进这样的内容："今年二月虽然有些地方降了雨雪，但是极不平衡，而许多地方耕作层的土壤湿度还在百分之十以下，这就严重威胁着今年的农业生产。"[1]进一步突出了北方抗旱防涝的必要性。在第五条改进领导问题上，他两次写进学习焦裕禄的内容："首先是要对各级领导和干部进行思想教育，学习焦裕禄"，"克服侥幸心理、依赖观念、畏难思想和急躁情绪"。凡参加抗旱防涝工作的各级领导干部要带头宣传"焦裕禄在兰考依靠自力更生，战胜自然灾害，摆脱落后面貌的模范事迹"。在第八条中他又增

---

[1]《周恩来年谱（1949—1976）》下卷，中央文献出版社 2020 年版，第 14 页。

写道:"焦裕禄式的领导，早为我们树立了榜样。"周恩来充分强调了焦裕禄式领导对抗旱防涝、摆脱落后的重要性。抗旱防涝、摆脱落后的方针和具体措施涉及方方面面，但前提是抗旱防涝，解决水的问题。周恩来在"千方百计地保墒养墒，开辟水源，节约用水，控制用水，合理灌溉"之后，加写道："城镇农村都要有节约用水的具体计划，定期检查，不因降了雨雪而懈怠。"在"逐步做到队有林，户有树"之后，加写道："大路两旁树木有人管，以利抗旱防风沙。"

下午8时，他完成了第一次批改后，当即指示"先打清样"。几个小时后，他又在重新打好的清样上进行了第二次批改。2月25日，周恩来对《指示》草稿进行了第三次批改。3月1日，他又对《指示》草稿进行了第四次批改。经过周恩来四次批改的《指示》，是指导北方八省市区抗旱防涝，摆脱落后的重要文件。但是，周恩来向来办事严谨，他对四次批改后的《决定》草稿仍不满意，认为"提的不具体"，提议暂不下发。

（四）成立北方农业小组

中共中央和国务院确定把山西、河北、山东、河南、陕西、内蒙古、辽宁、北京8个省、市、自治区的抗旱防涝、摆脱落后，作为农业战线上的一个战略主攻方向。这个战略决策出台后，需要一定的组织形式贯彻执行。1966年1月下旬至2月初的北方抗旱会议上，初步拟定成立北方农业领导小组。周恩来在2月1日总结发言中，将8个省市区分成7组，有组长，设一两个副组长。他自告奋勇担任河北、北京组组长，并拟要钱正英担任副组长，因钱正英已去河南参加"四清"工作，他要陈正人、李人俊担任副组长。他在会上宣布："先念负责河南，震林负责山西，余秋里负责陕西，林乎加负责山东，王光伟负责内蒙，富春、一波负责辽宁。"他说："这次是开端，今年开始抓，要下去蹲点，和省市一道开会，出点主意，帮助检查，进行督促，起鼓舞带头作用。"

抗旱会议后，周恩来立即研究部署北京抗旱。他的副手陈正人、李人俊、赵鹏飞等则奔赴河北抗旱第一线。

2月15日，他听取了陈正人关于抗旱工作队的汇报。他对陈正人说：抗旱工作组下去后，不能增加地方负担，不要去指手画脚，首先要向当地干部、群众学习，帮助地方工作，听从领导指挥。"一学、二帮、三听指挥"是工作组的三大纪律。3月2日、4日、5日，他连续几天听取北方八省市区抗旱情况汇报。5日，他在北方八省市区农业小组汇报会议上讲话，表扬许多同志下去看了，发现了一些问题，也发现了一些好的典型，取了一些经回来。他再次强调抗旱工作队下去要遵守一学、二帮、三听指挥的三大纪律，下去的干部千万注意不要瞎指挥。他说："有人提我们叫北方八省、市、自治区农业领导小组，我想还是叫农业小组，不要提'领导'二字。"他还谈了水肥土种问题。"改土是比较长的基本功。如打井，一年要求都打起来就要犯错误，打多了一定会出毛病，劳而无功，要提醒人们注意。""水对摆脱落后把粮食搞上去是一个主要矛盾，但是也有时间性，有时防涝，有时抗旱，因此要因地制宜，因势利导，不能千篇一律，抗旱应防涝，抗灾要保畜。"

3月7日下午，周恩来在北方农业小组会议上讲话，会议讨论通过了《中共中央、国务院关于成立北方八省（市、区）农业小组的通知》。他说："四天的汇报得到一个印象，就是抗旱抗灾要抓下去。从抗旱入手一直抓下去，搞个自下而上的规划。更重要的是抗旱防涝，抗灾保畜，争取丰收，改变这个地区农业的落后面貌。"他强调要发挥地方的积极性，"南粮北调这一情况改变要狠下苦工。我们要协助，主人是地方，成立农业小组主人还是地方"。《通知》根据周恩来的意见，将原定的"北方农业领导小组"名称改为"北方农业小组"。《通知》指出"为了具体协助这个地区的农业发展,抓紧目前这个地区的抗旱防涝、抗灾保畜、争取丰收的群众动员和国家支援工作,以便深入基层,接触实际,协助各级领导,由下而上地制定各省农业规划,逐步改变这个地区的农业面貌,中央和国务院决定成立中央北方八省(市、区)农业小组"。小组成员共24人,周恩来任组长,李富春、李先念、谭震林、李雪峰、薄一波、谢富治、余秋里任副组长;其他成员是:谷牧、解学恭、林乎加、李人俊、陶鲁笳、姚依林、陈正人、王光伟、郑汉涛、韩光、张际春、周荣鑫、赵凡、吴波、陈国栋、袁宝华。中央北方农业小组下设7个地方小组和一个办公室,由王光伟兼任办公室主任,周荣鑫、钱正英、郝中士、惠中权、梁步庭、杨煜等分别任辽宁、河南、山西、陕西、山东、内蒙古组副组长。

中央北方农业小组及其7个地方小组的成立与工作的开展,极大地推动了北方八省特别是华北地区的抗旱防涝与农业生产的发展。

(五)亲临抗旱打井第一线

周恩来担任中央北方农业小组组长,并兼任河北、北京组组长,决不是虚任其职,而是实干其事。3月5日,他在北方农业小组汇报会上说:"我们每年下去四个月,你们都下去了,比我强。""我也想下去,不过有时有点身不由己,说来也是决心不大,我到附近跑一跑还是可以的。"听到这里,李先念立即说:"你下去我们不反对,但是你一天工作十几个小时,对身体你还要注意。"谭震林接着说。"你已经跑得不少了!"几位副总理的担心是以事实为根据的。三四月间,周恩来不仅去邢台地区慰问地震灾民,去天津参加华北局会议,而且去邯郸地区亲临抗旱打井第一线。

北方农业小组会议刚刚结束,3月8日早晨,河北省电话报告,邢台地区发生了面积大、烈度大的地震。周恩来当即召开国务院紧急会议，商量采取紧急措施。3月9日下午3时，他飞往石家庄视察地震灾情。到石家庄，他立即听取了石家庄地委的汇报。他在了解地震灾害的同时，还询问了抗旱打井的情况，"打井的工具够不够？能打多深？你们有多少机井，配套了没有？砖井多少？还有土井吗？"等等，问得很具体。晚上，周恩来在河北省委书记处书记阎达开陪同下到隆尧县进行慰问，在听取隆尧县委汇报时，他号召要以焦裕禄、王杰为榜样，搞好抗震救灾。10日凌晨1时乘火车返回石家庄，下午去隆尧县白家寨公社白家寨大队慰问地震灾民。11日因有外事活动，下午5时飞北京。

3月12日上午至16日下午，周恩来在天津参加华北局会议。16日，他在华北局会议上讲话，其中的一个议题是华北抗旱。他认为北方八省的问题主要是华北，华北的大头是河北、北京、天津，1966年调入粮食65亿斤。他说："中央成立北方八省农业小组，就是因为这八省无一例外，都要调进粮食。""国家粮食赤字106亿斤，就是因为这些地区需要调进106亿斤粮食。外粮进口，南粮北调，都是为了这些地区。"他建议大家算算账：500万吨粮食要用3亿6000万美元，一吨粮食加上运费，到岸价格是72美元。如果不用这些钱买粮食，就可以换进更多的机器设备，工业的发展就快了。由于要进口粮食，工业发展速度自然就慢了，不能不受到一些影响。他提出：备荒，对华北来说，首先要停止南粮北调，不进口粮食，做到社队有余粮，国家有储备。华北特别是河北要立足于抗旱防涝。要"大力抓水，丰歉调剂，争取丰收"。

3月22日，邢台地区再次地震。3月31日至4月5日，周恩来先到邢台地区慰问地震灾民，然后到邯郸地区视察与研究抗旱打井情况。

4月1日，他乘直升机从石家庄出发，先后到宁晋县东汪公社与耿

治理海河

庄桥公社、束鹿县（今辛集市）王口公社、巨鹿县何寨公社、冀县（今衡水市冀州区）马头里公社看望和慰问遭受地震灾害的群众。他每到一处都要谈谈1963年水灾，1964年涝灾，1965年旱灾，现在正在抗旱又来了地下的灾——地震，并由此指出"多难兴邦"。他到震区的每一个群众大会上，都要号召"自力更生，奋发图强，发展生产，重建家园"。他说："今年虽然旱，但是我们有干的精神，拿水来灌，打井来积水"，"使庄稼生长得更好"，"家里丢的，地里收回来才会把我们家园重新建好"。

4月2日，周恩来到邯郸，听取地委书记、专员汇报生产和打井情况。他问道："7000眼机井4月底可以搞起来？""要调查劳力、投资、配套、效果、平地等等。有了井，地不平也不能灌溉。"他指出，打井，"已打的不要泼冷水，群众愿意继续打的要完成。来不及完成，群众有意见的要停下来，打得浅的也要停下来。建设要一步一步走。欲速则不达。魏县第一批确定700眼，第二批加到1600眼，显然是多了"。听完汇报后，他又同李雪峰、刘子厚等研究了抗旱打井问题。晚上，周恩来电告在杭州的毛泽东和北京中央书记处，汇报视察第二次地震灾区的情况及准备在邯郸各地视察打井抗旱春播生产工作。

4月3日，周恩来由邯郸去魏县漳河大队。在座谈会上，他详细询问猴爬杆打井法能打几丈，得几天？怎样浇地，用什么机器提水，水质怎样？座谈后，他到现场观看了新的机井，询问了机井配套抽水情况。下午，由漳河去大名县前桑圈大队视察。周恩来看到前桑圈群众生活很苦，心里很难过。他嘱咐由国务院下去蹲点的抗旱工作组，"前桑圈有一旧机井有水泵，还没有配上机器，应该配上机器先抽出水来。工作组要把老的新的机井搞好。搞不好不回去"。他问在场的公社书记，打井多少？配套多少？公社书记答不上来。周恩来批评说："我在北京不晓得，你在杨

　　　　　　　　　　　　　　　　　　　　周恩来与治水

桥也不晓得?"晚上,在大名县听取县委汇报。他询问了大名打井的数量与配套情况,并指出:"井打成了,不配套不行,要保证配套。"他了解大名有9000多人,3000多辆排子车去海河工地,担心海河上人多了,会影响当前生产。

4月4日上午,周恩来由大名县去临漳县,听取临漳县委汇报。当县委书记汇报打井配套修理机器时,周恩来说,大修厂修的若不能使用,得退货,得赔偿,另一个办法是换好的。在汇报打井计划时,周恩来说:"4月你们打1000多眼是否多了。农业落后几十年,一年是翻不过来的,全县打井计划也不是一年可以完成的。"周恩来重视抗旱打井,但他要求有阵地地前进,反对盲目冒进。下午1时,他去南岗村参观人工打井;5时半,到后赵坦寨听大队汇报;6时半,参观西南庄猴爬杆打井法;8时半,到成安县听取成安县委汇报;晚12时半,由成安县回邯郸。

4月5日上午,周恩来从邯郸去岳城水库;下午3时半,由岳城水库去磁县;5时听磁县县委汇报。晚上8时半,周恩来约河北省委、邯郸地委负责人和陈正人、钱正英、赵鹏飞等谈话,对抗旱打井、海河工程,提出了"干劲要大,步子要稳,讲究实效,实事求是"的总要求。"干劲要大",就是不依赖国家,搞生产自救。他说:"整个邯郸干劲是大的,精神是好的,但要强调生产自救。""生产自救,整个说来就是自力更生。"抗旱、打井都不能搞命令主义,而要群众自愿。"步子要稳"就是要量力而行,不能冒进。他担心"在这样大的地震情况下,又打机井,又上海河工程,是否劳动力用多了"。他建议海河工程不能搞得太急,"不能光考虑海河而不考虑全面生产,大洪水不是每年都有,但当年生产搞不好不行"。他认为抗旱、打井都是好事,但不能太热,不能加重人民的负担。"讲究实效,实事求是",就是要从实际出发,注重效果,不搞花架子。打井要保证质量，保证配套。如果打了井，抽不出水来就是白费人力物力。他主张能配套的先完成，不能配套的暂停下来，要一个村一个村地检查，进行很好的安排。

三四月间，周恩来几次河北之行，跑了十个县的许多社队，特别是邯郸地区的五县之行，对河北抗旱和治理海河作了认真的调查研究。他深入基层、深入实际，不仅解决了许多具体问题，提出了许多重要原则，而且极大地鼓舞了灾区人民抗震抗旱、争取丰收的信心。

（六）扭转了南粮北调

在周恩来呕心沥血地抓北方抗旱的同时，"文化大革命"的序幕也拉开了。

北方八省市区"抗旱防涝，抗灾保畜，争取丰收，摆脱落后"的战略部署，在"文革"的动乱全面爆发后，不可能不受到影响。

1968年，当激烈动乱中刚出现一点可以工作的机会时，在周恩来主持下，国务院又全面部署了华北地区打机井的工作。

此后几年，不管政治形势多么动乱，由当时主持国务院日常工作的李先念、余秋里等具体安排，每年以30多万眼机井的速度持续建设。这是在华北平原上一项宏大的农田水利基本建设，国家在计划中给予资金补助，并提供设备材料，受到广大农民的热烈拥护。

到1980年代，华北大地上已有近200万眼机电井，一亿多亩耕地提取地下水灌溉，大大改变了十年九旱的农业生产条件，加上化肥工业的发展，使粮食产量大幅度增长，扭转了中国历史上长期的南粮北调局面，并推动了农村机械化和电气化的发展。

"饮水不忘掘井人"，周恩来是华北机井建设的创始人，是华北抗旱，扭转南粮北调的组织者与战略决策者。

九、"文革"期间的海河治理

"文革"期间，同华北抗旱打井一样，整个海河流域的治理，在周恩来亲自过问与保护下，仍取得了重大成就。当时，不管是哪一派造反组织，都不敢反对治理海河。治理海河指挥部照样工作。阎达开还对钱正英开玩笑说："你躲到我们这里来，我们这里最安全。"从1966年冬到1969年春，河北省与天津市，陆续开挖了子牙新河、北排河、滏阳新河，扩挖了独流减河等大型治水工程。以后几年，河北、北京、山东又合作开挖了北京排污河、永定新河、漳卫新河等。

"文革"期间，海河防汛曾出现过人为的险情，周恩来及时地果断地进行了处理。白洋淀千里堤是河北的屏障。1969年7月，海河流域汛期迅速到来。武斗人员却在若干堤坝上构筑武斗工事，挖通堤防，拦劫防汛车辆，盗窃防汛器材，破坏通信联络，枪击上堤防汛人员，情况十分紧急。河北省、水电部将情况反映到国务院，周恩来立即于7月26日夜召集北京军区、河北省革委会、河北省军区及有关部队在人民大会堂开会，确定调部队担任白洋淀千里堤守护防汛任务，并决定对龙门水库、西大洋水库、王快水库、安各庄水库实行军管，对岳城水库、黄壁庄水库、岗南水库、城庄水库等派有关部队担任警卫。他亲笔修改了河北省革委会有关防汛的《布告》。《布告》规定："对千里堤及其上下堤防和白洋淀一带的重要堤防闸坝，实行全面军管。军管范围包括：大清河南支千里堤自灵寿行唐起至静海独流闸止、大清河北支自新城白沟起至杨柳青西河闸止，并包括白洋淀全部。"《布告》指出："所有各派武斗人员，立即从上述堤坝两岸各后撤20华里以外，不许以任何借口进行拖延，或者就地交出武斗凶器、弹药，各回本地、本单位去进行生产和工作；如再持枪窜入，即由人民解放军强行收交武器，抗拒者予以严惩。""为确保防汛交通和通信联络畅通，不准拦劫防汛车辆、器材、物料，已抢去的必须立即全部退回。""为动员群众组织防汛队伍，护堤抢险，任何人、任何组织不准阻拦和干扰，更不准挑动武斗，破坏防汛工作。"7月28日，周恩来报告毛泽东、林彪："现华北汛期已到，而保定地区尚武斗不息，经与有关方面讨论，一致同意对大清河南支千里堤实行军管。"[1]毛泽东批示："照办。"《布告》用飞机在河北各地散发，广为张贴，使得家喻户晓。由于周恩来的高度重视，避免了派性和武斗可能危害华北防汛安全。

海河流域的大寨曾是我国农业战线上的一个样板。周恩来于1965年5月21日、1967年4月9日、1973年4月23日，三次视察大寨。他对大寨的保水、保土、保肥的梯田建设，给予充分的肯定。他指示大寨人设法找到充足的水源解决浇地问题。他问陈永贵："大寨遇到三年大旱怎么办？"问得陈永贵无言以答。他第一次到大寨，看见对面山头上有一片树林，就问：那些树是哪里的？贾承让回答是武家坪大队的。周恩来说，要是把所有的山头，都搞成像武家坪那个山头的树林一样，该多好啊！他嘱咐大寨干部，要多种树，发展农业，水果树、干果树、木材树都要种。1971年11月15日，周恩来会见美国朋友韩丁、卡玛丽达、欣顿夫人时说，是不是大寨就没有缺点了呢？我们发现大寨还是有缺点的。大寨山上的树很少，它对面另一个大队的山上绿化比它好，这说明它植树少，大概现在还是不多。如果陈永贵花一点力量号召植一些果树、油料树、核桃树、枣树等，大寨的收入还可以增加。

1972年春夏之交，因华北干旱，天津供水告急。5月31日，天津市

---

[1] 《周恩来年谱（1949—1976）》下卷，中央文献出版社2020年版，第306页。

革委会向国务院并水电部发来《关于水情的紧急报告》。《报告》说："5月25日，我们接水电部电报后，立即召开紧急会议，决定停止农田用水，节约工业、生活用水。从而用水量有明显减少。但是水情还十分严重。""经过采取各种措施以后，力争全市日用水量由现在的260万立方米降低到100万立方米左右。即使降低到这样的水平，水源还不够用。密云水库死库容以上的水只能放到6月9日，就需要从北大港调水。而北大港水除去损耗外，能放进海河的只有1600万立方米，加上海河存水，也仅能维持到6月25日左右。如预计7月中旬雨季到来，这一段时间我市用水将更加困难。请国务院并水电部设法帮助解决。"6月2日，周恩来批示："即送先念、登奎、国峰、吴德、解学恭、刘子厚同志阅后找水利部一商，看有无更好办法解决天津缺水问题，也请联系到北京、河北节约用水问题。"后来，他说，水有限了，京、津、唐的人口、工业不能太多，不能太集中了。

为了研究解决华北干旱，发展井灌，治理海河污染以及讨论海河治理方针问题，1972年11月，周恩来连续三次听取葛洲坝工程的汇报之后，于23日在国务院会议室听取河北、天津、北京汇报海河工程问题。纪登奎、余秋里、李富春、粟裕、苏静、王观澜、刘西尧、李震、吴德、沙风、钱正英、刘向三、吴庆彤以及河北省马力、丁廷馨，天津市阎达开、毛平，北京市王宪等参加了汇报会。这是周恩来主持的最后一次治水会议。

华北地上水源有限，抗旱主要靠井灌。当河北汇报发展灌溉，大打机井，充分利用地下水时，周恩来详细询问了地下水情况："开采后下降多少？""汛后有没有回升？""最深的多少？"当天津市汇报自来水有一部分靠开采地下水时，周恩来说，地下水源要勘察清楚，盲目搞不行。一个地区，一定面积内打多少井为宜，取多少地下水适当，要研究。当北京汇报开采地下水时，他说，北京几个县地下水源要搞清楚。如果集中太多，抽水太多，地质要下沉的，上海就是这个问题，天津也有下沉。

随着京津唐工业的发展和人口的增长与集中，不仅面临着供水不足，需要节约用水；而且面临着水源污染、水质下降，需要设法保护水源、水质。周恩来问天津市水利负责人："你们这几年调查了没有，海河留下的脏东西有多少？"当他听到"不知道"的回答时，批评说："那不行，你们工业城市要重视污水问题。"他指出："你们跟科研机关要研究除公害的问题，毒害人民的一定要研究。现在有许多新的东西还不认识，不要大意，不要说大话，自然现象有许多东西不认识，每个人知识不够得很，要研究。不警惕就要增加麻烦。"他指示余秋里趁早抓污水等公害的治理。"秋里呀，要早搞，要把这个计划提到重点上。"他问北京市水利负责人："北京市污水是怎样流走的？"当他听到"经永定新河排入海"的回答时，严肃指出："东方红污水怎么办？绕地行吗？"有人回答："一部分用于浇地。"他很忧虑地说："污水灌溉也不行，头两年还可以，后几年就不行了。你们不要大意，你们搞农业的不懂工业、不懂化学也不行。"

河北涝灾之后，开了大中八条入海口，遇大洪水时可分路排水入海。但遇到大旱，水源不足的问题还不能解决。对此，周恩来说："你得鲧禹结合起来才好，光鲧不对，光当禹也不行。走和留不能只强调一面，只强调留不对，不留也不行。又说，水的问题很复杂，我们搞了 20 年，知识很有限。"

新中国成立后，周恩来抓治水始于治淮。如何治淮？他阐述了蓄泄兼筹的治水方针。20 年后，他总结治理海河的经验教训，提出鲧禹结合，

　　　　　　　　　　　　　　　　　　　　　　周恩来与治水

进一步丰富了蓄泄兼筹的治水方针。

为什么要鲧禹结合、蓄泄兼筹？因为水多了受淹，水少了受旱。周恩来说："水天天需要，缺一不可，须臾不可少，须臾不可多。"

周恩来担任总理期间，始终把治水看成最具体、最直接的为人民服务。坚持鲧禹结合、蓄泄兼筹，归根到底是要为人民服务。他说，"一定要根治海河"的目的就是为人民服务，除害兴利。对于1972年的河北旱情，他十分忧虑地说："白洋淀是真干了，不是完全放走了，那样旱。"河北的一位同志说："我们省里工作没做好，这次回去一定要按总理指示把工作搞好，请总理放心。"周恩来说："不是我放心，是人民的利益问题。"周恩来总是把自己放在人民之下。他重视治水，力求避免水利建设的片面性，是因为那是人民的利益所在。

关心广东、浙江水利建设

一、关心珠江防洪与香港供水

　　珠江为西江、北江、东江的总称，是广东省最大的水系。珠江为我国第五长河，但径流量仅次于长江。珠江汛期从 4 月至 10 月，长达半年之久，自古易洪易涝。1915 年，珠江出现特大洪水，珠江三角洲几乎所有堤围漫顶溃决，受灾农田 647 万亩，受灾人口 378 万人，连广州市也被淹 7 天。1931 年、1947 年、1949 年又三次决堤成灾。

　　新中国成立后，周恩来亲自负责全国水旱灾害的治理工作，珠江防洪也成了他的议题之一。1950 年 9 月 14 日，他指出，辽河、珠江、江、淮、河、汉，每年都有灾害，要把水害变成水利不是容易的事。1951 年 1 月 12 日，周恩来主持政务院第 67 次政务会议，讨论通过了傅作义《一九五〇年水利工作总结和一九五一年的方针与任务的报告》。该《报告》提出："珠江水系在最近几年以内，应就现有堤围的基础，整理堤系，酌建涵闸，缩短防线，加强干堤，并积极进行基本测验规划工作，准备向中上游发展。1951 年以巩固东江、西江、北江堤防，保证普通洪水位不致成灾为目标。"1952 年 8 月，周恩来主持起草的《政务院关于一九五二年水利工作的指示》指出，"珠江就现有基础，岁修防汛，应比去年保证提高一步"。在人民政府的领导下，广东人民通过初期的堵口复提到以后的培修堤防和兴修堤防，大大提高了对珠江的防洪能力。

新中国成立 20 年后，周恩来对珠江的防洪仍不放心。1970 年 9 月 30 日，他会见巴基斯坦政府友好代表团和农业代表团时说，在中国"如果说水多的地方，那要算广东珠江三角洲了。那个地方大水一来就淹掉很多地方，有的地方有一些堤岸，有的地方没有堤岸"。珠江"还有很多问题"，还"需要修理"。

对广东水能资源的开发，周恩来也予以过问。北江支流的南水水电站，虽只是一座装机 7.5 万千瓦的中型水电站，但设计方案和施工办法特殊。1960 年 12 月 14 日下午，周恩来召集李葆华等开会，专门讨论和研究了南水水电站的建设问题。

周恩来不仅关心珠江的防洪与水能资源的开发，而且关心珠江流域的供水与灌溉，亲自解决对香港的供水问题。

深圳和香港地区，自 1962 年 9 月起，经历了 9 个月无雨期后，仅在 1963 年 6 月 8 日下了一场小到中雨，接下去又是无雨期，旱情十分严重。深圳水库和铁岗水库的水位降到死水位以下，连有限的死库容水量也被抽上来使用。深圳一带的人民有每天晚上冲凉（洗澡）的习惯，但由于干旱缺水，连饮水都有困难，冲凉之水就更难满足了。与此同时，香港供水告急，街头水龙头前，人和水桶排着长队，等候供水。香港中华总商会会长高卓雄等知名人士联名，致函广东省省长陈郁，请求协助解决香港水源困难，克服旱灾。广东省人民政府一方面采取应急措施，让香港一艘艘万吨巨轮驶向珠江口汲取淡水；另一方面开始酝酿由东江引水到深圳的石马河供水工程。

周恩来及时过问了由东江引水到深圳的石马河供水工程并给予了极大的支持与关怀。

1963年12月8日下午，周恩来在广州陶铸家中，听取广东省水电厅厅长刘兆伦关于石马河供水工程方案的汇报。参加人员有中南局书记陶铸、广东省省长陈郁、广东省委第二书记赵紫阳、广东省副省长曾生、广东省水电厅厅长刘兆伦、广州市建设局副局长戴机等。

石马河供水工程，取水于珠江三大支流之一的东江（东莞境内的桥头），通过拦河筑坝和建立一系列大型抽水机站，逐步提升水位，改东江支流石马河由北向南倒流，使沿程水位逐级提升后流入深圳水库。深圳水库由此获得充足和可靠水源，最后通过坝下多条输水管道供水给香港地区。

周恩来听完汇报，作了一系列具体指示。他指出，向香港供水问题，与政治谈判要分开，不要连在一起。供水谈判由广东省负责，请港英当局派人进来谈。他赞成石马河供水方案，"采取石马河分级提水方案较好，时间较快，工程费用较少，并且可以结合农田灌溉，群众有积极性"。供水工程由港英当局举办还是由我们国家举办？对此，周恩来说："供水工程，由我们国家举办，应当列入国家计划，作为援外专项项目，因为香港百分之九十五以上是自己的同胞。"他还就工程的设计、施工及工程费用的落实作了安排，"工程由广东省负责设计和施工，工程费用由广东省按基建程序上报国家计委，由国家计委审查批准"。周恩来认为工程应该实行经济核算，"工程建好后，采取收水费的办法，逐步收回工程建设投资费用"。

在周恩来支持下，在广东省委和省政府负责下，广东省水利部门以极高的工作效率完成了石马河供水工程的设计。1964 年 2 月 20 日，石马河供水工程全线开工，从东江之滨，石马河畔，直到大坝上下，边界线上，千军万马，摆开了战场。陶铸等领导人亲临工地视察，极大地鼓舞了水利职工的斗志。经过一年施工，完成了土石方 200 多万立方米、混凝土及钢筋混凝土 10 万立方米、安装大型抽水机设备 33 台套、各种闸门和启闭机设备 100 多台套、架设高压输电线路 140 公里，并兴建了 2 座大型变电站。1965 年春，石马河供水工程胜利竣工。该工程自 1965 年投入运行后，年年都按照协议完成了对港供水计划，对深圳和工程沿线的城市用水、农业灌溉所发挥的效益也十分显著。

随着香港的经济发展和深圳特区经济建设的需要，1973 年与 1981 年，对石马河供水工程进行了两次扩建，以增强对深圳特区和香港的年供水能力。石马河供水工程是一条温馨的纽带，传送着祖国，其中也饱含着已故总理周恩来对香港同胞的深情厚谊。

二、在浙江水利工地上

新中国成立后，周恩来多次到浙江检查工作或陪同外宾到浙江参观。他十分关心浙江的水利建设。

1959 年 4 月 9 日上午 9 时，周恩来乘坐一辆普通小汽车，经过 300 多里的颠簸，从杭州直达新安江水电站工地。他身着一套旧的藏青制服，脚穿一双普通皮鞋，跨过钢索吊桥，踏着坎坷的山路，上脚手架，登上近 80 米的木板平台，站在大坝顶上，仔细观看了水电站的全景。他走到哪里就同哪里的水库建设者亲切握手，热情交谈。在上坝公路上，他遇见一位白发苍苍的老太太正在搬家，便迎上去向老太太问好，并关心地问："搬家高兴吗？"老太太非常激动，连声说："高兴！高兴！"周恩来风趣地说："搬家很麻烦，您怎么高兴啊？"老太太眉开眼笑地说："今天，这里造大水电站，为了把国家建设好，也为我们子子孙孙造福，共产党又给我造了新房，又帮我搬房子，我心里怎能不高兴呢？"周恩来每到一个水库工地总要关心水库移民安置问题。他看到新安江水库移民安置工作做得很好，也高兴地笑了起来。

当天下午，周恩来参观了离大坝十多华里路的"砂石之城"的砂石料生产场地，看了采砂船、筛分机，并同那里的工人和干部进行亲切的交谈。

参观中，周恩来挥笔给新安江水电站题了词："为我国第一座自己设计和自制设备的大型水力发电站的胜利建设而欢呼！"

周恩来不仅关心新安江水电站的发电，也关心运输、灌溉、养鱼等利用问题。他认为新安江水电站没有解决好上游木材的过坝问题是个缺陷，并指示设法解决这一问题。

周恩来重视水利工程建设的质量是出了名的。在浙江水利部门流传着这样一个故事：在离杭州不远的一座水库工地上，发生了质量检查员因抵制党委书记的瞎指挥而受到打击的事情。按规定，在汽车上就初凝了的混凝土是不能使用的，但是，工地党委书记硬是要叫工人浇注利用，他嫌浪费了可惜。结果，左岸一处工程预埋的大块石大大超过了国家的规定，工程质量大幅度下降，很快崩开了口子。大块石与大块石之间的大空洞，宽得能钻进去人。青年质量检查员陈小明发现以后，拒绝在施工单上签字，第二天就被党委书记以"反对党的领导"的罪名开除团籍，下放到木工厂劳动。

一天，周恩来来到这个水库工地视察。了解到该工程的事以后，周恩来很生气，就派人找来了陈小明，与党委书记一起去查看施工现场。周恩来指着虎穴一般的空洞，尖锐地批评党委书记说："同志，这就是你的杰作吗？"书记惭愧地低下了头。

周恩来接着又亲切地拍了拍小陈的肩膀，连鼓励带关怀地说："小陈同志，你做得对，做得好！谢谢你！听说你受了处分？"

"没什么，没什么，只要书记能改，把这个大空洞堵上……"

"书记同志，你听到没有？我们新中国的青年同志多么可爱！可你却说人家'反党'，还把人家的团籍开除了。有这回事吗？"

"总理，我错了，我检讨！"

周恩来接着说："搞水利建设是千万马虎不得的，水火无情嘛，不懂并不可怕，可怕的是骄傲，狂妄，自以为是。我们在干前人没有干过的事业，一定要谦虚，谨慎，实事求是，不要因我们的失误叫子孙后代承担痛苦！"

党委书记受到教育，精神振奋起来，他语气有力地说："这个洞，我们一定补好，保证不再重犯！"

"小陈同志的团籍呢？"

"我立即给他恢复！"

周恩来笑了："这是团组织的事，还是请团委开会讨论一下。"

"对对，总理，对对！"党委书记很不好意思地说。

周恩来就这样表扬了认真负责、戒慎恐惧地对待水利建设的工作态度；毫不留情地批评了水利建设中的瞎指挥与主观蛮干的错误行为。

杭州西湖以它的湖光山色，风景绮丽而闻名中外。苏东坡曾这样描绘西湖："水光潋滟晴方好，山色空蒙雨亦奇。欲把西湖比西子，淡妆浓抹总相宜。"周恩来热爱西湖，多次陪同外宾游览西湖。他十分关心保护西湖的水质和风景。他指出西湖养鱼不能影响荷花。1973年周恩来陪同法国总统蓬皮杜游览西湖，他在与蓬皮杜总统交谈之余，目光透过舷窗，往船尾部水面眺望。隔了一会，他指着船尾部水面漂散开的一圈淡淡的油花，对浙江省负责人说："现在世界上许多著名的风景湖区都被污染了，水草枯死，鱼类绝迹，再不能游览观赏。我们的西湖不能污染，要给我们的后代，给子子孙孙留下一个风景如画的西湖，让更多的外宾，能到这湖光山色之中一饱眼福。你们要少用游艇，多用木桨划的小船，带篷的小帆船，这样既能使游者增添游兴，也可避免湖水污染。"浙江省负责人当即汇报，已经试用了电瓶船，准备逐步推广。这种船速度快，不漏油，不污染。周恩来高兴地连连点头，说："这样好！这样好！"

关心少数民族地区水利建设

早在 1950 年 6 月政务院第 37 次政务会议上讨论西北地区民族工作时，周恩来就指出："要多在少数民族地区搞水利，用雪山的流水来灌溉。"7 年后，在青岛召开的民族工作座谈会上，周恩来再次强调发展少数民族地区水利建设。他说："新疆水利不够，要大大地改善水利系统，才能够开发。"

周恩来重视少数民族地区水利建设有其深刻的思想理论基础。第一，周恩来认为"我们所接收的旧中国满目疮痍，是一个破烂摊子"。在国家建设计划中，不可能百废俱兴，要先从几件基本工作入手。兴修水利就是一件基本工作，不仅要把江淮河汉等主要河流修治好，也要做好广大少数民族地区的水利建设工作。第二，发展少数民族地区经济，是做好民族工作的重要方面。如何发展少数民族地区经济？分配上减少税收，进行财政帮助，实行对少数民族地区的贸易补贴与物资支援等政策是重要的；但更要从少数民族地区发展生产上解决问题，不仅要办一些工厂，而且要搞水利建设以发展农牧业。第三，周恩来从加强民族团结，建设社会主义现代化国家的总的战略发展目标出发，提出了少数民族地区水利建设问题。1954 年 9 月，第一届全国人民代表大会第一次会议上周恩来作《政府工作报告》，正式提出了四个现代化的经济发展战略目标。"如果我们不建设起强大的现代化的工业、现代化的农业、现代化的交通运输业和现代化的国防，我们就不能摆脱落后和贫困，我们的革命就不能达到目的。"1957 年 8 月，周恩来深刻地揭示了民族团结与四个现代化建设的内在联系。建设四个现代化的社会主义祖国是中华各民族进一步团结的基础和共同目的。"这个社会主义国家，不是哪一个民族所专有，而是我们五十多个民族所共有，是中华人民共和国全体人民所共有。"另一方面，各民族团结合作，是建设四个现代化的社会主义祖国的必要条件。"要建设这样的国家，不能单靠汉族"，"只有我们五十多个民族，大家合作起来，共同发展"，才能达到目的。"以新疆来说，那里有石油资源，有各种有色金属资源，有可以开垦的农田，适宜种植棉花，但这只是好的条件，不要忘记那里还有困难。"[1] 需要各民族合作互助，需要依靠全国的力量，去发展新疆的交通和水利，去克服困难。

　　周恩来是一个伟大的实干家。对于发展少数民族地区水利建设，他从不是说说而已，而是躬行实践。

一、给新疆各族人民找水

　　新中国成立后，周恩来一直十分关心新疆的各项建设。1965 年夏，他不辞劳累先后视察了和田、喀什、乌鲁木齐、石河子等地，了解农牧业生产、水利建设等情况。周恩来得知新疆塔里木、准噶尔和吐鲁番盆地常年干旱少雨，居住在这些地区的各族农牧民用水十分困难，就一直

---

[1] 《周恩来选集》下卷，人民出版社 1984 年版，第 260、23、132、248、252、260 页。

惦记在心上。1972 年初，他指示当时还驻扎在青海的解放军某部给水工程团，开赴新疆，克服一切困难，在 20 年之内查清新疆水文地质情况，解决严重干旱地区的农牧民饮水问题。

给水工程团的干部、战士，铭记周恩来总理的嘱托，全心全意为新疆人民服务。他们艰苦奋斗 15 年，在戈壁深处，瀚海沙漠，搭起帐篷，立起井架，一次次向无水区宣战，在天山南北干旱缺水区共打井 800 多眼。他们查清了一大批水源、水质，实地普查了 80 多个县市的水文情况，填补了我国 41 万平方公里的水文地质空白，向国家提交了 39 份具有重大经济价值的水文地质资料，解决了一些干旱缺水地区各族群众用水、饮水之难，完成了周恩来总理交给的任务，被新疆各族人民传为佳话。

二、设法解决宁夏南部山区水荒

宁夏回族自治区南部山区大都水源贫乏，有些地区水含氟量高，不宜饮用，人畜饮水普遍困难，遇到大旱往往要到二三十里以外取水，许多人甚至外出逃水荒。

周恩来总理十分关怀这一地区的人民。他曾亲自组织，多次派出国务院有关部门负责人到宁夏，特别是到固原地区进行调查研究，与当地干部、群众一起商量改变面貌的办法，协助当地工作。

1972 年，在周恩来关怀与直接过问下，中央在北京召开了宁夏固原地区工作座谈会，专门研究如何改变固原山区穷困落后的面貌，开发水利，发展生产，改善人民生活的问题。会议期间，周恩来得知固原山区人民生活遇到了很大困难时，当即指示国务院有关部门，以最快的速度给山区人民送去了棉衣、药品等急需用品，接着又派去了解放军医疗队。为了解决山区人民吃水用水的困难，周恩来很快拨给了一批汽车，解决运水问题，把党的关怀送到了固原山区人民的心坎上。

1973 年 8 月 30 日晚，周恩来到来北京出席一个会议的宁夏回族自治区代表驻地，询问固原地区的代表马金花，你们固原地区民族政策落实得怎样？固原是个干旱地区，现在打井没有？马金花一一作了回答。接着周恩来又说，要迅速把干旱山区的面貌改变过来，要充分调动广大干部和各族群众的社会主义积极性。

在周恩来过问下，国家为改善宁夏南部山区干旱缺水的状况，投资兴建同心、固海等项扬水工程，引黄河水，逐级提升，浇灌千古旱塬，解决广大回汉人民生活和生产用水。同心扬水工程已在 1978 年 5 月完工放水。到 1980 年代末，宁夏南部各项水利工程，已解决了 44 万人（其中氟中毒病已解决 7.66 万人）和 10.62 万头大牲畜、73.14 万只羊的饮水困难问题，占应解决人畜饮水数的 60% 左右。

三、指点延边的山山水水

1962 年 6 月 22 日上午 10 时到翌日深夜 11 时，周恩来视察了延边朝鲜族自治州，看望了延边各族人民。连绵起伏的长白山峦，刻下了他闪光的足迹；九曲十八弯的海兰碧波，摄下了他俭朴的身影。

周恩来一到延边，连口水也没顾得喝，就问起了延边工业、农业和文教卫生事业的发展情况。视察期间，周恩来特别强调了治山治水问题。

在视察延边农学院的路上，周恩来指点着延边的山山水水，连连夸道："延边，是个好地方啰！"

稍停，又加重语气叮嘱说："延边的森林很好，不过，你们可千万要保护好森林，这是关系到国计民生、子孙后代的大问题。森林保护不好，后代会骂我们的，那还搞什么社会主义。"

周恩来一贯认为社会主义不仅表现在生产关系方面的公有制、按劳分配、互助合作的不断发展与完善，也表现在生产力方面的持续、稳定、协调的发展与提高，社会主义不仅要保证当代人生活水平的不断改善，而且要保证子孙后代过上好日子。如果不兴修水利、不保护森林，那就是吃祖宗饭，造子孙孽，就是违背了社会主义。

看到龙井附近的帽儿山还没有绿化好，周恩来就一再举例说明，搞好造林绿化的重要性，指示要把坡坡岭岭都栽上树。

当看到一望无际的田畴时，周恩来问：

"你们这里水源充足吗？"

"很缺乏，"一位同志回答说，"我们正打算建两座水库。"

"哪两座水库？"

"安图水库和亚东水库。"

周恩来点点头说："水利是农业的命脉嘛。修水库要好好勘查，土方多少？材料多少？需要多少投资？如何搞法？都要切实算计一下，提个计划，一个一个地搞。"

13年后，党的十届二中全会上，周恩来特意找延边自治州负责同志询问："龙井附近的帽儿山绿化得怎样啦？"此时周恩来已身患绝症，但仍然惦念着延边的山山水水。

四、在西双版纳谈水土保持

1961 年 4 月 13 日至 15 日，周恩来陪同缅甸总理吴努到西双版纳傣族自治州首府允景洪，与当地人民共度泼水节。其间，周恩来接见了当地干部，视察了当地的工作，探讨了西南边疆的建设。当他了解到傣族地区过去有不施肥，不搞水利，靠天吃饭的习惯时，关切地对州县负责同志说："要多做工作，逐步改变。要提倡积肥施肥，兴修水利，改变落后面貌。"

我国有许多少数民族聚居的地方，有着丰富的森林资源和发展林业的良好条件。西双版纳就是这样一个地方，这里山川秀丽，资源丰富，号称天然的"森林公园""动物王国"。周恩来找当地干部和科学工作者认真地谈论了森林保护与水土保持的关系问题。就在他离开西双版纳的当天中午，还要童小鹏找来植物学家蔡希陶，周恩来谈到这次他到西双版纳，一路上看到许多地方都在开垦，大家干劲很大，但是有的把陡坡上的林木也砍光了，造成严重的水土流失，将来后果会不堪设想。为了说明问题，周恩来还特意列举了国内外破坏森林的历史教训。他说，印度的恒河和埃及的尼罗河流域，是古代人类文化的发源地，当时是土地肥沃，农业昌盛。但由于不合理的开发利用，破坏了森林植被，所以后来都变成了沙漠。我国甘肃敦煌一带出现的沙漠，恐怕也是这样一种结果。接着周恩来语重心长地说，西双版纳号称美丽富饶之乡，如果把森林破坏了，将来也会变成沙漠，我们共产党就成了历史的罪人，后代会责骂我们的。

接着周恩来还谈道，他前不久到一个国家去，看见人家很重视林业，山上的树木培植得很好，是国家的重要财富，每年出口很大数量的木材。周恩来说，西双版纳的森林，远看郁郁葱葱，近看却有不少弯弯曲曲的无用之材。

最后，周恩来嘱咐说，你们科学工作者一定要协助当地党委研究，如何解决好合理开垦，保护自然资源的问题，可不要做历史的罪人；如何改造无用之材，让它变为有用之材，为社会主义建设作出贡献。

五、水利造林与南海明珠

海南岛像一颗灿烂的明珠，闪烁在波涛浩瀚的南海上。黎族人民集中聚居在这个美丽的宝岛上。

1960年2月6日至10日，周恩来总理视察了海南岛。6日，看望榆林海军指战员。7日，参观兴隆华侨农场，详细询问了热带植物生长情况。9日到儋县（今儋州市），视察西联农场、华南热带作物研究院。10日在海口市向海南负责同志询问了海南经济发展状况及其打算，并作了许多具体指示，突出强调了水利造林工作对南海明珠的重要性。

当时，海南岛最大的水库——松涛水库正在修建。周恩来挥笔写下了"松涛水库"四个大字。他问松涛水库投下多少劳力？又问再建两个水库，劳动力、钢材、水泥、机器是否紧张？他认为水利工程要配套，修了水库，还要有沟渠。当海南负责同志作了回答后，周恩来指着地图上五指山区说："三个水库这里灌得到吗？"表达了对黎族聚居的山区水利的关心。一位负责同志说："五指山区，要另修一批中小型水利工程，解决那里粮食生产的用水。""能灌多少？"他对五指山区的水利发展仍有些放心不下。他指示海南水利建设要有个规划，一步一步发展，做到"三年小成，五年基本完成，八年大成。"

周恩来认为海南水利建设还需要配合以森林保护与植树造林。他说，儋县、澄迈、琼山成片的开荒，把森林挤掉了，将来台风一来就顶不住了。他忧虑琼崖有不少光山，容易造成水土流失。他说，水利、造林、水土保持都要做到三年小变，五年大变，八年全部变，到那时到处尽热带作物，到处是花园芬芳，真是南海一明珠。

周恩来的话意味深长，如果毁坏森林、水利失修、淡水流失，海南岛将不会是名副其实的南海明珠。

六、在贵州谈留水造林

1960 年 4 月，周恩来访问缅甸、印度、尼泊尔等国后，在出访任务尚未完成的间隙时间回国到贵阳作短暂休息。5 月 2 日，周恩来会见贵州各方面负责人、生产模范和兄弟民族代表，他说，贵州山川秀丽，气候宜人，资源丰富，人民勤劳，只要各族人民在中国共产党领导下，加强团结，努力工作，贵州的社会主义建设必将后来居上。

其中，周恩来提出贵州要留水造林，以保青山常在、绿水长流。他说，要蓄水，把水蓄起来不让它流走。你们小高原的水，南面流到广西，东面流到湖南，西边流到四川，你们把这些水都留下来。

留水做什么？周恩来说，把水留下来，就可以造林了，气候就要改变，旱象就减少。周恩来认为留水与造林是互为条件、相互促进的，他对当时贵州树木砍伐得多了一点深表不安。

七、关心广西水利建设

周恩来担任中华人民共和国总理27年期间，亲自过问了少数民族地区一些大的水利工程建设。广西壮族自治区郁江上的西津水库，是韦国清找水利部提出要求，经周恩来总理批准后修建的一个低水头水电站。

1957年底，西津水库施工进入高潮的时候，需要大量浇灌混凝土。由于当时全国的基建规模过大，材料供应紧张，西津水库所需的钢材、水泥，只能解决很少的一部分。在缺乏材料影响工程进度的为难之时，周恩来亲自批示解决西津水库的材料问题。

三年自然灾害和"大跃进"所造成的经济困难，迫使当时的基本建设规模不得不进行调整。西津水库也被列入准备下马的项目。1961年，周恩来在水电部和广西壮族自治区党委负责人要求续建西津水库的联合报告上，签了"同意"二字，使西津水库第一台发电机组在1964年建成发电，为西津电灌区（灌溉总面积200多万亩）的建设准备了条件，为广西工业的进一步发展准备了条件。

周恩来不仅关心西津水库，而且关心整个广西水利建设。1968年中央南宁会议期间，他询问广西干部："南宁的电力，现在有多少度？"道出了对发展广西水电的关切。1960 年，周恩来到广西，在南宁明园仔细听取了广西水利建设的汇报，对于广西水利建设，发展农业，改变经济落后面貌表示大力支持。1960 年 5 月 15 日，周恩来出国访问后回国到桂林休息，有关部门特意安排他泛舟漓江游览。他却在船上向地、市负责人详细询问了青狮潭水库建设和电力排灌情况。1964 年制订"三五"计划时，韦国清向周恩来要求，希望中央能帮助一下广西农田水利建设。一次会议上，周恩来把计委的同志和钱正英喊去，在西华厅当面交代支持韦国清的要求。水电部为此进行了具体安排。"文革"以前，广西水利、农业获得了稳步发展。

八、关心雅鲁藏布江的治理与开发

雅鲁藏布江是西藏自治区最大的河流，入印度后称布拉马普特拉河，经过孟加拉国，汇入印度洋。雅鲁藏布江以降雨和高山雪水为源，每年高温多雨的 6—9 月江水暴涨，影响交通，有时泛滥成灾。

周恩来十分关心雅鲁藏布江的治理与开发。他访问达卡时曾两次坐船目睹了下游两岸被洪水淹没的情景。1970 年 4 月，他说，雅鲁藏布江从西藏转到印度的地方有个大拐弯，河流的落差相当大，我们要先搞清上游的水文情况，为治理作准备。1970 年 9 月，周恩来提出，再过 20 年，如果世界形势好一些的话，可以建两个大坝：一个是长江上的，一个是雅鲁藏布江上的。

超越国界的事业

一、关心世界各地水源污染的防治

治水，从保护水资源，治理污染的方面看，直接关系到生态环境，关系到人类的前途与命运。这决不是一个国家的问题，而是整个国际社会的问题。城门失火，殃及池鱼。一个国家的江河污染，海洋污染，势必会损害相邻国家。一个国家的酸雨发展到一定程度也必然要影响到邻近国家。

周恩来领导治水，十分重视对水源污染的防治。他批评发达的资本主义国家在现代化过程中给河流、海洋乃至整个地球带来的污染和破坏，并指出中国在向工业化与现代化的发展中要吸取西方的教训，不走先污染后治理的道路。

1970 年代初，周恩来多次谈到美国的河湖与海洋污染问题。1970 年6 月 21 日，他向有关人员详细询问了美国、苏联、秘鲁、荷兰、挪威、英国等国家的水产产量及水产品种情况。当他得知美国水产产量由 1966 年的 250 万吨下降到 198 万吨时，问道："为什么？是不是工业污水造成的?"1970年11月5日，他会见斯诺夫妇时说，尼克松在他的竞选演说中说要解决同加拿大交界的苏必利尔湖、密歇根湖、伊利湖、休伦湖和安大略湖五个湖的污染问题。尼克松说伊利湖最糟糕，现在发现五个湖和30个州的河水都有问题。周恩来认为尼克松这方面言辞虽好，但只是出于竞选的需要。油船、运载核武器的船容易污染海水。为此，加拿大规定，从北冰洋起，北海领海一百海里不准任何污染海水的船只通过。周恩来支持加拿大的规定，并说，整个美洲都发生这个问题，这个问题同样会提到地中海沿海国家，提到亚洲国家、非洲国家的议事日程上。周恩来还谴责在海洋进行核试验、向海洋倾倒垃圾以及用电击方法捕鱼等等是为了霸权，为了赚钱而不顾一切后果的罪恶行为。

日本在1950年代末水污染事件不断发生。江户川沿岸造纸厂排出的含有机物废水，使江户川遭受严重污染，鱼类大量死亡。熊本县和新潟县有些居民发生汞中毒事件，富山县发生镉中毒事件。1960年代末，日本水污染愈演愈烈，成为社会的一大公害。位于本州岛中部大阪府和京都府附近的琵琶湖也受到污染。周恩来对中国近邻日本的水污染十分关心。1970年12月6日，他对日本来宾说，日本工业大发展的条件下，"公害"情况怎样？哪种"公害"最严重？是污水、污气还是垃圾？又问，现在炼油厂大部分在海边吧？沿海渔业是不是受到严重影响？日本来宾说，山口县和千叶县把海岸填起来修炼油厂，所以近海的鱼有臭味不能吃了。周恩来对此深表不安。1971年2月15日，他说，现在公害已成为世界的大问题，废气、废水、废渣对美国危害很大。日本最大的琵琶湖都污染了，近海已无鱼，非到外海打鱼不可。

周恩来认为发展中国家要从发达国家的水污染中吸取教训，走一条对人民生活有利、对子孙后代有利、保护地球环境的工业发展道路。

1970 年 12 月 26 日，他提出要把防治污染作为专门一项在计划会议上提出来。他说："我们可不要做超级大国，不能不顾一切，要为后代着想。对我们来说工业公害是个新问题。工业化一搞起来，这个问题就大了。农林部应该把这个问题提出来，农业又要空气，又要水，又要不污染。"如何防治污染？周恩来提出要搞净化，搞综合利用、变"三害"为"三利"。1972 年 11 月 23 日，周恩来询问海河留下的脏东西有多少？污水有没有毒？污水是怎样流走的？有关人员回答："污水从排污河直接入海。"对此，他说："东方红，污水不能绕地行。"这句话的含义是十分深刻的。首先，这是对当时空头政治、极左路线的有力批判。《东方红》歌曲的主旨是要为人民服务，而污水横流，则是毒害人民，造孽子孙。其次，这表明中国不做超级大国，不搞损人利己的强权政治。"己所不欲，勿施于人。"我们只有一个地球，污水不能随便排入公海，一定要在污水源头进行净化处理。"会当凌绝顶，一览众山小。"周恩来是站在高山之巅来看待防治污水问题的。

二、学习世界各国水利建设的长处

在经济建设上，周恩来既主张独立自主、自力更生，也主张中外合作、互通有无。即使在美国封锁我们的情况下，周恩来仍反复强调不能搞闭关锁国，而应该加强对外交流，知己知彼，取人之长，补己之短。1956 年 5 月 8 日，周恩来接见新西兰客人时说，闭关自守是会阻碍进步的，中国历史比你们的国家早得多，但因为长期闭关自守，所以进步很慢。5月22日，他接见澳大利亚客人时说，一个国家要建设工业，摆脱落后，主要依靠自己的努力，但是也不可能关着门干，不同其他国家发展经济合作。任何国家都不是没有它的长处，没有可以学习的地方的；而且相互之间都有需要帮助的地方。

周恩来领导治水，重视根源于中国水资源特点的中国治水历史的延续性，重视中外比较。他认为中国农业的不平衡比工业不平衡更突出，农业上的不平衡有地区的不平衡、季节的不平衡、作物的不平衡、气象的不平衡、水利条件的不平衡等等，并由此指出中国水利建设的艰巨性。他根据中国水资源时空分布的不平衡以及中国地理环境和中国人多地少的特点，通过中外水利建设的比较，提出要坚持和发展中国水利建设的特色。1950年代，周恩来通过中苏水利建设的比较，认为苏联只设电站部不设水利部的体制不宜实行于中国，三门峡水库建设不能仿照苏联由电力部负总责，而应依据中国国情由水利部和电力部共同负责。1960年代，周恩来通过中美水利比较，认为美国人少地多，中国人多地少，不能放弃中国堤防建设而仿照美国有些地方不修堤的办法。他说，在世界上我们每人平均耕地是最少的，这必须估计到。我们国家修堤防就是个发明，了不起，这也是逼出来的。1970年代，周恩来还谈到中国与欧洲的水灾差别，他说，中国经常闹水灾，几千年来不论东西南北差不多每年都有，新中国成立后就发生了1954年的长江大水和1963年的海河流域大水，欧洲就没有发生过这样大的水灾。周恩来还通过中国与其他国家森林覆盖率的比较，多次提出中国治水要持之以恒地做好水土保持工作。

周恩来在进行中外比较，重视中国水利建设的特色的同时，也重视中外交流，取长补短。他对美国著名水利专家萨凡奇开发三峡的主张，对苏联水利专家帮助中国进行水利建设的具体意见都给予了极大的关注。他指示水利界要重视研究与掌握国外水利科技，为国内水利建设服务。他多次陪同外宾到水利工地视察，在现场交流中外水利建设经验。

周恩来出国访问，十分留心国外水利建设的情况。1956 年 12 月，他访问印度，在尼赫鲁陪同下参观了巴克拉-南加尔水闸。他对当时这一印度最大的水利工程给予很高的评价，对记者们说："南加尔工程'使我们受益很多'"。他赞赏印度室外河道模型具有室内模型所不能比的优点，并要求水利部学习印度的经验，在室外做河道模型。1963 年 12 月中旬，周恩来访问埃及，专程去阿斯旺市，参观阿斯旺高坝。他非常重视这一具有灌溉、发电、防洪和航运等多种效益的大型水利工程，详细询问了泥沙淤积情况。他还邀请埃及高坝部长到中国参观、交流经验，建议中国派代表团到阿斯旺考察。后来，埃及高坝部长应邀率代表团访华，参观了新安江水库，交流了治理黄河经验。中国也几次派代表团去埃及阿斯旺参观。周恩来也参观过国外的一些中小型水利工程。1956 年 12 月，他访问巴基斯坦，23 日，参观海德拉巴的吴拉姆·穆罕默德水坝，他说："水利是我们两国具有共同性的问题"，"从这里的工程中我们能够学到对我们也是有益的东西"。1957 年，他访问阿富汗时，曾去喀布尔附近的苏罗比参观过一个西德人助建的水电站，曾问西德工程师如何解决该水电站的泥沙淤积问题。1970 年 12 月 8 日，他接见阿富汗新任驻华大使西迪基，又询问该水电站是否解决了泥沙淤积问题。西迪基大使回答："已解决了，办法是定期挖泥沙。"他当场指示陪见人员，要中国驻阿富汗使馆人员去该水电站参观一下，研究该水电站的泥沙问题是如何解决的，向国内作报告。

三、组织开发中国与邻国间的河流

全世界的河流若以其源委划分，可分为太平洋系、大西洋系（北冰洋因面积小，称为北极海、归并于大西洋）、印度洋系与内陆系四大类。其他国家的河流，最多只有三系，如南北美洲及亚洲北部各国无印度洋系，欧洲、非洲及亚洲西南部各国无太平洋系，大洋洲及亚洲东南部各国无大西洋系。唯独中国的河流四系皆全。太平洋系有长江、黄河、黑龙江、珠江、淮河、海河等主要河流；印度洋系有雅鲁藏布江、怒江等河流；大西洋系的额尔齐斯河，发源于中国新疆境内的阿尔泰山，流经哈萨克斯坦、俄罗斯，注入北冰洋；内陆系有塔里木河、柴达木河、疏勒河等，塔里木河则是世界上最大的内陆河。流向太平洋、印度洋、大西洋的中国河流，自古是联系中国人民与世界各国人民友好往来的纽带。黑龙江、乌苏里江、图们江、鸭绿江等是与邻国共有的国境线上的河流。额尔齐斯河、雅鲁藏布江、怒江、澜沧江、元江等是从中国流向邻国的多国河流。

周恩来领导治水，十分重视对国境线上的河流与过境河流的治理与开发，并由此发展同邻国的友好合作关系。

雅鲁藏布江从我国流经印度、孟加拉国，印度称布拉马普特拉河，孟加拉国境内有一段又称贾木纳河。周恩来访问达卡时，对当地的洪水灾害留有很深的印象。他认为布拉马普特拉河是条多泥沙的河，容易改道，应主要解决防洪问题；在河上建桥要进行地质、水文勘察，要同治河结合起来。1970 年 4 月 1 日，周恩来说，现在我们的国家还没有力量治理西藏的河流，不然，我们修个高坝，可以防止洪水，在平时可向你们供水。周恩来反对河上游国家乱放水，使河下游国家受害。1970 年 9

月 30 日，他又说，这条河流经三个国家。对不住你们，我们现在还没有力量把雅鲁藏布江控制起来。如果我们能够控制，可以共同得利。

红河是越南北方的主要河流，它的干流及两条主要支流都发源于中国境内。周恩来亲自关心帮助越南搞红河规划，并派钱正英等率专家组去越南帮助工作。越南水利部部长何继晋等为作红河规划，吸取中国水利建设经验，多次到中国进行水利工程的考察。周恩来指示水利部安排他们对中国水利工程大的、中的、小的，混凝土坝、土坝、堆石坝、水中倒土坝，成功的、失败的，都看看，以便比较。周恩来还两次接见他们，并亲自向他们介绍中国治水经验。周恩来说，治水要从上游到下游照顾全局。他针对红河流域中越国境两部分的关系指出，还有我们和你们之间的问题，这是个国际问题，看我们有没有国际主义精神，看我们云南地区的水利工作，看我们水电部的工作，是不是在上游乱放水。针对红河流域规划，他提出，我们的原则是一切以你们为主我们配合，因为红河是越南北方唯一的一条大河，对我们来说只是很小的一部分地区，对云南省来说也是一个小部分地区。他还说，我们上游如能蓄水，只要对你们有利，我们尽力搞。我们两国之间要反对民族利己主义，要提倡国际主义。

通力合作开发鸭绿江充分体现了中朝两国友好相处。周恩来为通力合作开发鸭绿江作了卓有成效的组织工作与促进工作。1950 年美国发动侵朝战争时，轰炸了 1943 年建成的水丰水电站，使其遭受很大的破坏。1955 年 2 月，周恩来两次找有关人员讨论中朝两国共同投资恢复和改建水丰水电站问题。1955 年至 1958 年中朝两国合作共同完成了修复任务。位于鸭绿江中游的云峰水电站的修建，是 1958 年 2 月周恩来访问朝鲜期间确定下来的。4 月 12 日下午，周恩来约李葆华等研究三门峡水库和亭子口水电站之后，专门讨论了云峰水电站修建问题。后来，经过中朝双方政府批准，各指派代表 6 人，组成中朝鸭绿江云峰水力发电厂建设筹备委员会，于 1968 年 8 月 28 日至 9 月 20 日在北京举行会议，通过了《中朝鸭绿江云峰水力发电厂建设筹备委员会决议》。周恩来于 9 月 16 日下午，又同刘澜波、李代耕、叶季壮、林海云研究了云峰水电站的修建问题。10 月 20 日，周恩来主持国务院第 81 次全体会议，听取了李代耕对云峰水电站修建问题的汇报，批准了《中朝鸭绿江云峰水力发电厂建设筹备委员会决议》。会上，周恩来指出，电力这个先行官非先行不可。鸭绿江的水可以多蓄一点，多修几级储些水有好处，不然到枯水期很难发电。他说，云峰水电站可由我方贷款共同建设、共同使用。云峰水电站装机容量 40 万千瓦于 1959 年 5 月开工，到 1967 年 4 月全部建成投产，在两国电力系统中发挥着重要作用。

在国内河流的治理与开发中，尚且遇到上中下游地区以及不同部门的矛盾，对多国河流与国界河流的治理与开发更不可能不遇到矛盾，问题在于如何解决矛盾。周恩来在处理与邻国之间的治水关系时，向来反对以邻为壑的行为和民族利己主义，而是主张宽容相让，与邻为善、公平合理地解决国家间的水利矛盾。1965 年 11 月 1 日，水电部将《关于中朝鸭绿江水力发电公司理、监事会四届三次会议有关问题的请示报告》送到对外经济联络委员会，报告了 1965 年朝方多用电 2 亿度、老虎哨水电站建设正常高水位问题、朝方提出将水丰水库正常水位抬高 3 米问题。这三个问题都关系到中朝双方的利益。第一个问题，在双方用电均很紧张的情况下，朝方比我方多用电，使我方使用火力发电，增加了发电成本。第二个问题，涉及淹没我方的土地问题，正常高水位定得越高，淹没将越大。第三个问题，朝方已将水丰水库正常水位抬高 0.8 米。若抬高到 3 米，在坝的上游要淹没我东北较好的土地 25000 多亩；同时还将影响坝的下游的防洪，有 10000 多亩菜地受到威胁，增加我丹东地区受灾机会。11 月 9 日，对外经济联络委员会对水电部的报告提了几点处理意见，送请刘澜波核阅后报周恩来总理。11 月 12 日，周恩来作如下批示："方毅同志：一、今年朝方多用电二亿度可不再以电力偿还，明年能让朝方多用多少亿度，请告水电部计算后相告，但亦不应以电力偿还。二、老虎哨水电站正常高水位应在这次会议中解决。三、水丰水库水位已提高 0.8 米可同意，再能提高多少，亦望告水电部计算好后报来。"这一批示，充分体现了周恩来在开发鸭绿江中对兄弟之邦的友好相助的精神。

四、热情援助亚非国家的水利建设

中国具有三千多年治水的历史，有着丰富的治水经验。周恩来不仅要求水利部认真总结中国历史上的经验，为当代中国水利建设服务，而且重视将它贡献给世界各国，为世界各国的水利建设提供借鉴，他特别重视帮助亚洲和非洲国家进行水利建设，以促进亚非国家农业和整个经济的发展。

1950 年代，我国援助蒙古人民共和国兴建了哈尔哈林水利工程，经过三年多的艰苦努力，于 1960 年建成投产，可灌溉农田 800 公顷，为苏赫巴托市的工农业生产提供了水源，并建成 520 千瓦的水电站一座。1960 年 5 月，周恩来访问蒙古人民共和国，到哈尔哈林农场，参观了中国修建并无偿赠送给蒙古的哈尔哈林水利水电工程。1960 年代末至 1970

年代初，中国在尼泊尔王国逊科西河上帮助修建了逊科西水电站。1968年5月27日，周恩来接见尼泊尔副首相比斯塔，询问了该项水利工程建成后的发电与灌溉情况。1972年11月，该项水利工程竣工，钱正英参加了竣工典礼。逊科西水电站装机容量10500千瓦，占尼泊尔首都电网总容量的1/3。周恩来1957年访问阿富汗，后来又多次接见阿富汗来宾。他多次谈到阿富汗是同中国一样文化古老的国家，认为阿富汗也同中国一样极需要进行水土保持与发展水利。1970年代初，我国帮助阿富汗在潘基希尔河上修建了帕尔旺水利工程。1972年6月下旬，斯里兰卡总理班达拉奈克夫人访华。她向周恩来提出要求中国援助斯里兰卡水利建设。周恩来亲自过问这件事，并派钱正英去斯里兰卡实地查勘。不久，中国援助斯里兰卡建设了金河水利工程，堤长24公里，干渠长24公里，电排站10座，防洪排涝面积5000公顷。

中国不仅对邻国的水利建设友好相助，而且对远道的阿尔巴尼亚和许多非洲国家的水利建设提供了援助。

中国援助阿尔巴尼亚在德林河上修建的伐乌代耶和菲尔泽两座水电站总装机容量75万千瓦，每年有大量多余的电能向南斯拉夫出口，已成为该国外汇收入的来源之一。伐乌代耶水电站修建期间，周恩来在人民大会堂福建厅接见了以佩·拉多维茨卡为首的伐乌代耶水电站代表团全体成员，询问了代表团对中国各地水利工程参观的情况，并亲自向代表团介绍了中国水利建设的经验教训。

中国援助几内亚在科库罗河上修建的金康水电站，于1964年7月开工，1966年5月竣工。1970年11月提布·通卡拉率领几内亚政府经济代表团访华，周恩来询问来宾："金康水电站怎样？"来宾回答："情况很好，对我帮助很大，可向达拉巴、比塔、马木、拉贝以及周围农村供电，即向我们四个省供电。"周恩来高兴地说："水是动力，在找到煤以前，可以搞水电，我们可以帮助你们进行勘探，可再搞两个水电站。"后来，中国又帮助几内亚在丁基索河上修建了丁基索水电站。还帮助几内亚修建了卡巴岛农田水利工程，总受益面积为 2300 公顷，包括挡潮闸二座，挡潮堤 11 公里，排水渠 12 公里。

1973 年 8 月，喀麦隆总统阿希乔访华。25 日，周恩来与阿希乔会谈，阿希乔希望中国帮助修建贝努埃河上的拉格都水坝。阿希乔说："我们需要动力，坝建起来后，对周围的农业也有好处。"周恩来很赞成地说："据调查，这个水坝既可以发电，也可以灌溉。"他还提出由我们外经部长和总统指定的部长会谈具体方案。拉格都水电站装机容量 72000 千瓦，是继坦赞铁路之后，中国在非洲援建的又一项重大工程。

1968 年 6 月，坦桑尼亚尼雷尔总统访华。周恩来向尼雷尔介绍了中国发展水利和农业的经验，他认为搞大的水利工程，修建时间长，而且还涉及大量移民问题，应谨慎从事。他询问坦桑尼亚搞小型水库有无可能？然后指出："从你们国家的条件出发，搞小型的水利要比搞大型的收效快。"后来，中国帮助坦桑尼亚在姆巴拉利河上修建了姆巴拉利农场水利工程，1973 年开工，1975 年竣工。其中灌溉工程，干渠长 21 公里，灌溉面积 3200 公顷，投产后，每公顷产大米 3750 公斤，大米产量占该国的 1/4。坦桑尼亚政府邀请了许多外国总统前往参观。

此外，周恩来任总理期间，中国还帮助突尼斯、马里、毛里塔尼亚、索马里、多哥、加纳、尼日尔、赤道几内亚、塞拉利昂、布隆迪等国修建了一批中小型水利工程。

周恩来认为水利建设，在不同国家、不同地区、不同河流，既有特殊性，又有普遍性，应处理好二者之间辩证统一的关系。他认为水利工程的决策与规划中需要综合考虑防洪、灌溉、发电、航运、养殖，需要解决上中下游与不同部门的矛盾，就是一个普遍问题。他多次同外宾谈治水，都讲到这个问题。1968年5月27日，他对尼泊尔副首相比斯塔说，对水电站的综合利用规划要搞好，不仅能发电，而且还可以灌溉、运输、防洪等。1972年12月13日，他同几内亚总理贝阿沃吉会谈时指出，修蓄水池一定要有一个规划，防洪、灌溉、发电、运输、水产，几个条件能具备最好。1970年代初，马里要求我国帮助在塞内加尔河上修建一个大坝，但它涉及马里、塞内加尔和毛里塔尼亚三国的利益。1973年6月，马里国家元首穆萨·特拉奥雷访华。周恩来对他说，这是三个国家的事情，是一项很大的工程，也是一项很复杂的工程。你们修坝大概第一是为了运输，第二是为了发电。但是，对毛里塔尼亚和塞内加尔来讲，第一是灌溉问题，第二才是运输问题。周恩来举中国国内不同地区水利纠纷的例子，说明塞内加尔河上建坝三国在运输、发电、灌溉上存在着用水矛盾，必须谨慎从事，妥善考虑。最后，周恩来说，你们三个国家可以组织一个联合委员会，跟我们的人一块去考察，看看可能性究竟多大。他估计有两种可能性：第一种是不能搞，搞了划不来，三国不能解决共同用水问题。第二种是可以搞，但是需要很长的时间，花很大的力量，可能是多少年以后的事。后来，中国帮助马里修建了"尼办"四项水利工程，包括修复尼日尔河上的马尔卡拉水闸、引水总干渠的清淤、科龙戈耕作区的渠道清淤和排水工程。

周恩来还多次向非洲国家介绍中国的井灌和"保墒"办法。1968年6月，他邀请尼雷尔参观北京附近的井灌，并说："据我知道的一部分材料，你们地下水离地面不是太深。如果用打机井的办法来灌溉，收效会更快。"1970年8月，南也门鲁巴伊主席访华，他又同鲁巴伊谈到井灌问题。他说，有了井，如何灌溉，灌溉多大地区，怎么挖深井，如何储水？这些问题都得研究考虑。有些地区是沙漠，水容易漏掉，所以还要改造土壤。1973年11月23日，周恩来会见乌斯曼·塞克部长率领的塞内加尔政府代表团。他询问塞内加尔河流量多大、河床多深、有无断流情况？还询问了冈比亚河和塞内加尔地下水及地面森林覆盖情况。他说："塞内加尔气候比我们这里热，好的一面是植物生长快，短处是水分蒸发快。要不使水分蒸发，我们中国的办法叫'保墒'"。

关心世界各地水源污染的防治，学习世界各国水利建设的长处，组织开发中国与邻国间的河流，热情援助亚非国家的水利建设，充分说明周恩来领导的治水事业是国际性的，其影响、实践范围和贡献都远远超过了国界。

水利专家的知己

周恩来一生与知识界、科学界来往甚多。特别是新中国成立后，他与各行各业的知识分子、科学家交了许多朋友。水利部门是周恩来十分重视的一个部门，许多水利专家既同周恩来有过亲密的交往，工作上也得到周恩来的深切关怀和巨大支持。

一、重视水利科学与水利教育

1949 年 11 月，周恩来接见各解放区水利联席会议部分代表时，针对水电和灌溉远远落后于可能开发的水利水电资源的状况，指出，"这是大大地荒废了自然界所赋予我们的资源。假如能够把全部水都利用起来，那将是一件多么伟大的事业，以自然科学界来说，要为人民服务，还有比这更直接的吗？"这番炽热的话语，温暖着所有水利专家的心。

1950 年 8 月，北京召开了中华全国自然科学工作者代表会议，各方面自然科学工作者和专家相聚一堂，共商振兴科学，建设国家的大计。周恩来亲自指导和参加了这次会议，并作了《建设与团结》的讲话。他在讲话中，把兴修水利看成建设国家基础性的和第一位的工作。他号召所有科学家都要像大禹治水那样为中华民族谋取福利。

周恩来年轻时未选择马克思主义之前，也曾信奉过"科学救国""实业救国"。他通过推求比较，认识到在反动统治下是不可能振兴科学发展实业的，从而为推翻反动统治一直奋斗到新中国的成立。这次会议上，他深刻指出："由于帝国主义者和国内反动统治阶级的破坏，旧中国不能进行建设，科学也很难在旧中国的土壤上生长，科学家没有办法贡献自己的能力。"周恩来特意举近代中国水利科学的先驱者李仪祉先生为例："李仪祉先生在关中兴修水利，对关中的农业尤其是棉田有很大好处，但是后来孔祥熙压低棉价，大大损害了棉农利益，使他们无法继续经营棉田，水利也因此受到影响。"

中华人民共和国的成立，"给中国的科学和科学家的发展开辟了一条无限广阔的康庄大道"。另一方面，建设国家需要各方面的科学专家，"各种建设从恢复、整顿和调查开始，已经看出现有的专家是不够的"，"愈接触各种事实，愈使我们感到这个问题的严重性"。周恩来认为不仅要人尽其才，充分发挥现有专家的作用；而且要后有来者，大力培养青年专家。"我还希望现有的科学家能培养出更多的青年科学工作者，让他们跟着你们一道前进，这样，中国的科学事业才有前途"。兴修水利，大力治水，需要大批水利专家。周恩来说："要开展这一工作，把全国的水利专家都集中起来也不够。"怎么办？周恩来提出要像李仪祉先生那样重视水利教育。李先生求学欧洲，专攻水利工程。学成归国后，向张謇先生建议设立河海工程专门学校培养水利人才。1915 年河海工程专门学校正式成立，李先生为教务长兼任教授，执教 8 年，为中国培养了第一批近代水利科学人才。但是，由于得不到当时政府支持，这所学校未能办下去。周恩来说:"国民党统治时,有一个南京河海工程专门学校,也得不到支持,因为反动派不需要做水利工作,反动政府不是为人民办事的。"[1]周恩来这番话,不仅谴责了国民党政府的腐败,也充分肯定和高度赞扬了张謇先生、李仪祉先生创办我国第一所水利高校和最早从事我国水利教育的功德。同时,也使人想到,新中国人民政府是为人民办事的,首先必须治理迫在眉睫的水患,解决人民的吃饭和生存问题。因此,大力治水,重视发挥水利专家的作用,重视举办水利教育培养水利人才,是人民政府本质上不同于反动政府的重要表现之一。

1951年1月12日,周恩来政务院在第67次政务会议上指出,现在报考工程院系的公民多,若把1950年水利工作成绩宣传出去,把1951年水利占国家预算第三位的事实宣传出去,青年们了解了水利工作前途的远大,自会有许多人去报考水利系的。

古代中国科学技术的光辉成就不仅表现在火药、指南针、造纸、印刷术等重大发明上,都江堰、大运河等水利工程亦是一个重要方面。半封建半殖民地的近代中国,水政荒废,水利教育亦无法得到发展。周恩来的讲话,强调兴办水利教育以培养水利人才,并高度评价近代中国水利科学的先驱李仪祉先生。这使全国水利专家受到了极大的鼓舞。

二、在中南海和人民大会堂

中南海是党中央和国务院办公的场所,毛泽东、周恩来等党和国家

---

[1] 《周恩来选集》下卷,人民出版社1984年版,第22—27页。

周恩来与治水

最高领导人都曾居住在那里。人民大会堂是党和国家举行重大会议和重大政治活动的地方。中南海和人民大会堂也是水利专家们常去的地方。

周恩来不仅在长江、黄河、密云水库、岳城水库、新安江水库等现场亲自向张含英、钱正英、须恺、冯寅、张光斗、汪胡桢、林一山、李镇南、魏廷琤、文伏波、王化云、赵明甫等水利专家询问治水规划、工程设计与施工进展情况，不仅亲临现场支持水利专家们的工作，帮助解决水利专家们不能解决的问题，而且还常常把他们请到中南海或人民大会堂听取他们的汇报，共同商讨治水大计。

1950年春天，苏北人民刚解放不久，就着手治理沂河。苏北地处淮、沭、沂、泗诸河下游，淮阴历来是洪涝严重的灾区，人们叫它"洪水走廊"。为了分泄洪水，在这里首先开挖了新沂河。可是，第一期工程开工后，就遇到困难，对这条新河，认识不一致，粮款又没有着落，工程没法进行下去。后来华东军政委员会派钱正英到北京找水利部请求支持。钱正英在招待所住下没几天，李葆华通知说："总理要直接听你汇报。"钱正英喜出望外，没有想到能够见总理。李葆华带钱正英进中南海，因为第一次见总理，钱正英很紧张。到了总理的办公室，原来是一间普通的平房。周恩来亲切地和李葆华、钱正英握手。他是那样平易近人、和蔼可亲，钱正英的紧张心情很快就消失了。周恩来耐心地倾听下情，询问了新沂河工程的情况。他对苏北解放不久就能办这个工程，十分高兴，并表示支持把工程搞好。钱正英汇报得非常清晰和十分有条理，给周恩来留下了很深的印象。在周恩来关怀下，开挖新沂河工作得到推进，到秋天，顺利完成了第一期工程。不久，发了一场大洪水，新沂河分泄了洪水，减轻了淮阴地区的灾害。

1950年淮河大水后，周恩来亲自主持召开治淮会议，集各有关机关负责干部与水利专家，用了 19 天的时间拟定了蓄泄兼筹的方案。汪胡桢、钱正英、肖开瀛、王祖烈等按照蓄泄兼筹的方案，制定治淮总体规划，定名为《治淮方略》。周恩来在中南海办公室内亲自审阅《治淮方略》的图文，认真听取了汪胡桢、钱正英的汇报，并肯定这个《方略》原则可行。中国大地上首次建成的钢筋混凝土连拱坝工程——佛子岭水库就是在《治淮方略》中第一次提出来的。

新中国成立之初，水利学家张光斗在中南海第一次见到周恩来。当周恩来得知张光斗在清华大学水利系工作时，热情地说："过去在国民党统治下，你根本不可能搞水电建设。现在解放了，你有机会为人民服务了，新中国要大规模地搞水电建设，希望你努力工作，为人民立功。"不久，张光斗负责黄河灌溉济卫工程的设计，作出了重大贡献。

1956 年，全国科学规划会议最后一天的下午，周恩来在中南海接见参加会议的全体代表。当周恩来和张光斗握手时，他突然问张光斗："你是不是经济负担很重？"张光斗听了问话，茫然不解地答道："我没有什么负担啊！"周恩来接着又说："你经济上如果有困难就提出来，我们帮你解决。"张光斗越发不知该怎样回答周恩来的问话，只好又一次说："我真的没有什么经济负担。"这时，张光斗身旁的几位同志纷纷做证，说张光斗经济的确不困难。周恩来听了，微笑着说："既然有人做证，看来是真不困难。"原来，在这之前，每逢周恩来接见，张光斗出于对总理的尊敬和爱戴，总是换一套毛料衣服，这次由于临时有事情，来不及更换，穿着一身布料衣服接受接见。没想到这样细小的变化，引起了周恩来的注意。

1958 年 6 月 26 日，周恩来到规划中的密云水库现场勘选坝址。张光斗、冯寅等专家将设计方案详细地向周恩来进行着汇报。当时虽然已是初夏，但由于天气转阴，大雨将临，夹在两山之间的潮河河滩上，还有几分凉意。一阵清风吹来，正在兴致勃勃汇报情况的张光斗，不觉抖了一下，周恩来立刻看在眼里。他见张光斗只穿了一件衬衫，两只袖子卷得高高的，立刻指着张光斗对随行的人员说："他有些冷，快给他加件衣服。"

周恩来对张光斗不仅体贴入微，而且尊为上宾。1959年9月1日，密云水库胜利拦洪蓄水。不久，迎来了中华人民共和国十年大庆。在雄伟壮丽的人民大会堂，在热烈隆重的十年大庆的国宴上。周恩来把张光斗请到第一桌，向张光斗敬酒。

王化云、赵明甫早在黄河堵口归故斗争中就见过周恩来。新中国成立后，王化云担任黄河水利委员会主任，几十次见到周恩来，其中许多次是在中南海、人民大会堂相见相谈。赵明甫担任黄河水利委员会副主任。1964年12月，赵明甫在中南海向毛泽东和周恩来汇报黄河泥沙与水土保持工作问题，周恩来向毛泽东介绍说："这是我们的水利专家赵明甫同志。"

"长办"的林一山、李镇南、魏廷铮、文伏波等水利专家不仅曾经跟随周恩来查勘荆江大堤与三峡坝址，而且多次在中南海、人民大会堂向周恩来汇报或讨论丹江口工程、葛洲坝工程以及其他长江水利问题。

在江峡轮上魏廷铮总工程师向周恩来汇报汉江流域规划和丹江口工程设计问题。不久，林一山、魏廷铮等又奉周恩来的指示到北戴河汇报并研究丹江口工程和三峡工程问题。1965年1月7日，是魏廷铮永远难忘的一天。这一天晚上，林一山、魏廷铮到中南海拟向周恩来汇报三峡工程研究情况。因林一山汇报完"长办"工作情况以后，已经是晚上七、八点钟了，周恩来把林一山、魏廷铮送到门口，亲切地说："本来还要听你们的汇报，时间不够了，另外再约时间吧。"林一山、魏廷琤来到总理秘书值班室时，才知道那天晚上已经安排了八位副总理分两批向总理汇报。

文伏波总工程师在从事汉江丹江口水利枢纽工程和葛洲坝工程的设计过程中，曾先后八次到中南海参加周恩来亲自主持的会议。每次会议，除了领导汇报外，周恩来还要同来的工程技术人员发表意见，而且还亲切地询问他们的姓名、年龄。一次，周恩来询问了文伏波的姓名和年龄后，很风趣地说："伏波，一听这个名字就是搞水利的；50岁不到，正是出力的时候。"在丹江口和葛洲坝工程建设中，文伏波一再坚持采取温度控制措施以减少或避免混凝土发生裂缝。但在当时"左"的指导思想影响下，有些领导人盲目追求速度，破除了温控措施，使混凝土施工中出现了严重裂缝。周恩来在会上及时支持了文伏波等专家们的意见。周恩来说："为什么不搞温度控制呢？经过实践行之有效的经验，一定要坚持，不要怕别人反对。"他还批评破除温控措施是不坚持真理，是党性问题。

三、为水利专家铺垫道路

新中国成立之初，周恩来曾说，水利工作是开路的工作。为做好水利工作，周恩来为水利专家做了许许多多铺垫道路的工作。

兴修水利工程需要财力、人力、物力，这是水利专家无法解决的。三年经济恢复时期，周恩来为治淮、兴修荆江分洪工程，兴修官厅水库，几次同陈云、薄一波、李富春商量如何解决水利经费问题。为保证密云水库白河坝基处理所需要的设备、器材与人力，周恩来请薄一波指定孙志远邀集有关部门商办。为保证黑龙港治水工程的物资供应，周恩来亲自让计委王光伟办理。在周恩来主持下，每年的水利计划总是先于其他的计划定下来，水利投资在整个国民经济中是适度超前发展的。

大江大河的治理，不仅存在着上中下游、左右岸的物质利益关系，而且存在着不同部门的矛盾。如何解决不同地区、不同部门的治水矛盾，这也是水利专家无法解决的。周恩来为协调各地区，各部门合作治水，做了许多卓有成效的工作。在治淮过程中，周恩来主持制定的蓄泄兼筹方案，合理地解决了皖北要求泄水，苏北要求蓄水的矛盾，最大限度地调动了豫皖苏团结治淮的积极性。在兴修荆江分洪工程时，周恩来提出了"要使江湖都对人民有利"的原则，妥善地解决了历史上长期存在的江湖矛盾以及由此产生的湖南湖北两省矛盾。同样，在兴修三门峡水库时，周恩来提出了"确保西安"、"确保下游"的原则；在兴修密云水库时，他提出要合理解决北京、天津和河北的合理用水问题；在兴修岳城水库时，他提出河南、河北要合理分水。在淮河、长江、黄河、海河的治理与开发中，周恩来始终注意工业、农业、林业、水利水电、水土保持、交通运输、水产养殖等的综合治理与综合利用。周恩来拟定的黄河流域规划委员会、长江流域规划委员会，在国务院负责下，不仅有流域内有关省、区、市的领导参加，而且有国家计委、国家建委、水利部、电力部、铁道部、交通部、农业部、林业部、地质部、建筑工程部、中国科学院、中央气象局等部门的领导参加，保证了对流域治理与开发的统一规划与集中领导以及条条、块块、条块之间的有效协作。

在人多地少、寸土如金的中国，如何解决发展水利与土地淹没、安置移民的矛盾？在水灾之后，一方面治水迫在眉睫，另一方面灾民需要救济，如何解决治水与救灾的矛盾？这些问题也不是水利专家所能解决的。在三门峡水库、密云水库、岳城水库、新安江水库建设过程中，周恩来亲自过问移民安置问题。他还指出要以尽可能小的土地淹没损失，取得尽可能大的水利水电效益。对治水与救灾的矛盾，周恩来提出并积极推行以工代赈的方略，将救灾工作与治水工程结合起来，既解决大量灾民的饥饿问题，也解决大规模治水所需要的民工问题。他还具体指出，在灾区实行以工代赈，而不是以赈代工，重点在治水工作。以工代赈在1950年代大规模治淮，1960年代大规模治理海河的过程中发挥了重要作用。

在水利部门内部，周恩来还十分重视协调各流域水利机构之间协作治水的关系，并支持水利部充分发挥这种协调的功能。这就使许多著名的水利专家能参加多流域的治理与多项重大水利工程的建设工作，能充分发挥自己的聪明才智。林一山既是治江的专家，也参与了治黄的决策。汪胡桢既是治淮专家，也参加了治黄和治江的工作。

修建黄河三门峡时，林一山比较清醒，提出了反对意见。开始，周恩来还认为林一山反对三门峡工程可能是为了争投资。故而对林说，先解决黄河的问题，你们长江以后会投资的。后来，周恩来弄清了林一山反对三门峡工程的理由后，鼓励林一山大胆探索，鼓励他在治黄中创新。1959年国庆节后，周恩来要林一山一同去看看黄河。林说："长江的事还忙不过来。"周恩来说："你不要只看到长江一块小的天地，黄河的泥沙问题在长江也是会遇到的，而且你还是我的顾问嘛！"1959年10月13日，周恩来第二次召开三门峡工程现场会议，林一山参加了这次现场会，增进了对解决泥沙问题的认识。三门峡水库建成蓄水后，出现了严重的泥沙淤积问题，周恩来要林一山研究治黄问题。他对林一山说："你别光关心南方，不关心北方，你要跑跑黄河。""黄河是你的家乡，应该关心黄河。"林说："我是胶东人。"周恩来说："那黄河是我们国家的摇篮，也是我们的大家乡呀！"林一山认为治黄是个农业问题，主张放淤，把黄河的水吃干喝净。周恩来曾说林一山的吃干喝净思想是浪漫主义，但又十分重视林一山放淤方略的合理内容。1964 年 12 月，林一山提出一个先用 200 亩地在黄河搞放淤稻改试验的方案。周恩来要求"长办"派技术力量参与放淤稻改工作。为此，"长办"于 1965、1966 两年分别派出工作组前往濮阳、范县、郓城、梁山，会同有关水利、农业部门，协助当地农民进行放淤稻改，使这些地方出现了百里稻香。1972 年 11 月，周恩来在连续召开了三次葛洲坝工程汇报会之后，又于 23 日开会听取河北、天津、北京汇报海河工程问题。当时河北、天津、北京旱得很厉害，周恩来在一份材料上批示："在讨论长江葛洲坝后，再谈一下海河水利工程，请林一山同志也来。"这次林一山参加的海河工程问题汇报会，是周恩来生前主持召开的最后一次讨论水利问题的会议。

四、严格的要求　真诚的批评

治水、建设，需要各方面的专家和专门知识。周恩来说："我们国家的经济正处在恢复阶段，需要人'急'，需要才'专'，这是事实。""任何一个部门工作一开展，马上就会提出专门人才，技术人才不够的问题。水利部只治一道淮河，就感到工程技术人才不够。"针对就业问题，周恩来曾指出，过去我们举办的训练班一般都是政治训练，讲猴子变人和新民主主义革命常识，今后的任何训练班，都应该有业务训练，只懂一套政治，分配到业务机关工作的确有困难。他还说："革命干部，长期参加革命斗争，尽管对战争，对革命工作很熟悉，可是一旦转到建设方面，也产生知识不够的困难，特别是缺乏新的技术管理知识，也需要再教育。"[1] 林一山总管长江，王化云总管黄河。他们虽然上过大学，是党内的知识分子，但毕竟不是学水利的。为了成为水利专家，他们勤奋学习，刻苦钻研，作出了极大的努力。周恩来经常鼓励他们，并向人介绍林一山、王化云是怎样当专家的。

周恩来经常提醒林一山、王化云，长江、黄河的问题很复杂，我们的知识有限得很，不能太自信，不能固执己见。对林一山要先上三峡工程，周恩来曾两次当面提出批评："林一山对高坝说得那么容易，我对这个问题是战战兢兢，如临深渊，如履薄冰，可不要太自信。"

对原来三门峡水利枢纽的规划思想，青年技术人员温善章曾提出过反对意见。三门峡出现泥沙淤积的问题后，专家们寻求对策，提出了打洞排沙的建议。周恩来说："底孔排沙，过去有人曾经提出过，他是刚从学校毕业不久的学生，叫什么名字呀？"有人回答："叫温善章。"周恩来接着说："要登报声明，他对了，我们错了，给他恢复名誉！"王化云主张通过上游修拦泥库来解决三门峡淤积问题，周恩来批准王化云搞拦泥库试点，但又指出："我看光靠上游建拦泥库来不及，而且拦泥库工程还要勘测试点，所以这个意见不能解决问题。"经过他的开导，王化云接受了打洞排沙的改建方案。

张光斗曾获美国哈佛大学土木工程硕士学位，学成归国，专攻水利。周恩来把张光斗这样的学者看成国家的宝贵财富，生活上关心，业务上

---

[1]《周恩来教育文选》，教育科学出版社 1984 年版，第 9、34、35 页。

信任，政治上也热情关怀。1956 年，张光斗光荣地加入了中国共产党，并且出席了全国先进生产工作者会议。会上，周恩来高兴地勉励张光斗："你现在入党了，更要加紧世界观的改造，切忌骄傲自满。"

钱正英 1930 年代末就读于上海大同大学土木工程系，1940 年代初参加革命，并在解放区做水利工作。1952 年，钱正英担任水利部副部长，时年 29 岁，是人民共和国中最年轻的女副部长之一。1968 年 6 月 19 日，周恩来向坦桑尼亚总统尼雷尔介绍钱正英时说："她原是大学生，学工程，抗日战争时期参加革命，到了解放区后逐步参加水利工作，很快当了副部长，女同志当副部长不容易，不能骄傲。"

在水利业务上，周恩来非常重视钱正英的意见。1960 年代初，有关部队出于考虑备战，建议在苏北开一运河，得到了军队首长的支持。钱正英否定在苏北违反水利开运河而受到指责时，周恩来当即支持了钱正英的意见，并向军队首长作了认真的解释。1965 年北方干旱，河北、北京、天津缺水。1966 年 1 月 28 日，周恩来听取天津王占瀛关于抗旱与生产安排的汇报。王说："如果按五亿四分水的话，加上各方面的措施，最多只能种 30 万亩水稻。""我们的意见要保 50 万亩水稻，不算去年已用的水，今年到 6 月底给 6 亿水，还得加上各方面的措施。"对此，周恩来问钱正英："密云水库还有多少水？"钱正英说："还有 15 亿。"周恩来说："拿出 12 亿，北京、天津各 6 亿。"钱正英说："密云水库的水最好不要再重新分了。要从最坏处作准备。因此，我的意见维持原来的分水方案，6 月以后再说。"周恩来赞成道："好啊！要留有余地嘛！城市和农村都要节约用水。"

钱正英既是水利部的领导又是党内的水利专家，周恩来对钱正英的要求向来是严格的，严肃的批评中，总是包含着希望。

1958 年，全国出现了大办水利的高潮。由于急于求成和瞎指挥，有些水利工程建设没有严格按照客观规律办事，水电部也不敢向中央如实反映情况。一次，一个大的水电工地发生了事故，周恩来把钱正英找去，严肃地说："你是个共产党员，应当做到又红又专，遇到这种情况，别人不敢讲话，你应当讲话。"1959 年 10 月，全国水利会议上，水电部曾设想提出在三年内基本解决水旱灾害的口号。当钱正英等拿着文件草稿向周恩来汇报时，周恩来哈哈大笑说："三年内要基本解决水旱灾害？太积极了一点。"在周恩来的批评与说服下，水电部修改了这个口号。

五、于危难中见真情

"文化大革命"开始后，钱正英、林一山、王化云都一度受到冲击。周恩来多次跟水电部军代表陈德三、张文碧谈"解放"钱正英、林一山、王化云的问题。

1968 年初，周恩来亲自向水电部的红卫兵头头解释：钱正英有错误也只是执行问题。并说，水利，"如果说最大的错误，那就是我们没有将几千年群众治水经验，正确的接受，坏的批判，同具体实践相结合，这个责任应该由我总理来负，应该受批判"。周恩来的苦口婆心，对说服红卫兵"解放"钱正英起了促进作用。

当时混乱中施工的刘家峡水电站出了事故。1968 年 2 月 3 日，周恩来嘱值班人员询问水电部军管会：如谈刘家峡水库问题，"除军代表外，部长级是否有人抓业务，能否参加国务院业务小组会？"其含意是希望懂业务的钱正英出来工作。2 月 8 日下午，周恩来在讨论刘家峡水库问题会议上，借着刘家峡事故，正式提出让钱正英出来工作。后来，别的部也以周恩来解放钱正英的讲话做工作，"解放"了一批干部。

红卫兵批判钱正英没有执行毛主席支持的"蓄（水）、小（型）、群（众办）"的治水方针。对此，周恩来说："这不是钱正英的问题"，"我们当时没有经验，都有责任"。同时，周恩来还从根本上指出，"排（到大海）、大（型）、国（家办）"与"蓄（水）、小（型）、群（众办）"，"这两句话不能绝对讲，不能只要这不要那"。周恩来的努力，不仅澄清了对治水的认识，而且保证了钱正英站出来能够顺利地开展工作。

"文革"期间，升降沉浮的变化，往往是一夜之间。领导人几个月不出面，很有可能是被打倒了。1973 年，周恩来的病情在发展，几次去玉泉山做手术，接受治疗。此间，钱正英因腿摔断，住进积水潭医院，好几个月没有出来。周恩来很敏感地对有关人员说："请查问一下钱正英的情况，怎么好几个月没有她的消息？"

几年以后，李先念、余秋里同钱正英一起回忆在"文革"动乱中周总理对钱正英的精心保护，李先念半开玩笑地说："钱正英啊钱正英，你要在总理像前天天烧烧香。"钱正英不相信九泉有知，然而，思念却是永远的，不尽的。

1967 年，想把林一山彻底打倒的造反派到北京纠缠了 50 多天，要求周恩来接见，以便控告"长办"林一山的"滔天罪行"，"汇报'长办'运动的情况"。最后造反派十分不满地给总理办公室去信说："你们对'长办'运动的情况太不了解了！"然而，周恩来是十分了解林一山的。1970 年初，林一山匆匆被解放，并被安排出席全国计划会议，就是周恩来向刘丰打电话亲自干预的结果。

在周恩来关怀与保护下，1969 年王化云被宣布"解放"，不久又重返治理黄河的领导岗位。1970年8月的一天，当时的河南省革命委员会传达国务院的通知，叫王化云去北京，说周总理要接见。同王一起被叫到北京的还有长江流域规划办公室主任林一山。周恩来先安排林、王参加中央计划工作会议。会议开始时周恩来便问："林一山、王化云同志到了没有？"林、王立即站了起来。周恩来接着问："解放了没有？"林、王回答："解放了！"周恩来听后满面笑容，高兴地带头鼓起掌来。当时，林一山和王化云心情十分激动，热泪夺眶而出。不久，周恩来去朝鲜访问归来，在国务院接见了林一山和王化云。一见面，周恩来就热情地握住他们的手说："有几年没见面了。"这话语像一股暖流涌通了他们的全身。当他们看到周恩来消瘦的面容，想起周恩来超负荷的工作量，心情十分沉重。接见从上午10时到下午2时，周恩来一直没有休息，中午和他们边吃饭边交谈，一共谈了4个小时。

1975年，周恩来的病情愈来愈严重了。当周恩来得知林一山的眼睛检查出癌，在北京治疗，还派秘书到医院探视。70多天后，林一山从北京转到上海治疗，周恩来又要同仁医院派两个医生到上海参加会诊。林一山眼病手术过程中及术后的报告，周恩来还亲自过目，并批复："手术是安全的，这就好了。"周恩来心中只有别人，唯独没有自己。周恩来在弥留之际对林一山眼病的关心，就充分体现了这种崇高的精神境界。

未尽的心愿

一、艰辛的探索

周恩来担任人民共和国总理 27 年，亲自领导水利建设，亲自指挥治水。每一时期水利工作的方针任务，每一条大江大河的治理，每一项重大水利工程的决策，都是他亲自主持审定。在"文革"前，每年制定经济发展计划时，他都要另外安排时间，听取水利工作的汇报。当时每年的水利工程规划因有个冬季施工问题，所以在全国计划下达之前，水利计划在头一年的国庆节前就要下达，水利计划都是先于其他的计划定下来。周恩来说："水利计划很复杂，要专门研究。"即使在"文革"期间，许多重大的水利水电工程，在周恩来直接主持下，仍能及时作出正确决策。由于他的领导和支持，水利工作克服各种干扰挫折，避免一些重大失误，使江河面貌和农业生产条件发生了根本改观。

27 年中，水利工作大体可分为四个时期，每一时期都有周恩来艰辛的探索和精心的筹划。

一是 1949 至 1957 年的三年经济恢复和"一五"计划时期。这是全面恢复、全面发展水利事业以及全面开展江河流域规划的时期。周恩来指出，"战争把交通破坏了，经济陷于瘫痪状态，要一手抓交通，一手抓水利"。突出了水利在经济恢复中的特殊地位和作用。1949 年 11 月，水利部提出："水利建设的基本方针，是防止水患，兴修水利，以达到大量发展生产的目的。要依照国家经济建设计划和人民的需要，根据不同的情况和人力财力及技术等条件，分别轻重缓急，有计划有步骤地恢复并发展各项水利事业。要统筹规划，相互配合，统一领导，统一水政。"政务院第 6 次政务会议讨论了水利部提出的以上水利建设的方针任务。这一时期，周恩来亲自参加制定了《政务院关于治理淮河的决定》、《政务院关于荆江分洪工程的决定》，亲自过问了治理淮河、荆江分洪、官厅水库、引黄济卫等大型水利工程。他还多次主持政务会议或国务会议讨论水利工作和水利部的报告，并以政务院或国务院的名义发布全国性的水利工作的指示与决定。这一时期的水利工作为以后的发展打下了良好的基础。

二是 1958 至 1960 年的"大跃进"时期。在水利工作中，提出了"蓄、小、群"，即以小型工程为主、蓄水为主、群众自办为主的"三主方针"，掀起了兴修水利的大规模的群众运动。有的地方，由于前一时期的基本工作打下了基础，规划布局适当，取得了相当成绩；但也留下许多后遗症，如，很多水库设计标准偏低，工程质量有缺陷，配套建设未跟上，移民安置太草率等等。有的地方，由于指导方针的片面性，造成很大的损失，搞了一些不能得益反受其害的治水工程，如，在黄淮海平原，错误推行"以蓄为主"的方针，造成严重的涝碱灾害和排水纠纷。自南宁会议、成都会议批判反冒进后，周恩来努力使自己的思想和行动跟上"大跃进"的形势。当时，他不可能对水利工作的"三主方针"提出异议，但是，这一时期，周恩来具体过问水利建设，在人民共和国的历史上，仍然留下了功不可没的一页。第一，周恩来率队查勘长江三峡，主持长江规划的研究与争论，既明确了三峡工程在长江治理开发中的战略地位，又指出了建设条件还不成熟，作出了先建设汉江丹江口水利枢纽的重大决策，避免了贸然进军三峡。第二，周恩来两次到黄河三门峡主持召开现场会议，听取各种意见，掌握各方面情况，果断地决定修改原方案，降低初期蓄水位和泄水孔底槛高程，虽未能根本改变当时治黄决策的失误，但减轻了失误的程度，并为以后的改建提供了便利。第三，周恩来决定并指挥修建了密云水库，控制了潮白河的洪水，并使其成为首都的主要水源。第四，周恩来视察了许多水利工地，解决了许多具体问题。

三是 1961 至 1966 年的调整和"三五"计划时期。这一时期纠正"大跃进"中的偏差，水利工作重新走上了健康发展的道路。在周恩来主持下，水利部门认真总结了"大跃进"中的经验教训。他还亲自过问了根治海河和三门峡改建等重大水利工程。周恩来特别强调要吸取"大跃进"期间水利工程搞得过多，结果很被动的教训。他说："钱部长负责水利，目前她手上有二百多个大坝，中型坝有一千多个，另外还有许多小坝，每当汛期她很紧张，经常电话联系，和美国五角大楼参谋长联席会议主席泰勒与国外的军事基地联系一样。"1964 年 12 月 18 日，周恩来说："一九五九年水电部修建了三百多座大型水库，这几年下马了一些，现在还有将近二百座，很大一部分工程没有完成，遗留问题很大。修水库不是一件容易的事，这几年的教训是应该深刻吸取的。"1965 年，水利电力部为纠正重修轻管，重大轻小，重骨干轻配套，重工程轻实效的"四重四轻"偏向，提出了"大寨精神，小型为主，全面配套，加强管理"的工作方针。周恩来肯定了这个方针，并在最后加上"水利工作要更好地为农业增产服务"。这个方针在 1965 年 9 月的全国水利会议上讨论通过后，深受广大干部群众的欢迎，大家简称为"大、小、全、管、好"的"三五"方针。这个方针促进了当时农业和国民经济的恢复和发展。

四是 1966 至 1976 年的"文化大革命"时期。水利事业因各级水利机构被撤销，大部人员下放，水利科技、水利教育、水利管理都遭到一定的破坏。在水利方针上，曾再次提出"蓄、小、群"的"三主方针"，为了防止再次造成混乱，周恩来做了极大的努力予以澄清。1968 年 6 月 19 日，他指出，"排、大、国"与"蓄、小、群"这两句话不能绝对讲，不能只要这不要那。在 1970 年全国计划会议讨论的第四个五年计划文件中，周恩来又将"蓄、小、群"的"三主方针"，改提为"小型为主、配套为主，社队自办为主"，并经毛泽东批准，平息了"排、大、国"与"蓄、小、群"之争。这一时期"农业学大寨"运动，对农田水利建设虽有形式主义和瞎指挥等"左"的不良影响，仍有很大的积极作用。许多地方，以建设旱涝保收、高产稳产农田为目标，将治水和改土相结合，山、水、田、林、路综合治理，改变了农业生产条件。1966 年，周恩来主持了北方八省区市的抗旱工作。以后，在周恩来主持下，国务院全面部署了华北地区打机井的工作，并以此作为扭转南粮北调的一项重大战略措施，成效显著。此间，周恩来还亲自过问长江、黄河、海河流域的防汛工作，避免了因派性武斗可能造成的重大水灾损失。1969 年，丹江口拦洪并开始发电后，继续兴建大型水电站面临着三个选择：开发长江支流清江隔河岩，装机容量 60 万至 100 万千瓦；开发三峡下游的航运梯级葛洲坝，装机容量 200 万千瓦以上；开发三峡，装机容量 1000 万千瓦以上。周恩来支持先建葛洲坝的战略决策。葛洲坝工程在边勘测、边设计、边施工中出现问题后，周恩来又果断决定停工整顿、修改设计。先建葛洲坝和葛洲坝建设成功，又一次避免了贸然进军三峡可能招致的危险；同时，为三峡建设开辟了前进的道路。

周恩来任总理期间对水利建设的艰辛探索与精心筹划，不仅改变了当时的农业生产条件，而且对以后的农业和整个国民经济的发展产生了深远的影响。1970 年代后期至 1980 年代是我国经济建设取得重大发展的新时期。农村家庭联产承包责任制的普遍推行，对农业生产和整个国民经济的发展起了重要的促进作用。人们不会忽略，新中国成立以来农田水利基本建设所取得的辉煌成就，是家庭联产承包责任制出现奇迹的一个极重要的物质基础。今天，当人们谈起水利不仅是农业的命脉，也是整个国民经济的命脉，谈起水利是基础产业时，总不禁想起周恩来对水利的高度重视和亲自负责，崇敬之情油然而生。

二、未尽的心愿

1950 年毛泽东提出要根治淮河。1952 年毛泽东提出"要把黄河的事情办好"。1956 年毛泽东针对长江的治理与开发，写下了"高峡出平湖"的宏伟诗篇。1963 年毛泽东针对海河大水，提出"一定要根治海河"。对于毛泽东在治水方面提出的远大理想和战略目标，周恩来总是努力为之奋斗。在周恩来亲自过问下，新中国成立以来，长江、黄河、淮河、海河等大江大河通过治理发生了重大变化。但要彻底实现根治，任重道远，仍然需要一代又一代人的努力。

1964年12月13日，毛泽东修改周恩来在三届全国人大一次会议上的《政府工作报告》草稿时写道："人类的历史，就是一个不断地从必然王国向自由王国发展的历史。这个历史永远不会完结。在有阶级存在的社会内，阶级斗争不会完结。在无阶级存在的社会内，新与旧、正确与错误之间的斗争永远不会完结。在生产斗争和科学实验范围内，人类总是不断发展的，自然界也总是不断发展的，永远不会停止在一个水平上。"[1] 同年12月18日，周恩来结合治理黄河阐述了同样的思想。他说："自然界中未被认识的事物多过人们已经认识了的。即使有那么多有关黄河的历史资料，当时也许看着比较好，现在再看就不够了，因为情况变了，沧海桑田，要变嘛！即使古书都查了，水文资料积累更多了，也还不能说我们对治理黄河的经验已经够了。"[2]

1970年9月30日，巴基斯坦驻华大使凯瑟问周恩来："黄河系统的工程是否都完成了？"周恩来回答道："黄河问题已有三千多年了，我们这一辈子肯定搞不完。"

黄河的治理难点是水少沙多，水沙异源，下游河道的淤积如果不能控制，其行洪能力和寿命始终是中国的忧患。这也一直是周恩来任总理期间心中的一个忧患，他一直不知疲倦地探索着黄河治理难点的解决途径，并分别支持"拦泥派"和"放淤派"分头作规划、搞试验。针对黄河三门峡出现的严重淤积问题，他曾说，搞得不好，见马克思不好交代。1966年，他又说，我当总理16年，黄河问题交不了账。在周恩来亲自负责下，1968年完成了黄河三门峡第一期改建工程，1969年确定了第二

---

[1] 《毛泽东文集》第8卷，人民出版社1999年版，第325页。

[2] 《周恩来选集》下卷，人民出版社1984年版，第434页。

　　　　　　　　　　　　　　　　　　　　周恩来与治水

期改建方案。1973年胜利完成了改建工程，基本解决了泥沙淤积，并开始发电。当改建工程完成后，周恩来已患重病。他未能再一次亲临黄河，看一看改建后的三门峡水库。他未能亲自作出判断：三门峡水库的淤积问题是否真的解决了？他也未能实现从河口沿河而上直到源头，调查泥沙淤积情况，寻求根治方案的心愿。

长江治理的难段在荆江。长江上游洪水通过荆江下泄，上荆江沙市河段的安全泄量，包括松滋口、太平口的分流量，约为每秒61000立方米，而上游宜昌站近百年来实测洪峰流量超过每秒60000立方米的即有22次。据调查，1870年宜昌站洪峰流量甚至高达每秒105000立方米。下荆江石首河段，包括藕池口的分流量，则仅可安全通过约每秒50000立方米。1952年，在周恩来过问下，修建了荆江分洪工程。1954年长江大水，枝城站洪峰流量高达每秒71900立方米，大大超过沙市河段所能安全通过的流量。经荆江分洪工程三次开闸分洪，确保了荆江大堤的安全，减少了洪灾损失。但同时表明，有了荆江分洪工程，荆江上游洪水来量大于河床安全泄量的主要矛盾依然存在。基于此，毛泽东提出了"高峡出平湖"的战略目标。毛泽东、周恩来都把三峡工程看成长江流域规划的主体工程。周恩来为探求长江治本之策，于1958年2月至3月亲自率队考察了荆江与三峡。由于当时经济、技术等条件尚未具备，三峡工程未能上马。然而，周恩来领导制定了修建长江第一坝——葛洲坝工程为三峡工程作实战准备的重大决策。当葛洲坝工程违反基建程序，贸然开工，带来问题后，周恩来多次抱病主持会议，研究解决问题的对策。周恩来在有生之年的最后岁月里，为葛洲坝工程所做的巨大努力和所付出的大量心血是世人皆知的。但是，周恩来未能看到1981年1月大江截流成功，未能看到葛洲坝工程的胜利建成，三峡大坝更是他未尽的心愿。

历史上北方缺水，北方农业渐渐落后于南方，不得不通过大运河，南粮北调。由于降雨量在时间和空间上的集中，海河流域又常常闹水灾。周恩来领导治理海河，提出治涝与防旱并重，鲧禹结合。1963年海河大水，周恩来亲自负责治涝工作。1965年海河流域大旱。此后，周恩来亲自部署与领导了华北打井抗旱与扭转南粮北调的工作。"文革"期间，在周恩来负责与支持下，华北打井抗旱仍然得到了坚持与发展，并获得了可喜的成就。但是，尽管尽量拦蓄地表径流和开采地下水，仍未能够根本改变北方缺水的局面。1972年5月，天津缺水情况告急，周恩来请国务院有关副总理与水电部、北京、天津、河北负责同志商量，"看有无更好办法解决天津缺水问题"。1972年11月23日，周恩来抱病主持海河工程汇报会。他忧心忡忡地说："白洋淀是真干了，不是完全放走了。那样旱。"又说："天津工业不能再发展了，水有限了。"如何根本解决北方缺水问题，毛泽东、周恩来曾设想过南水北调，由于当时的条件未能实现。引长江水过淮河、跨黄河、到海河，以解决北方缺水问题，这也是周恩来未尽的心愿。

我国水能资源理论蕴藏量6.76亿千瓦，其中可能开发部分为3.78亿千瓦。可是，1949年，我国水电装机容量仅36万千瓦。1949年11月，周总理针对当时我国水电装机容量与可能开发的水能资源相差太远的现实，十分感慨地说："这是大大地荒废了自然界所赋予我们的资源。"在周恩来亲自负责下，我国水利水电事业发展很快，到1975年水电装机容量达1342.8万千瓦。但是，与可能开发的水能资源仍然相差很远。到1988年底，水电装机容量达3269万千瓦，发展是很快的。但是，开发程度8.6%，与开发程度40%的美国、19%的苏联、95%的法国比，差距亦很大。"长江滚滚向东流，流的都是煤和油"，对于周恩来要求根本改变"荒废了自然界所赋予我们的资源"的心愿来说，仍然是未尽的。

1950年代初期，我国水土流失面积150万平方公里。经过努力，1/3的水土流失区得到治理。但是，由于急功近利的开矿采石、乱砍滥伐、毁林开荒，又造成了新的水土流失。周恩来生前非常重视水土保持工作。他说："在水利工作方面，除搞一般水利工程外，还需要注意到植林。我们的祖先把山上的树木砍伐太多，以致形成严重的水土流失。现在要注意植林，以做好水土保持工作。"他到延边、西双版纳、海南岛都一再呼吁要保护好森林。他说，毁坏森林、水土流失就要成为历史的罪人。他针对"南方本来有林，现在一些地方也有水土流失的现象"，号召南方更要做好造林、护林、用林工作。他要求以愚公移山的精神治理好黄河流域28万平方公里水土流失区，希望西北地区能像江南一样青山绿水。

1970年代初期，我国工业废水和生活污水的日排放量约为4000万吨。周恩来很快觉察到这些废水、污水直接排入江河湖海或作农田灌溉所造成的水体污染和农作物污染。他指出工业城市要研究废水处理问题，毒害人民的一定要研究。又说："污水灌溉也不行，头两年还可以，后几年就不行了。"他要求上海化工厂对废水、废气、废渣要综合利用，统统回收，并郑重提出搞工业不能给人民生活带来不利。同时，周恩来还密切注视着美国、日本的工业发展所引起的江河湖海的污染问题，要求我国在工业发展中尽早注意这一问题。防治水源污染的工作刻不容缓。

治水不是一代人的事情，不可能一劳永逸。治水是世世代代的事业，需要前赴后继。1966年8月28日，水利电力部党组向周恩来汇报全国水利会议情况，周恩来特别强调指出："我们的雄心壮志、伟大理想要世世代代传下去……水利上犯了错误，也要一代一代传下去，使他们接受经验，才会少犯错误。把理想变成现实，得几代到几十代。"

水利是中华民族生存和发展的命脉，中国的繁荣富强需要水利。只要我们一代一代地努力下去，周恩来治水的未尽心愿一定能够实现。

周恩来治水思想

一、百废待举　治水为先

1840 年鸦片战争后，中国开始沦为半殖民地半封建社会，西方列强垄断了中国海关大权，控制了中国财政，却荒废了中国的水政。河流失修，水患频繁是旧中国的一个突出现象。周恩来曾气愤地指出，治水最差是清朝末年帝国主义侵入中国以后，中国沦为半殖民地半封建社会，政治腐败，治水工作废弃很厉害。尤其严重的是国民党统治的 20 多年，治水搞贪污，闹地方主义。

1949 年 10 月 1 日，鲜艳的五星红旗在天安门广场冉冉升起。从此，中华民族的历史揭开了新的一页。但是，"我们所接收的旧中国满目疮痍，是一个破烂摊子。要在这个破烂摊子上进行建设，首先必须医治好战争的创伤，恢复被破坏了的工业和农业。我们决不能随随便便地在破烂摊子上建设高楼大厦，那是不稳固的，必须先打好基础才行"。在国家建设计划中，"不可能百废俱兴，要先从几件基本工作入手"。周恩来把兴修水利放在第一位，"我们今天必须用大力来治水"。[1]三年经济恢复时期，周恩来反复强调，恢复经济要从兴修水利和兴修铁路做起。

在百废待举的情形下，为什么要治水为先？第一，周恩来认为兴修水利对配合土地改革有着重要意义。土改就是要使农民从旧的生产关系桎梏中解放出来，其直接目的是要发展农业生产。周恩来在第57次政务会议上讨论治淮报告时说，水灾是非治不可，如果土地不涝就旱，那就土改了也没有用。第二，国以民为本，民以食为天。水利是农业的命脉，直接关系着全国人民的温饱问题。如果旱则赤地千里，涝则汪洋一片，必将给人民生命财产造成极大损失。中国历史上，治水往往成为能否安邦定国的重大课题。第三，发展农业，一是扩大耕地面积，一是提高土地生产率。水利是影响土地生产率的重要因素。1951年7月27日，周恩来说，扩大耕地面积为长期事情，增加单位面积产量来得快，其中水利很重要。水利工作是密切关系着单位面积增产的。对水利部门特别注意，是因它起着带头作用，并非偏爱。第四，兴修水利，不仅对恢复和发展农业是个基本工作，而且对恢复和发展工业、交通乃至整个国民经济也是个基本工作。基本不固就会影响全局。早在1949年11月周恩来接见解放区水利联席会议部分代表时就指出，水利部的工作和各方面都有关系，必须搞好，否则全盘的计划都会受影响。

在治水为先的思想指导下，周恩来亲自过问和参加治水工作，优先解决治水所需要的人力、物力、财力。1950年9月22日，他写信给陈云、薄一波、李富春并转告傅作义、李葆华、张含英，强调"治淮工程不宜延搁。故凡紧急工程依照计划需提前拨款者，亦望水利部呈报中财委核发；凡需经政务院令各部门各地方调拨人员物资者，望水利部迅即

[1] 《周恩来选集》下卷，人民出版社1984年版，第23—24页。

周恩来与治水

代拟文电交院核发"。[1]1952年周恩来对荆江分洪工程所需的人财物亦采取优先供应的办法。3月7日，周恩来给邓子恢的信中说："在抢修荆江分洪工程南岸蓄洪区河堤时，'除中南可自行解决者外，尚缺何项物资须由中央调拨，望即作出详细计划，径电中财委请拨。'如人力及其他尚有困难，亦请电告。"[2]由于治水所需，得到优先保证，长江上修建的第一个大型分洪工程——荆江分洪工程仅用75天时间就胜利竣工。

二、分清缓急　标本兼治

虽然把治水作为基本工作，放在优先的位置上，但新中国成立初期战争尚未结束，国家正在草创，河流失修是普遍现象。如果对一切河流全面铺开进行治理，如果毕其功于一役，急于根治，仍为人力、物力、财力所不允许。对此，周恩来的思想是分清缓急，标本兼治。

在分清缓急的思想指导下，决定先治理淮河和兴修官厅水库。为什么要最先治理淮河？第一，淮河水患严重，亟待救治。1950年11月8日，周恩来说，有人说为什么不治长江、黄河、汉水？原因是淮灾最急，而要治黄也不是那么容易，要有更大的计划，不是一年内勘测得清楚的。其次，淮河流域是盛产粮麦之地。这里的人民在战争期间，响应党的号召，上去那么多人，流了那么多血，出了那么多的烈士，我们应该支援他们。在北方首先修建官厅水库，主要是为了治理威胁首都安全的永定

---

[1] 《周恩来书信选集》，中央文献出版社1988年版，第435页。

[2] 《周恩来年谱（1949—1976）》上卷，中央文献出版社2020年版，第216—217页。

河。周恩来说："华北的永定河，实际上是'无定'的。清朝的皇帝封它为'永定'，它还是时常泛滥。不去治它，只是封它，有什么用?"[1]立国之初的治水，由于分清了缓急，才在财政极端困难的条件下，顺利解决了最急迫的淮河水患和永定河水患。"大跃进"期间，不分轻重缓急，到处大办水利，严重超过人力、物力、财力所能承受的限度，教训极为深刻。1961年7月4日，周恩来指出，治水虽是好事，一下子做多了是被动的。1959年到1960年度就是搞多了，结果到现在全部完成的还很少。

在经济建设上，周恩来历来重视把理想和现实、战略和战术、目标和步骤结合起来，积极稳妥，循序渐进。这体现在治水上的原则就是标本兼治。周恩来反对只治标而不治本的狭隘做法，"我们不能只求治标，一定要治本，要把几条主要河流，如淮河、汉水、黄河、长江等修治好"。周恩来也反对不讲治标只图治本的急躁行为。1950年11月8日，周恩来说，淮河应该根治。但治本的计划又不能一下便全部弄出来，不能等到明年才动工，必须今年就开始动工。因此要标本兼施，治标又治本。周恩来还具体指出，1951年先在不妨碍治本的方向中来治淮，主要的还是治标。他又说："淮河不可能明年便全面开工，人才、器材、勘测等准备工作都不够，要买某些器材，也不是一下就能买到手。例如苏北明年有五种工程要动手做，又要开入海水道，人力便感不足。人才、技术、器材都不是一天两天能够解决的。因此明年只能做一部分，分期完成。但是，我们要加紧进行，应该设想到明年还要受灾。治淮的过程是由有灾到少灾，由少灾到无灾，一步一步来。"[2]后来对黄河、长江的治理，周恩来也强调标本兼治。1958年4月24日，周恩来说，讲起1954年长江洪水，

---

[1]《周恩来选集》下卷，人民出版社1984年版，第24页。

[2]《周恩来经济文选》，中央文献出版社1993年版，第80页。

周恩来与治水

大家总是有点谈虎色变，总是希望快一点进行长江的根治。有了荆江分洪之后，洪水威胁仍然存在。搞三峡，那是比较远了，那么就搞丹江口。

周恩来善于把毛泽东的意图具体化。标本兼治就是对毛泽东根治淮河战略意图的具体化。合抱之木生于毫末，九层之台起于累土，千里之行始于足下。根治水患需要通过一个一个的具体步骤，需要一部分一部分地解决。企图一步登天，一夜之间就达到根治是不现实的，其结果只能是贪多嚼不烂，欲速则不达。但如果孤立地对待治水的每一个具体步骤、每一个局部，就会脱离根治的大方向。周恩来通过标本兼治的命题，深刻地揭示了本存在于标之中、标不能脱离本的标本之间的辩证关系，指出了如何根治水患的具体途径。

三、蓄泄兼筹　瞻前顾后

中国治水自古就有蓄泄之争。相传鲧用堵塞的办法治理洪水，没有成效，受到了惩罚；鲧的儿子禹改用疏导的办法，将水送入大海，获得了成功。1950 年淮河大水之后，毛泽东作出了根治淮河的指示，周恩来具体过问治淮之事。在周恩来主持的治淮会议上，也发生了蓄泄之争。周恩来运用唯物辩证法和现代科学技术的观点，提出了蓄泄兼筹的治水原则。

大地接受的降雨量是不均衡的，河流输送的径流量也是不均衡的。这在全世界都如此。在我国，由于受季风的影响，水资源在时间和空间分布的不均衡更加显著。干旱时滴水贵如油，水涝时良田成汪洋。单纯地蓄水或单纯地泄水，都是片面的，都不能全面达到除害兴利的要求。

1950 年 11 月 8 日，周恩来说，淮河是一下大水，一下干旱。水量不多，但山洪很多，到平原水的流动又慢，因此调节水量很重要。在蓄泄兼筹的原则下，周恩来还具体指出，上游蓄水，中游蓄泄并重，下游以泄水为主。"大跃进"期间，淮河流域个别地方领导怀疑蓄泄兼筹的原则，片面强调蓄水灌溉，不注意排水，甚至层层堵水，造成了淮河流域严重的涝碱灾害和地区间的水利纠纷。1962 年七千人大会之后，周恩来严厉批评了只蓄不排的错误做法。他说，我问过医生，一个人几天不吃饭可以，但如果一天不排尿，就会中毒。土地也是这样，怎能只蓄不排呢？

蓄泄兼筹是针对治淮提出来的，也同样适用于其他河流的治理。1951 年 1 月 12 日，周恩来在比较我国古今的治水理论时指出："宣传中国水少了，就是个新理论和新常识的问题。中国水少了，并不是自然水少了，而是可用之水少了，无力蓄水以致用，只能泄水少生灾。"[1]1972 年 11 月，周恩来针对治理海河工程提出要鲧禹结合，光鲧不对，光当禹也不行，只强调留不对，不留也不行，走和留不能只强调一面。周恩来还认为蓄泄兼筹要因地制宜。1960 年 5 月，周恩来视察贵州。针对贵州省的地理条件，周恩来主张以蓄水为主。他说，要蓄水，把水蓄起来，不让它流走。你们小高原的水，南面流到广西，东面流到湖南，西边流到四川。你们把这些水留下来，可以造林，气候就会改变，旱灾就会减少。

在治水活动中，存在着搞大工程和一般农田水利建设的矛盾。大工程搞多了，就会在人力、财力、物力上影响一般农田水利建设的安排，还会直接影响农业生产，影响人民的当前利益。如果忽视大工程的建设，则会影响农业生产乃至整个国民经济发展的后劲，从而会影响人民的长远利益。如何解决这一矛盾？周恩来的思想是瞻前顾后。

---

[1] 《周恩来经济文选》，中央文献出版社 1993 年版，第 86—87 页。

1953 年 8 月 20 日，周恩来在政务院第 180 次政务会议上，肯定了3 年来根治淮河、荆江分洪、修官厅水库、引黄济卫等方面有很大成绩。同时指出，政务会议经常讨论大工程，着重搞大工程，而对一般的农田水利工程注意得不够。周恩来说，在一定时期内，几万万人的眼前利益还是农田水利，搞大工程时间很长，长远的利益应与眼前的利益相结合。有时眼前顾得多了就影响长远；有时顾了长远就与现实脱节。他还说，大工程要搞，但不能冒进、贪多。现在要建设，就要按比例发展。第一个五年计划内还是多搞小的农田水利工程。工业还未大发展，基础以上的东西不宜多搞。周恩来这种瞻前顾后、把眼前利益和长远利益结合起来的思想，不仅对指导治水，而且对指导整个经济建设都有着重要意义。

四、综合利用　除害兴利

治水要协调不同部门、不同方面之间的关系，既要注意综合的经济效益，也要注意整体的社会效益和长远的生态效益；要有主有从，不能抓住一点不及其余。对此，周恩来的思想是综合利用。

早在 1950 年确定治淮原则时，周恩来就精辟地指出，治淮既要重视泄洪入海，也要有利于灌溉农田，还要注意配合发电，配合航运。这实际上是指出了治淮要协调农业、工业和交通运输业之间的关系，要发挥治淮系统工程的作用。对于治黄，周恩来既注意利用含泥沙的黄河水灌溉土地以解决干旱和提高土地肥力，也注意预防泥沙淤积引起洪灾问题。周恩来认为治黄也有灌溉、发电、航运等综合利用的问题，但防洪应放在第一位，不能跟前三者等量齐观。对于长江、汉水的治理，周恩来多次指出要把远景与近期的开发、干流与支流的关系、大中小型工程联系起来考虑，力争做到防洪、发电、灌溉、航运、养殖五利俱全。他认为水利工程要注意鱼道，要注意便利运输。他指出新安江工程木材不能过坝是个缺陷。

综合利用，并不是一件容易的事。各个部门从各自的角度出发容易陷入片面性。1961 年 7 月 4 日，周恩来说，计算水利资源，专业部门只算他们需要的那部分，不是综合计算，发电的只算发电，把所有的水都算来发电；讲灌溉的，只算灌溉，按最好的情况算灌溉多少公顷地；防洪就算洪水多大；搞运输的想将河道搞得越深越宽、来往的船只越多越好。还有计算水土保持的，他就算种多少树就可以绿化保持水土多少，实际上这些问题要结合起来研究才行。有多少水可用？丰水年、平水年、枯水年的情况各如何？要改变现状对地下水的影响如何？蒸发多少？渗漏多少？都是复杂的学问，要综合起来计算。周恩来这段精彩的论述，既指出了各个部门在用水上的矛盾，也强调了从全局出发、综合计算、综合利用的重要性。

治水既要处理好一利与多利的关系，综合利用；也要处理好利与害的关系，把除害和兴利结合起来。1951 年 1 月 12 日，周恩来说："增加水利时，同时要减少水害，只有这样，才能逐步达到用水目的。"[1] 未知水之害者，不能尽知水之利。水害可以转化为水利，水利也可能转化为水害。对一个地方一个方面从害变利，对另一地方另一方面也可能从利变害。周恩来认为除害兴利需要全面比较、综合研究，以便做到趋利避害，两害相较取其轻，两利相权取其重，避免做出不能得益反受其害的蠢事。一个大的水库工程的兴建，首先要侵占土地，迁移居民，然后才能发挥

---

[1]《周恩来经济文选》，中央文献出版社 1993 年版，第 87 页。

周恩来与治水

它的效益。周恩来说，有时候坝未修起来，灌溉等作用还未发挥，已淹没了很多土地，群众有意见。另一方面，围湖造田，蓄洪垦殖，虽然增加耕地，增加生产，但会影响水产和水利。周恩来说，围垸，别处会淹没更多，不然这样大的洪水又往何处去挤？洪水泛滥为害，缺水干旱亦为害。不能为治洪水之害而忽视兴灌溉之利。周恩来指出，除涝不忘抗旱，防涝亦防旱。

1970 年代初，随着人口的过度增长和工业的发展，水资源短缺与河流污染问题渐渐暴露出来。这时，周恩来综合利用，除害兴利的治水思想中，强调了治理三废、保护水源水质问题。1970 年 11 月 21 日，周恩来说，上海炼油厂的废油、废渣、废水怎么办？统统回收，综合利用才好。不然，倒进黄浦江里把鱼都弄死了，这是一个新课题。他还针对工业"三废"，意味深长地说，搞工业不能给人民生活带来不利。1972 年初，在国务院召开的全国工业会议上，周恩来指示，为确保茅台酒的质量，维护国家民族的荣誉，茅台河上游数十公里不准建化工厂，不准污染茅台河水。今天水资源短缺、河流污染、生态失衡，威胁着当代和子孙后代的生存。让我们奉劝那些浪费水资源、污染河流，破坏生态的人们，请听听周恩来在 1970 年代初期的声音，不要再做竭泽而渔、贻患子孙的蠢事。

五、分工合作　同福同难

治水不仅要协调不同部门之间的关系，而且要协调不同地区之间的关系。周恩来以国民党时期治淮由江浙人管事，只管下游，不管中上游，闹地方主义为戒，反复强调水利工作不能明哲保身，更不能以邻为壑，要反对地方主义。他在过问治淮、治江、治黄时，都论述了上中下游分工合作，有福同享，有难同当，顾全大局的思想。

1950年治淮时，周恩来提出上中下游的利益都要照顾到。他说："今后治淮工作，以华东为主，中南为副，集三省之力一块来搞，上下游共同分工合作。在工作进行时，水利部应经常驻人在当地具体领导、监督。"周恩来特别重视具体解决皖北和苏北的水利纠纷。他说："站在苏北的立场，当然要维护苏北的利益，想保存归海坝以东几千万亩的土地，当地人民也不愿意大水在自己的附近过去。但是，我们不能只叫皖北水淹而苏北不淹。三河活动坝如果挡不住水，下游就不可能不淹。这叫做有福同享，有难同当，不能只保一省的安全。""事情总是应该大家分担才能解决，哪一方面想单独保持安全都不行。"

1951年初，周恩来在政务院第67次政务会议上讨论1950年水利工作总结时说：治水"要各方面配合。比如治淮，就要上、中、下游配合，要豫、皖、苏三省配合。治理长江，就要十四省配合。工作中，失去了步骤，失去了联系和配合，是不易做好的"。[1]1952年兴建荆江分洪工程，湖北是乐于接受的，但湖南则存在着顾虑。为了消除湖南的顾虑，保证荆江防洪的大局，周恩来深入细致地做了许多协调工作。他说，荆江分洪工程不能完成，如遇洪水，进行无准备的分洪，必致危及洞庭沿湖居民；如肯定不分洪，则在荆江大堤濒于溃决的威胁下，仍存在着不得已而被迫分洪的可能和危险。因此，荆江分洪工程必须尽快完成。在周恩来具体指导下，从全局出发，两湖紧密配合，保证了荆江分洪工程的顺利完成，使其在战胜1954年长江特大洪水中发挥了重要作用。

---

[1] 《周恩来经济文选》，中央文献出版社1993年版，第79—80、87页。

周恩来与治水

黄河三门峡水库因设计不合理，泥沙淤积严重，必须改建。可是下游有关省的领导从局部利益出发反对改建。周恩来耐心地说："反对改建的同志为什么只看到下游河道发生冲刷的好现象而不看中游发生了的坏现象呢？如果影响西安工业基地，损失就绝不是几千万元的事。对西安和库区同志的担心又怎样回答呢？""希望多从全局想一想。"他还说："如果三门峡水库淤满了，来了洪水，淹了上游，洪水还要下来，如果再遇上伊、洛、沁河洪水，能不能保证下游不决口？即使不决口也有危险。"[1]在周恩来说服下，终于通过了改建方案。

北方缺水，争水纠纷时有发生。为此，周恩来亲自找有关省市开会，努力协调解决用水问题。

水利纠纷不仅存在于干流的省与省之间，有些支流，县与县、区与区、社与社之间也有上下游放水争水问题。甚至有的地方民兵为争水竟相互打起来。民兵本是对敌人的，现在反而来对付自己人了。对此，周恩来说，上中下游应该统一规划，照顾全局。如果淹一块地方能使全局增产，就可考虑牺牲局部迁移居民，当然要安排好移民的生产、生活。治水要照顾全局，要有共产主义风格，有时要牺牲自己救别人。要从上游到下游进行教育，基层干部都要有这个认识。干部应该教育农民，否则上面同意，下面争执就不好了。

周恩来在治水活动中的卓越的领导艺术及其所体现的分工合作、同福同难的治水思想，不仅对调动上中下游、不同地区的治水积极性起了重要作用，而且保证了上中下游、不同地区之间许多复杂而尖锐的水利纠纷的妥善解决。

---

[1] 《周恩来经济文选》，中央文献出版社1993年版，第437、436页。

六、依靠群众　尊重专家

治水不仅要协调不同部门、不同地区之间的关系，而且要协调人民群众和水利专家之间的关系；既要依靠广大人民群众，又要发挥水利专家的作用。

新中国刚刚成立，周恩来就指出，水利工作要依靠群众，要自力更生。1951 年 7 月 27 日，周恩来说，在水利工作上，除国家修的几条干渠外，还要求地方政府与农民自己去修渠、坝、塘、堰。水利工作要想做好，一方面政府要提倡，另一方面还要依靠广大农民去做。他还说，在科学限度内，再加上人民的积极性，才能把工作做得更好。周恩来曾经算了一笔账，国家办水利，一方土最少要花六角钱，农民自己搞只要三角钱就够了。他说，治水，群众力量是一个基本问题。

人民群众是有治水热情的，但只有尊重专家，运用科学技术，按客观规律办事，才能保护和充分发挥这种热情。1950 年，周恩来在第 33 次政务会上指出，苏北搞 300 多里的堤圩，必须有专家去指导才行，光有热情不懂技术，拼命做不是办法。人民的热情纵然可嘉，但做错了也会劳民伤财。新中国成立之初，他多次指出，不勘测，不设计，不了解地质情况就在冀中修运河，结果遇到流沙，前功尽弃。他主张以此为戒，在治水乃至整个经济建设中都要把主观热情和科学态度结合起来。1951 年 8 月，周恩来感叹建设所需要的各种专家太少了。他说："任何一个部门工作一开展，马上就会提出专门人才、技术人才不够的问题。水利部只治一条淮河，就感到工程技术人才不够。"[1] 对此，他的主张是既要尊重

---

[1]《周恩来教育文选》，教育科学出版社 1984 年版，第 34 页。

　　　　　　　　　　　　　　　　　　　　　　　周恩来与治水

现有专家，又要抓紧培养各种建设人才。

周恩来亲自过问的密云水库的修建，始终体现了尊重专家的精神。当时，清华大学曾派由教授、讲师和应届毕业生近百人组成设计代表组常驻工地。周恩来每次听取水库工程汇报时，都要征求设计组意见。他要求指挥部干部尊重和大胆使用这部分工程技术力量。他特别要求设计负责人清华大学张光斗教授对设计上的重大质量问题一定要亲自鉴定或签署意见。白河大坝坝底河床沉积了四五十米厚的砂砾卵石层，如何解决坝底河床渗流是一大难题。对此，在场的水利专家通过研究、讨论，提出采用混凝土防渗墙的办法来解决这一难题。周恩来及时支持了这一主张，并设法保证实施，从而使密云水库出色地解决了坝底河床的渗流问题。

1970年代初，葛洲坝工程仓促上马后出现重大技术问题，周恩来决定主体工程暂停施工，并指定林一山、钱正英、张体学、王英先、马耀骥、沈鸿、谢北一、袁宝华、廉荣禄9人组成技术委员会负责设计与工程技术问题。这对保证葛洲坝工程质量起了关键作用。

周恩来还十分重视国外水利专家的意见。1957年初，周恩来访问阿富汗，他考虑到国内根治黄河水患措施，为弄清有关水库淤积问题，曾亲自向正逗留在阿富汗的西德、美国和苏联的水利工程师了解有关河流输沙量和水库淤积等问题。

七、统一规划　集中领导

治水要协调国民经济各部门之间的关系，才能实现综合利用；要协调上中下游之间的关系，才能保证整体利益；要协调专家与群众之间的关系，才能把治水热情和科学态度结合起来；要协调救灾和治水之间的关系，才能取得最好的社会效益和经济效益。怎样才能做好上述各方面的协调工作，以克服分散主义、地方主义和片面性呢？周恩来的思想是统一规划，集中领导。

1950年11月3日，在政务院第57次政务会议上讨论治淮报告时，周恩来把集中领导作为治淮的重要原则之一。要对治淮集中领导，就必须成立治淮委员会，以便集河南、安徽、江苏、山东四省之力，共同治淮。为了便于集中领导，治淮委员会必须设在蚌埠，而不能设在南京。因为蚌埠濒临淮河，是淮河流域的中心，周恩来说："过去治淮机构设在南京，有几栋房子，我们的治淮组织又舍不得放弃那地方，是很不对的。为了集中领导，治淮机构应该靠近淮河，搬到蚌埠才能更好地办事。"[1]新中国对长江的治理、黄河的治理也坚持了集中领导的原则，并在武汉设立"长办"，在郑州设立"黄委"，以行使治江、治黄统一领导的职能。在讨论长江流域规划时，周恩来提出了"统一规划，全面发展，适当分工，分期进行"的方针，对防止长江治理与开发分割、条条与块块分割，起了重要作用。

强调对治水的统一规划与集中领导，并不否定适当分散以发挥各地的积极性。1951年1月12日，在政务院第67次政务会议上讨论水利工作1950年的总结和1951年的方针与任务时，周恩来论述了统一性与积极性、集中与分散的辩证关系。他说，要有统一性，但若无积极性也做不好。现在地方的积极性很高，对工作又熟悉，若不顾地方的积极性，把中央不熟悉的工作，骤然集中到中央来，会把工作搞乱的。集中与分

---

[1] 《周恩来经济文选》，中央文献出版社1993年版，第80页。

散，统一性与积极性要恰当注意才好。对各地建设工作要有统一领导，要克服其盲目性，以统一性和计划性反对盲目性。但另一方面，却不能以统一性妨碍了积极性。

"大跃进"期间，权力下放，集中领导的治水原则也遭到破坏。特别是治淮，不要统一规划，不要统一的治淮委员会，结果地方主义大发展，任意堵水截水，引起土壤盐碱化和涝灾，带来了严重的不良后果。1960年代初期国民经济调整过程中，周恩来严厉批评了治淮工作中的地方主义。1963年9月中央工作会议上，周恩来再次强调，中央要统一管理对黄河、淮河和海河流域的治理，并将制订统一的远期规划。

新中国成立以来的治水实践证明，统一规划，集中领导的原则是正确的。离开统一规划，集中领导，治水工作就会出现分散主义、地方主义和片面性，就不能解决各个部门。各个地方之间的水利纠纷。

八、百家争鸣　博采众长

一个大的水利工程，技术要求很高，影响它的经济效益、生态效益和社会效益的因素极其复杂。根治黄河、治理长江的工程，规模巨大，举世瞩目，其复杂性更高。水利专家们从不同的立场、不同的经验、不同的理论水平、不同的视角和兴趣出发，其看法和主张的分歧是不可避免的。对此，周恩来的思想是百家争鸣，博采众长。

1954年长江大水，推动了长江流域规划主体——三峡工程的研究。1956年6月，毛泽东3次畅游长江之后，写下了"更立西江石壁，截断巫山云雨，高峡出平湖。神女应无恙，当惊世界殊"的雄伟诗篇。一时三峡工程成了人们的热门话题，并产生了要求三峡工程上马和反对上马的激烈争论。1958年1月，中央南宁会议上，以林一山和李锐为争论双方的代表，各自向中央力陈了自己的主张。毛泽东指定周恩来具体过问三峡工程。2月底到3月初，周恩来溯江而上，视察了荆江和三峡，广泛听取了各种不同意见。3月5日，周恩来在积极准备兴建三峡枢纽会上，充分肯定了争论的意义和必要。他说，两年来的争论是必要的，不争论哪会有这样多的材料回答各个方面提出的问题？在今后工作中，应允许有反对的意见，这是我们社会主义的优越性。三峡是千年大计，对问题只看一面，很容易走向片面。为了把三峡工程搞得更好，是可以争论的。因为这样才有利于工作，而不是妨碍工作。这是在促进事物的发展，而不是阻碍事业的前进。

黄河三门峡工程1957年开工后，泥沙淤积问题不断引起上游地区民众的疑虑，几种意见争论不下。一种意见，针对淤积，认为没有兴修三门峡水库的必要；另一种意见是把坝再提高一些；还有一种意见是把全部泥沙都放下去，只拦洪不发电，不灌溉。1958年4月21日至24日，周恩来亲自主持召开三门峡现场会议。周恩来在总结发言中，首先肯定了不同意见展开争论的必要。他说，这个会是有意识地要听取不同的意见，树立对立面。如果说这次是我们在水利问题上拿三门峡水库作为一个中心问题进行社会主义建设中的百家争鸣的话，那么现在只是一个开始，还可以继续争鸣下去。综合各方面的意见，周恩来根据原计划设蓄水位360米，改为大坝按360米高程设计，350米施工，初期蓄水位降为335米。1960年9月，三门峡大坝建成蓄水，泥沙淤积情况比预计的要坏得多，且日益严重。围绕三门峡工程的治黄大论战更加激烈。1964

年12月，在周恩来主持下，又召开了一次治黄会议。周恩来说："治理黄河规划和三门峡枢纽工程，做得是全对还是全不对，是对的多还是对的少，这个问题有争论，还得经过一段时间的试验、观察才能看清楚，不宜过早下结论。""不管持哪种意见的同志，都不要自满，要谦虚一些，多想想，多研究资料，多到现场去看看，不要急于下结论。""不要自己看到一点就要别人一定同意。个人的看法总有不完全的地方，别人就有理由也有必要批评补充。"这次，周恩来综合各种意见，批准了二洞四管的改建工程方案，变原来的蓄水拦沙为滞洪排沙。改建后效果很好。

海纳百川，有容乃大。百家争鸣，博采众长，就一定能推动治水大业的发展。周恩来对治水的不同意见，既不全面肯定，也不全面否定，而是"集中对的，去掉不对的，坚持真理，修正错误"。他说："这样，才能不断前进。"[1]

周恩来对国外治水专家的意见也体现了百家争鸣、博采众长的思想。1944年美国萨凡奇提出过"三峡开发初步计划"。萨凡奇拟定的三峡坝址是在南津关河段上。但那里江面狭窄，且存在石灰岩溶洞问题。新中国的设计者拟定花岗岩地质的三斗坪做三峡坝址。1958年3月初，周恩来视察三峡时问林一山，萨凡奇作的三峡设计，你们有吗？并说，萨凡奇虽然是一个美国人，但他是一位科学家。如果要否定南津关坝区，要有根据。三峡大坝是世界性工程，有了根据也可以说服萨凡奇。1958年8月底，北戴河长江会议上，周恩来再次指出，萨凡奇只搞了一个南津关坝区，可是他提出了问题，是有功的。为了否定南津关坝区要多花一些力量。对世界高坝应做些研究，科学家要摆出问题，加以论证。对外国专家的意见，既不盲从，也不排斥，而是取其所长，避其所短。这不仅

---

[1] 《周恩来经济文选》，中央文献出版社1993年版，第556—558页。

仅是周恩来在治水实践中体现出来的一个重要思想，而且是周恩来指导对外关系的一个重要思想。"一切国家，一切民族，都有长处，也有短处，有优点，也有缺点。""敢于向一切国家的长处学习，就是最有信心和自尊心的表现，这样的民族也一定是能够自强的民族。"[1]

九、审时度势　积极慎重

治水首先是个经济问题，水利不仅是农业的命脉，也是整个国民经济的命脉，水利工程属于社会的基础设施。但是大江大河的根治和重大水利工程的修建，投资大，工期长，必须遵循社会生产两大部类按比例协调发展的规律，滞后或过分超前都将给国民经济带来不利影响。治水又是个技术问题，要同自然界打交道，而违背自然什么都做不通。越是规模重大的水利工程技术要求越复杂，一旦技术上失败造成的损失也越大，不仅祸及当代，并且还要贻患子孙后代。治水还是个社会政治问题，涉及复杂的社会关系，关系到成千上万人民群众的利益。水利纠纷处理的好坏，水利决策的正确与错误，不仅影响整个经济建设，而且影响国内的团结和社会的安定。周恩来曾在 1972 年 11 月 21 日葛洲坝工程汇报会上说："解放后二十年我关心两件事，一个水利，一个上天。这是关系人民生命的大事，我虽是外行，也要抓。"又说，水利比上天难，治水不单纯是个经济问题，而且是政治问题，还必须通过技术问题去解决。对待上述问题，周恩来的思想是审时度势，既积极又慎重。

---

[1] 《周恩来外交文选》，中央文献出版社 1990 年版，第 159 页。

新中国成立伊始，周恩来就提出"必须用大力来治水"，"要把几条主要河流，如淮河、汉水、黄河、长江等修治好"。他说，战争把交通破坏了，经济陷于瘫痪状态，要一手抓交通，一手抓水利。后来，他亲自过问了江、淮、河、汉、海河等大江大河的治理。周恩来主张积极治水、反对听其自然的消极思想，同时，也反对轻举妄动、急躁冒进。周恩来说："我们这样一个人口多、经济落后的国家要在经济上翻身，是一个艰巨的任务。我们应该有临事而惧的精神。这不是后退，不是泄气，而是戒慎恐惧。建设时期丝毫骄傲自满不得，丝毫大意不得。"对待水利建设他更加强调："不能急躁，不能草率，必须谨慎从事。"他曾说："工业犯了错误，一二年就可能转过来，林业和水利上犯了错误，多少年也翻不过身来。我最担心的，一个是治水治错了，一个是林子砍多了。"

　　苏北刚解放不久就着手治理沂河，周恩来赞扬这种积极治水的精神，同时又指出，治水不能仅凭热情，治错了会劳民伤财。1950年11月3日，在讨论治淮报告时，周恩来说，治水和打仗一样，不能错过时机，迟一步都不行，处处要配合天时和人力，行动要非常机灵。

　　黄河始终是中国的忧患，周恩来一方面指出："总有一天可以把黄河治理好。我们要有这样的雄心壮志。"另一方面针对黄河自然情况的复杂性和治理的艰巨性，反复强调："谦虚一些"，"谨慎一些"，"不要急躁"，"要兢兢业业地做"。[1]

　　1963年海河大水后，毛泽东提出"一定要根治海河"，周恩来亲自到天津积极部署治理的具体措施。同时，周恩来强调，根治海河要全面安排，要有切实可行的计划，不能一哄而上，天女散花把钱随便花掉。

---

[1]《周恩来经济文选》，中央文献出版社1993年版，第44、489、487、588、556、558、562页。

周恩来亲自过问长江流域规划工作，其审时度势、积极慎重的治水思想更为突出。周恩来赞赏毛泽东"高峡出平湖"的雄伟气魄和远大理想，并努力为之奋斗，直到他生命的最后时刻。但周恩来反复强调理想不能代替现实。1961 年 7 月，周恩来说，毛泽东同志有首诗，其中有一句"高峡出平湖"。理想总是要实现的，但是要经过一个历史时期，不能急，不能随便搞。周恩来赞成把三峡工程作为长江流域规划的主体工程，并要求为之准备条件、积累经验。但他认为正式兴建三峡工程的条件尚不成熟，时机尚未到来。1958 年，周恩来主持的长江流域规划和三峡工程的讨论，作出了先上汉江丹江口工程的重大决策。1970 年，周恩来支持了先上葛洲坝水利枢纽工程的重大决策。两度避免了贸然进军三峡，又为三峡工程的建设开辟了前进的道路。1970 年 12 月 24 日，周恩来写信给毛泽东、林彪，"认为在'四五'计划中兴建葛洲坝水利工程是可行的。""而在施工过程中，还可精心校正，精心设计，力求避免二十年修水坝的许多错误。"[1] 毛泽东在 12 月 26 日，即在他生日的那天写了"赞成兴建此坝"的批示。个别领导以盲目崇拜的心态对待毛泽东的批示，忽视了周恩来"力求避免二十年修水坝的许多错误"的要求，又重犯了仓促上马、主观蛮干的错误。对此，周恩来向一些领导干部指出，砍头事小，葛洲坝事大。他说，长江出乱子，不是一个人的事，不是你的事，也不是我的事，是整个国家、整个党的问题。1972 年 11 月，研究葛洲坝工程时，他又说，我对这个问题是战战兢兢，如临深渊，如履薄冰。葛洲坝工程的胜利建成，与周恩来以审时度势，积极慎重的治水态度来过问这个工程是分不开的。

---

　　[1]《周恩来书信选集》，中央文献出版社 1988 年版，第 608 页。

　　　　　　　　　　　　　　　　　　　　　　　周恩来与治水

十、反对极端　实事求是

一位外国朋友曾说，在周恩来身上，从来没有那种狂想主义和极端主义的色彩。这句朴实而平凡的话，比较准确地概括出了周恩来思想方法的特点。没有狂想主义，一切从实际出发，实事求是，这就是唯物主义；没有极端主义，对复杂的事物坚持全面分析的态度，这就是辩证法。周恩来总是客观地、全面地分析问题与处理问题，他是在实际工作中灵活运用辩证唯物主义的大师。周恩来在具体指导与处理水利建设问题时，也十分突出地体现了在实际工作中灵活运用辩证唯物主义的特点。

周恩来领导治水，杰出地处理了缓急、标本、蓄泄、前后、利害、福难、统分、上中下游、左右岸、群众与专家、理想与现实、战略与战术、目标与步骤等对立面的统一，体现出他对唯物辩证法，特别是对对立统一规律运用自如。

周恩来领导治水，其实事求是的思想特点，突出地表现在对待失误的正确态度上。

黄河三门峡工程仓促上马，带来了泥沙淤积的隐患。对此，周恩来十分痛心，不断引咎自责。1964 年 6 月，周恩来说："三门峡工程研究得不透，没有准备好就上马了。这个工程我过问过，我有责任，搞不好，见马克思不好交代。"12 月在研究三门峡工程改建时，周恩来说："任何经济建设总会有些未被认识的规律和未被认识的领域，这就是恩格斯说的，有很多未被认识的必然王国。""黄河的许多规律还没有被完全认识。这一点要承认。"[1]1966 年 2 月，周恩来说："我当总理十六年，有两件事

---

[1] 《周恩来经济文选》，中央文献出版社 1993 年版，第 557、562 页。

交不了帐，一是黄河，一是林业。"[1] 周恩来以彻底唯物主义的态度和实事求是、无私无畏的精神，否定了"节节拦泥，层层蓄水"的治黄规划，撤掉了三门峡水轮机，批准了二洞四管的改建方案，终于没有酿成黄河治理中的全局性错误。

长江葛洲坝工程仓促上马，在边施工、边设计、边勘测的情况下，暴露出很多问题，最后简直没有办法再干下去了。但是，葛洲坝工程是毛主席批准的，谁也不敢设想停工。周恩来从实际出发，正视错误，敢于否定。1972年11月，他连续三次主持召开葛洲坝工程汇报会，果断地决定把工程停下来，整顿队伍，修改设计方案。"无咎者，善补过也。"但只有坚持实事求是，才能够正视错误，改正错误。由于坚持实事求是，做出了停工整顿的重大决策，才为以后的葛洲坝工程的胜利建成奠定了基础。

周恩来针对治水，不仅论述了人类和自然界的关系，论述了生产力问题，而且论述了国民经济各部门、各地区之间的生产关系，还论述了领导治水的方法，内容全面而丰富，周到而深刻，是留给后人的宝贵的精神财富。周恩来的治水思想不仅对今天的水利建设，而且对今天的整个经济建设都有着重要的借鉴作用和指导意义。经济在增长，社会在发展，今天的水利建设有当年所没有遇到的新问题。让我们继承和发展周恩来的治水思想，为进一步推进中国的水利建设，为社会主义祖国的繁荣昌盛而奋斗。

---

[1] 《周恩来年谱（1949—1976）》下卷，中央文献出版社2020年版，第15页。

　　　　　　　　　　　　　　　　　　　　　　　周恩来与治水

周恩来治水大事记

1949 年

9 月　受党中央委派主持起草《中国人民政治协商会议共同纲领》，简称《共同纲领》。29 日，中国人民政治协商会议第一届全体会议通过《共同纲领》。其中，第 34 条规定"应注意兴修水利，防洪防旱"；第 36 条规定"疏浚河流，推广水运"。

11 月 20 日　接见各解放区水利联席会议部分代表，用"大禹治水，三过家门而不入"的故事，勉励水利工作者要下决心为人民除害造福。他说，水利部的工作和各方面都有关系，必须搞好，否则，全盘的计划都会受影响。水利工作搞得好，可事半功倍，堵住洪水，不但对农业部、林垦部、交通部、燃料工业部，甚至对财政部都有直接间接的帮助，贡献很大。他指出，水利做的是开路的工作，"种树"的工作。假如中国的全部水能都能利用，那将是一件多么伟大的事业！以自然科学界来说，要为人民服务还有比这更直接的吗？水利工作是最有前途的，将来不只诸位去做水利工作，我们还应该动员更多的青年去做。

1950 年

3 月 20 日　同水利部部长傅作义共同签发《政务院关于一九五○年

水利春修的指示》，这一《指示》在8月17日政务院第24次政务会议讨论通过。《指示》规定1950年水利建设的方针，仍以防洪、排水和灌溉为首要的任务。为完成1950年水利春修工程，《指示》要求各级人民政府、各级水利机关，加强组织领导与准备工作；提高工程质量，保证经济效益；在灾区的工程，要结合救灾，切实做到以工代赈。《指示》还提出，中央人民政府水利部要抓紧春修工程的全面领导，并以黄河、长江、淮河等主要河流为工作的重点。

4月14日 在政务院第28次政务会议上讨论傅作义关于绥远情况简要报告时指出，保持水土的重要措施是种树。

6月26日 在政务院第37次政务会议上讨论西北地区民族工作时，作总结发言。其中提出，"要多在少数民族地区搞水利，用雪山的流水来灌溉"。

7月22日 同有关人员谈淮河工程。

8月4日 主持政务院第44次政务会议。会上傅作义作《水利部对于目前防汛与水灾情况的报告》、《查勘黄河的报告》，并经同次会议批准。

8月24日 在中华全国第一次自然科学工作者代表会议上作《建设与团结》的报告。指出，旧中国水政荒废，李仪祉这样的科学家无法实现自己的抱负；"有一个南京河海工程专门学校，也得不到支持"；"花园口的决堤造成了极大灾难，创伤至今未能平复"。他说，配合土改，"第一，兴修水利。我们不能只求治标，一定要治本，要把几条主要河流，如淮河、汉水、黄河、长江等修治好"。"从新民主主义开步走，为我们自己和我们的子孙打下万年根基，其功不在禹下。大禹治水，为中华民族取得了福利，中国科学家的努力，一定会比大禹创造出更大的功绩"。

8月25日至9月12日 根据毛泽东根治淮河的指示精神，周恩来亲自指导与参加水利部召开的治淮会议。会议决定以蓄泄兼筹为治淮的方针，并确定淮河上游以蓄洪发展水利为长远目标，中游蓄泄并重，下游则开辟入海水道。会议还制定了上中下游治淮的步骤。

8月30日　约黄敬谈海河工程。

9月22日　将毛泽东9月21日关于治淮的批示转给陈云、薄一波、李富春，并接连写了两封信。一封给毛泽东、刘少奇、朱德、陈云、薄一波、李富春，说明治淮的两份文件已送华东、中南，请他们审议，待饶漱石、邓子恢来京时再作最后决定。一封给陈云、薄一波、李富春并转傅作义、李葆华、张含英，强调中央政府要从人力、物力、财力上保证治淮的需要。

10月1日　邓子恢、薄一波向毛泽东、周恩来、刘少奇汇报荆江分洪工程设计方案。

10月14日　发布由周恩来主持制定的《政务院关于治理淮河的决定》。《决定》阐明了治淮的方针、步骤、机构、豫皖苏配合、工程经费、以工代赈等问题，批准了淮北大堤、运河堤防、三河活动坝和入海水道等一系列大型骨干工程。

10月27日　主持政务院第56次政务会议，任命曾山为治淮委员会主任，曾希圣、吴芝圃、刘宠光、惠浴宇为副主任。

11月3日　主持政务院第57次政务会议，在讨论《关于治理淮河问题的报告》时讲话，集中论述了治淮的一系列原则。一、统筹兼顾，标本兼施；二、有福同享，有难同当；三、分期完成，加紧进行；四、集中领导，分工合作；五、以工代赈，重点治淮。

11月21日至22日　出席治淮会议，研究治淮问题。

冬　给邓子恢写信谈修建荆江分洪工程问题。派李葆华持信到武汉，请邓召集中南局会议征求意见，向湖北张难先、湖南程潜等做说服工作。

1951 年

1 月 12 日　主持政务院第 67 次政务会议。傅作义代表水利部作《一九五〇年水利工作总结和一九五一年的方针与任务的报告》。讨论这一报告时，周恩来就治水理论、工作方针和步骤、统一性与积极性、计划性与临时性、工作重心、义务工与工资制等问题作了结论性发言。他说，在中国历史上并非没有治水理论，只是那些理论，对今天情况来说，是远不够的，是要予以提高的。水可用以灌溉、航行，还可用以发电。治水为了用水，从现在的蓄泄并重，提高到以蓄为主；从现在的防洪防汛，减少灾害，提高到保持水土，发展水利，达到用水之目的。他指出，治水要在科学限度内发挥积极性，工作要时间，更要各方面配合，比如治淮要豫皖苏三省配合，治理长江更要 14 省的配合。工作中，失去了步骤，失去了联系和配合，不易做好。

4 月 5 日　致电华东饶漱石、曾山，并请转告曾希圣，决定苏联水利专家布可夫不兼治淮总顾问。

8 月 12 日　与李葆华等研究治淮问题。

8 月 13 日　与薄一波、李葆华等研究治淮问题。

8 月 17 日　在政务院第 98 次政务会议讨论《华北农业生产和抗灾情况的报告》时，指出：在未经过大造林、大水利等工作之前，水旱灾害是难以避免的。中国这样大，发展又不平衡，有些地方人多地少，有些地方人少地多；有些地方水量多，有些地方水量少。要改变这种情况，要完全摆脱或基本上摆脱自然灾害，必须经过长期斗争才行。要求中财委今后对农林水利部门的工作更要加强领导。

8月22日　为全国18个专业会议及政府各部门负责同志作题为《目前形势和任务》的报告。指出：我们要恢复经济从哪里着手呢？兴修水利和兴修铁路这两项工作是为我们工农业发展开辟道路的工作。

8月23日　与薄一波、黄敬研究治理海河的工程问题。

9月7日　主持政务院第101次政务会议，讨论中央救灾委员会关于全国各地最近灾情与救灾工作的报告，批准报告中提出的救灾步骤和方法。周恩来在会上发言时指出，由于中国底子差、地方大，加上多年战争的破坏，致使每年都有大小不等的水灾、旱灾或其他灾害，要改变这种情况不是一二年的事，只能长期努力，逐年减少灾害。对于灾害应以预防为主，加强气象预报工作；以工代赈应有计划；救今年之灾要防止明年之灾，救当前之灾要防止今后之灾。对于水旱灾害，不能忽视旱灾；水过一线，旱成一片，旱灾时间长，面积大；中国北方水少，时常会有旱灾，应加强对旱灾的预防。指出报告中"靠山吃山，靠水吃水"这两句话要写得适当才行，否则，乱上山砍树，乱挖沟渠，会造成或加重水旱灾害。

1952 年

2月8日　主持政务院第123次政务会议，讨论通过《政务院关于大力开展群众性的防旱抗旱运动的决定》。《决定》指出，旱灾对我国农业生产的危害是具有历史性的，对去年秋冬雨雪稀少的事实不予严重注意，不从历史性的灾害中取得深刻的教训，麻痹松懈，则一旦旱灾发生，农业生产就会受到巨大的损失，就会削弱抗美援朝的力量，就会给整个国家经济建设造成很大的困难。《决定》认为充分作好思想动员与深入发动群众是开展防旱、抗旱运动的关键。《决定》要求采取下列措施：1. 充分利用一切水源，开展群众性的兴修农田水利运动；2. 充分做到经济用水，珍惜水量，发挥水的重要灌溉效能；3. 总结推广群众在耕作技术方面的防旱、抗旱经验。《决定》提出，领导防旱、抗旱和推动春耕的成绩应作为考绩条件之一。

2月20日　为保障洞庭湖滨湖地区和江汉平原人民生命财产的安全，召集傅作义、李葆华、张含英、须恺等以及两湖到京人员开会研究紧迫的荆江分洪工程的实施问题。主持起草《政务院关于荆江分洪工程的决定》初稿。

2月23日　向毛泽东和中央书面报告2月17日至19日水利部召开的，以及20日周恩来主持召开的荆江分洪工程会议情况。批评中南局对于荆江分洪工程这样大事于中央决定后没有引起应有的注意。

2月28日　出席李葆华、布可夫等参加的水利会议。

3月7日　给邓子恢去电：在抢修荆江分洪工程南岸蓄洪区河堤时，尚缺何项物资须由中央调拨，望即作出详细计划，迳电中财委请拨。如人力及其他尚有困难，亦请电告。

3月21日　主持政务院第129次政务会议，讨论并通过了《政务院关于一九五二年水利工作的指示》。

3月29日　写信给毛泽东、刘少奇、朱德、陈云，汇报同邓子恢、傅作义、李葆华商议荆江分洪工程的情况，转告：大家均认为分洪工程如成对湖南滨湖地区毫无危险，且可减少水害。

3月31日　发布《政务院关于荆江分洪工程的决定》，对工程经费、工程期限、分洪审批、分洪区移民、北岸蓄洪区勘测、工程领导等作了具体规定。

5月　为荆江分洪工程题词："要使江湖都对人民有利"。

6月9日　约傅作义、李葆华、布可夫谈荆江分洪工程问题。

10月　为天津新港题词："庆祝新港开港，望继续为建港计划的完成和实施奋斗"。

12月19日　主持政务院第163次政务会议，听取傅作义《水利部一九五二年防汛工作总结报告》和《水利部一九五二年防旱抗旱运动中的农田水利工作的报告》，通过《政务院关于发动群众继续开展防旱、抗旱运动并大力推行水土保持工作的指示》。

12月26日　签署发布政务院第163次政务会议通过的《政务院关于发动群众继续开展防旱、抗旱运动并大力推行水土保持工作的指示》。《指示》指出，旱灾对我国的威胁是极其严重的。北方地区能够灌溉的耕地面积比例尚很少，南方地区大部分的水田也还不能抵御稍长时期的干旱，因而今年仍有部分地区发生旱灾。另一方面，由于过去山林长期遭受破坏和无计划地在陡坡开荒，使很多山区失去涵蓄雨水的能力，这种现象不但是河道淤塞和洪水为灾的主要原因，而且由于严重的土壤冲刷，及沟壑的增加，使山陵高原地带土壤日益瘠薄，耕地日益减少，生产日益衰退。由于以上情况，防旱、抗旱运动仍须继续开展并应大力推广水土保持工作，以逐步从根本上保证农业生产的迅速发展。

1953 年

1月21日　约有关人员谈治淮问题。

6月15日　同谭震林、邓小平、邓子恢等研究淮河水利问题。

6月16日　同有关人员谈水利问题。

8月20日　主持政务院第186次政务会议，听取傅作义《关于农田水利工作的报告》，在作结论时指出，水利工作过去三年来有很大的成绩，但也有偏差，着重搞大工程而对一般的农田水利工程注意不够。强调防洪、防旱、防涝三者要结合起来，农、林、水利都不能孤立地办事。提出水利工作领导思想要注意局部利益服从全体利益，眼前的利益与长远的利益相结合。

12 月 11 日　致电谭震林，同意将治淮水利一师多余军工调华东改组为建筑公司。

1954 年

1 月 21 日　致电中财委并外贸部：同意为黄河研究组增聘苏联水土保持专家一人，望由外贸部办理。

9 月 23 日　在第一届全国人民代表大会第一次会议上作《政府工作报告》。对于水利，他说："国家在过去几年内修建了很多大规模的水利工程，对减轻水旱灾害、保障农业生产起了很大的作用，在今年的防汛斗争中的作用更为显著。尚未全部完成的治淮工程超额地负担了防洪的任务。荆江分洪工程、官厅水库和独流减河入海工程，也都在不同程度上发挥了防洪的效能。"他强调："对自然灾害的斗争是我国人民的一个长期的艰苦的任务，我们在水利方面必须作更多更大的努力。""今后必须积极从流域规划入手，采取治标治本结合、防洪排涝并重的方针，继续治理为害严重的河流，同时积极兴办农田水利，以逐渐减免各种水旱灾害，保证农业生产的增长。"

1955 年

2 月 18 日　约有关人员谈水丰电站问题。

2月24日　约有关人员谈水丰电站问题。

7月18日　主持国务院第15次全体会议。会议通过了《关于根治黄河水害和开发黄河水利的综合规划的报告》。

8月22日　视察官厅水库，向水库管理处的负责同志详细询问了水库工程和效益等情况，提醒他们加强对库区的建设，充分利用水土资源，使水里有鱼、山上有树。

11月2日　主持国务院常务会议，研究电力工业部与水利部关于黄河三门峡水电防洪工程施工领导的意见。

12月1日　向中央书面报告黄河三门峡水电防洪工程的施工领导问题，请毛泽东批示，刘少奇、朱德、陈云、邓小平、彭真核阅。

12月3日　同邓子恢等研究确定黄河流域规划委员会名单，报毛泽东、朱德、陈云、邓小平、彭真核示。

12月3日　接见帮助长江水利委员会工作的苏联专家。

1956 年

1月11日　主持召开长江问题会议。

6月3日　参观北京规划模型展览。在听取引水方案的汇报时，提出要注意解决北京用水和河北省的用水矛盾，不能光顾北京不顾河北。

7月2日　约黄河三门峡工程部门和有关同志谈话。

7月3日　接见参加黄河三门峡工程设计的苏联专家。

7月4日　找陕、甘、豫、晋四省同志谈黄河三门峡工程问题。

10月14日　同有关人员研究水利问题。

10月25日　接见苏联水利代表团。

12月　访问印度、巴基斯坦等国。23日，在巴基斯坦参观海德拉巴的吴拉姆·穆罕默德水坝。30 日，在印度总理尼赫鲁陪同下，参观巴克拉-南加尔水闸工程。

1957 年

1 月 19 日至 22 日 访问阿富汗，考虑国内根治黄河水害的措施，为了弄清有关水库淤塞的问题，向正逗留在阿富汗的西德、美国、苏联的水利工程师询问、了解水坝的含沙量等有关资料。

5 月 24 日 主持国务院第 49 次全体会议，其中讨论了水利方面两个文件。一是水利部写给国务院《关于召开黄河流域水土保持会议的报告》，以及国务院转发这一报告所写的批示。周恩来审阅并修改了水利部的报告与国务院的批示。二是国务院批复水利部，同意水利部转来由河北省提出的海河水系治理委员会名单，林铁为主任，钱正英等为副主任，共 29 人组成。由于黄河三门峡的前途淤塞论未曾否定，周恩来在会上提议利用科学规划委员会开会的时机，由水利部主持，邀请水利、水力发电、水土保持等几方面的专家和苏联专家一起研究讨论，最后由水利部提出方案报国务院。

8 月 4 日 在青岛召开的民族工作座谈会上指出："新疆水利不够，要大大地改善水利系统，才能够开发。"

8 月 20 日 在北戴河国务院常务会议上作总结发言。谈到水利问题时指出，要有综合计划，要有全面的设想和安排，要和防洪、水土保持、排涝等结合起来搞。三峡的理想不能放弃，但这是远景，具体方案还要摸，20 世纪搞不成，21 世纪总可以搞成嘛！

12 月 听取邓子恢关于治淮问题的汇报，详细了解 7 年来治淮投资及其在鲁、豫、苏、皖的资金分配、工程安排与受益情况，询问 1958 年治淮安排，亲笔作了记录。

12月30日 本月，全国农业工作会议和国务院水土保持工作会议在京举行。今日，周恩来约谭震林、廖鲁言、陈正人、刘仁、黄火青等研讨河北省水的综合利用问题。

1958 年

1月6日 视察安徽肥西县肥光农业社水库工地。后来，这个水库被当地人民命名为"幸福水库"。

1月中旬 广西第一个大型水库——西津水库施工进入高潮，材料供应出现困难，周恩来亲自批示予以解决。

1月13日 出席中共中央南宁会议，听取长江流域规划办公室关于制定长江流域规划的汇报。根据毛泽东提议，周恩来挂帅过问三峡工程和长江治理。

2月11日 同李葆华研究治理长江的规划。

2月26日至3月6日 为研究治理长江规划、勘察与选择三峡工程坝址，偕同李富春、李先念带领国务院有关部门和有关省的负责人，从武汉溯江而上，进行实地考察。冒大雪视察荆江大堤。登山越谷仔细勘察南津关、三斗坪等处的地形山势、地质和水文资料，察看溶洞的层次、裂隙和斑痕。参观狮子滩水电站，并题词："为综合利用四川水力资源树立榜样，为全面发展四川经济开辟通路"。在重庆为三峡现场会议作了总结发言。

3月8日至26日 出席中共中央成都会议。23日，周恩来在会上作关于三峡水利枢纽和长江流域规划的报告。会议经过讨论同意周恩来的报告，并形成了《关于三峡水利枢纽和长江流域规划的意见》的文件。文件指出："从国家长远的经济发展和技术条件两个方面考虑，三峡水利枢纽是需要修建而且可能修建的，但是最后下决心确定修建及何时开始修建，要待各个重要方面的准备工作基本完成之后，才能作出决定。"

3月29日　到十三陵水库工地视察，听取工地指挥部负责人关于水库设计和施工进展情况的汇报。

4月12日　约李葆华等谈三门峡水利枢纽，亭子口水电站和云峰水电站等问题。

4月21日至24日　在黄河三门峡主持召开三门峡工程现场会。彭德怀、习仲勋讲话，陕、晋、豫、水利部、黄委会、三门峡工程局的负责人发了言。24日上午，周恩来作了总结发言，肯定了争论的意义；阐述了上游与下游，一般洪水与特大洪水，防洪与兴利，局部与整体，战略与战术等辩证关系；指出了兴建三门峡水库以"防洪为主，其他为辅"、"确保西安，确保下游"的原则，强调围绕三门峡工程要加紧水土保持、整治河道和修建黄河干支流水库的规划。

4月24日　视察河南陕县大营公社大营大队水库工地，同社员一起夯土，为水库题字："胜利水库"。

5月24日　同有关人员研讨三门峡水库问题。

5月25日　同全体中央委员到十三陵水库参加义务劳动，并为水库题词。

6月4日　约陈正人等谈水利分工问题。

6月15日　带领国务院各部领导干部和中直机关干部300多人去十三陵水库工地劳动。晚上致信毛泽东，报告政府高级干部前往十三陵水库工地劳动情况。

6月22日至23日 再次带领中央机关干部到十三陵水库工地，白天和广大民工一起参加劳动，晚上在工棚批阅文件。

6月26日 视察正在修建中的怀柔水库工地，并题写"怀柔水库"四个大字。接着，到密云县潮河滩，为即将修建的密云水库勘选坝址。

6月27日 约阮泊生、刘澜波、钱正英等谈河北省水利问题。

7月18日 在上海得知郑州花园口出现22300立方米每秒的大洪水，停下会议，飞临黄河视察。下午到达郑州，听取王化云等关于黄河防汛问题的汇报，权衡利弊，当机立断，作出了不分洪战胜洪水的决策。晚上，到邙山脚下的黄河岸边，察看洪水和抢修黄河铁桥的情况，并冒雨在广场上给铁路职工讲话。

7月28日 约有关人员谈三峡问题。

8月5日 到郑州视察大洪水过后的黄河和修复后通车的京广铁路桥。

8月6日 到济南视察黄河下游和津浦线的黄河铁路桥。

8月14日 约李先念、叶季壮、刘澜波、李锐、李代耕谈中朝开发水电问题；看水电建设模型。

8月30日 在北戴河中共中央政治局扩大会议即将结束时，召集豫、冀、鲁、晋、苏、皖、甘、陕、青、宁夏、内蒙古等省、自治区党委第一书记和国务院七办、经委、铁道部、水电部负责人，听取并讨论王化云关于黄河干支流水库、水土保持、下游河道整治的三大规划的汇报。周恩来最后作了总结发言，提出大中型工程要推迟，以中小型土坝为主。黄河干流枢纽要先修岗李，后修桃花峪，洛口枢纽放在津浦铁路桥以下，龙羊峡以上继续查勘。关于水土保持方针，他总结了大家的意见，提出三年苦战，两年巩固、发展，五年基本控制。

8月31日　主持召开北戴河长江会议，参加会议的有李富春、李先念、聂荣臻及长江流域三大区第一书记，各有关省委第一书记及中央各部、委、院的主要负责人。会议具体研究了进一步加快三峡设计及准备工作的有关问题，要求在1958年底完成三峡工程初步设计要点报告。周恩来作了总结发言，责成长江规划委员会办公室根据各省的水利化规划，作出整个长江的干支流、大中小、水网化、湖泊化的具体安排，提出解决长江防洪、发电、航运、灌溉、水产等全面的综合利用的整体规划。

9月4日　上午9时半，约彭真、万里、赵凡、齐燕铭、刘秀峰等谈北京市规划和密云水库问题。11时，约李葆华、钱正英、林一山、王化云等谈三峡、三门峡问题。下午，接见长江流域规划办公室两位苏联顾问。

9月16日　约刘澜波、李代耕、叶季壮、林海云谈云峰水电站问题。

9月17日　约有关人员研究密云水库问题。

10月20日　主持国务院第81次全体会议。会议通过了《中朝鸭绿江云峰水力发电厂建设筹备委员会决议》。

11月1日　同李先念、张体学、韩哲一、李葆华、刘澜波等研究丹江口水利枢纽。

1959 年

1月21日　约阮泊生、阎达开、万里、刘澜波等研究河北水利工程安排问题。

4月9日　视察新安江水库工地，并题词："为我国第一座自己设计和自制设备的大型水力发电站的胜利建设而欢呼！"

5月19日　到密云水库现场视察，仔细观看水库的沙盘模型和各种图表，批准水电部提出的当年拦洪、第二年建成的方案。

5月24日　视察河北，听取河北省委有关领导汇报河北水利时，他说："水库，别光想好的一面，还要想会不会垮。我到密云去，就和他们谈了这个垮不垮的问题。密云水库有个好处，即有副坝。要防止大透水、垮台。"他要求到水库工地别光找司令员，要找工程技术人员，找民工积极分子谈一谈，想想办法。

6月　在天津听取河北省丁廷馨对岗南水库、黄壁庄水库、王快水库、西大洋水库、密云水库建设的汇报，就泄洪、水库器材管理、劳力安排、移民安排等作了指示。

6月5日　在邯郸召集邯郸地、市委及河南安阳市委书记等研究解决六河沟煤矿与岳城水库问题。他说，岳城镇水库将来势必要修的，开煤要服从水库。他从重要的还是经济，没有粮食人心不稳，得出结论：要重视水利。

6月7日　视察河北省岗南水库与黄壁庄水库。

6月9日　在车上同李葆华谈密云水库、岳城水库、岗南水库、黄壁庄水库的修建问题。他说："对移民问题要注意，无论如何要保障今冬明春移民有房子住。密云水库一点房子也没有盖，最被动。移民的耕地不够，应当注意解决。"他还说："从河北的经验看全国，今冬明春，大水库要少搞些，新工程上马要非常谨慎，因为上了马就不能下来，与民生有关。"他提出水利建设不能把设计能力当成实际、把前途当成现实。

7月至8月　出席中共中央庐山会议，得知潮白河流域发生特大暴雨，正在紧张施工的密云水库面临漫坝的危险，多次与钱正英和密云水库工地指挥部负责人通电话，询问施工情况，鼓励夺取拦洪的胜利。在庐山期间，周恩来看望苏联专家组长巴克塞也夫，询问三峡工程设计已达到怎样的水平？听取林一山关于长江流域规划、三峡工程、丹江口工程的汇报，并作了具体指示。

8月6日 同李葆华、刘澜波谈水利。

8月8日 致信毛泽东，送上农业部、商业部两个党组关于支援抗旱防洪工作的报告，汇报政府各部关于支援全国抗旱防洪的紧急工作将由谭震林（主任）、李先念、薄一波三人小组负责进行，决定由中央和国务院发布一个关于全国开展支援抗旱防洪的群众性运动的联合指示。

9月2日 约有关人员谈密云水库和国庆工程问题。

9月7日 陪同阿富汗副首相萨·穆·纳伊姆亲王视察密云水库工地。该水库于9月1日胜利拦洪。

9月19日 批准将南京长江大桥桥下通航净空高度定为24米。水电部党组于9月18日送来《关于密云水库白河坝基处理问题的报告》。今日周恩来在报告上批示："请一波同志阅后指定孙志远同志邀集建委、水电部、北京市赵凡、国务院齐燕铭、地质部、冶金部、建工部商办。我原则同意水电部党组意见，并且应立即布置设备、器材和人员的供应，否则十一月初不易开工，将误明年汛期。"

10月12日 到三门峡，约吴芝圃、卫恒等研究三省的水利与运输问题。

10月13日 再次召开三门峡工程现场会议。吴芝圃、方仲如、卫恒、张体学、李葆华、钱正英、王化云、林一山、李人俊和何基沣等参加会议。会上讨论了三门峡枢纽1960年拦洪发电以后继续根治黄河的问题。周恩来指示根治黄河必须在依靠群众发展生产的基础上，大面积地实施全面治理与修建干支流水库同时并举，保卫三门峡水库，发展山丘地区的农业生产。水土流失问题，必须做到三年小部，五年大部，八年完成黄河流域七省区的水土保持工程措施和其他措施，逐步控制水土泥沙流失。

10 月 14 日　同水电部、晋、豫、陕、黄委会、三门峡工程局负责同志谈黄河泥沙问题。

10 月 23 日　约有关人员谈岳城镇水库和六河沟煤矿问题。

11 月 2 日　听取水利问题汇报。

11 月 7 日　听取水利问题汇报。

11 月 9 日　在中南海怀仁堂接见出席全国水利水电会议的各省市负责同志。

11 月 14 日　听取水土保持问题汇报。

11 月 20 日至 21 日　约有关人员谈农机、水土保持、水利等问题。

11 月 25 日　率领出席全国水利水电会议的省、市、自治区水利电力厅（局）、农业厅（局）的厅（局）长到密云水库参观。视察。

12 月 14 日　约有关人员谈三峡问题。

1960 年

1 月 17 日　在上海约舒同、李葆华和谭震林等研究山东的水利问题。

2 月 6 日至 10 日　到海南岛榆林港鹿回头、兴隆华侨农场、海口、儋县等地视察。其中询问松涛水库修建情况，并题写库名。批评儋县、澄迈、琼山成片的开荒，把森林挤掉了，琼崖也有不少光山；提出水利、造林、水土保持都要做到三年小变，五年大变，八年全部变。

3 月 5 日　在广西同省委研究广西水利建设和发展农业的问题。

3 月 13 日　陪同尼泊尔王国首相柯伊拉腊到密云水库视察。

5 月 2 日　在贵阳提出贵州要蓄水造林，以保青山常在，绿水长流。

5月7日　访问柬埔寨，参观龙波水库。

5月29日　访问蒙古，由乌兰巴托飞哈尔哈林农场参观水利、水电站等工程。

6月　修改中央同意水利电力部党组关于六省水利座谈会的报告等问题给上海局等的指示。指示要求今冬明春应当集中力量搞续建工程、配套工程，不然，同时铺开很多摊子，而库成渠不通，渠通地不平，互不配套，不能真正发挥灌溉效益。指示还要求做好冬季一百天的劳动力的安排，规定大中小型水利工程都要严格审批，人民公社自己办的，蓄水一百万方以下的小型水利工程，也必须由县委审查，批准，并且进行安排。

6月10日　参加水利电力部党组召开的冀、鲁、豫、皖、苏、鄂六省水利座谈会。

6月18日　同有关人员谈水利问题。

8月　北戴河中央工作会议期间，再次主持召开长江规划工作会议，听取林一山关于三峡工程的汇报，亲自调整三峡建设步伐，指出："现在国家正处在困难时期，但对三峡工程应该是：雄心不变，加强科研，加强人防。"

8月30日　陪同斯诺参观密云水库，对水库的移民安置工作，再次作了重要指示。

9月2日　约谭震林、廖鲁言、陈正人、李葆华、钱正英等谈水利问题。

9月25日至26日　在合肥，先后与曾希圣、江渭清研究水利问题。

10月13日　约习仲勋、万里、刘澜波、孙志远、柴树藩谈潮白河引水工程问题。

12月4日　与有关人员谈水利问题。

12月14日　约李葆华等谈广东南水水电站问题。

1961 年

1月11日　晚上与张体学、林一山谈长江水利问题。

2月11日　下午约有关人员谈水利问题。

4月13日至15日　视察西双版纳傣族自治州。要求当地干部提倡积肥施肥、兴修水利改变落后面貌。对于开垦，他指出，大家干劲很大，但是有的把陡坡上的林木也砍光了，造成严重的水土流失，将来后果会不堪设想。又说："西双版纳号称美丽富饶之乡，如果把森林破坏了，将来也会变成沙漠，我们共产党就成了历史的罪人。"

6月2日　下午约有关人员谈防汛问题。

6月3日　晚上约10省省委书记谈防汛问题。

6月18日　批改《中央关于黄河防汛问题的指示》和水利电力部党组《关于一九六一年黄河防汛问题的报告》，批示："拟同意。即送邓（小平）、彭（真）、富春、一波、先念、瑞卿核阅。"要求作为"特急件"发河南、山东、陕西、山西、河北五省委。

7月4日　在西花厅同刘澜波、钱正英等接见何继晋率领的越南水利电力部代表团，介绍了中国水利工作的经验和教训。他说，中国治水二千多年的历史有一套经验，水电部要组织力量很好地研究，不能搞了新的，把历史经验忘了，或者否定了。他指出兴修水利不能贪多冒进，第一，勘测工作要多比较；第二，设计也要多方案加以比较；第三，开工时间宁可慢些，不要急，要先做好施工准备。他要求水利资源各个部门需要综合计算综合利用。

7月7日　下午，约有关人员谈三门峡水库水轮机转子焊接问题。

7月12日　与沈鸿、李强、冯仲云谈三门峡水轮机问题。

8月28日　约谭震林、陈正人、廖鲁言谈农业问题。

10月8日　陪同尼泊尔国王马亨德拉一行参观三门峡水库。

12月26日　上午约有关人员谈水利问题。

12月27日　上午约有关人员谈水利问题。

12月28日　在中央工作会议上报告国内外形势和1962年的八项工作。指出"大跃进"中水利建设，架子大了，许多拦河坝把河腰斩了。他提出的1962年八项工作的第一项是"放下架子"。其中，水利工程也要重新安排，到底哪些应该下，哪些应该扒掉，哪些应该搞成，哪些还要搞溢洪道，哪些应该搞泄水洞，都要一项一项重新安排。三门峡应该怎么办，也要研究；丹江口的质量也要改进，岳城镇这样的水库也要研究。

1962 年

1月13日　约有关人员谈水利问题。

2月8日　约有关人员谈丹江口和建溪水电工程问题。

2月9日　参加处理水利纠纷问题会议。

2月20日　约有关人员谈农、林、水口精简问题。

4月20日　约有关人员谈水利问题。

5月16日　约有关人员谈农林水利等问题。

6月22日至23日　视察延边朝鲜族自治州。询问安图水库与亚东水库的修建情况。指出，修水库要好好勘查，土方、材料、投资都要切实算计一下，一个一个地搞。指示要保护森林，要把坡坡岭岭都栽上树，搞好造林绿化和水土保持工作。

6月24日　参观小丰满水力发电站。

10月19日　听取陈正人汇报水库移民问题。

11月8日　接见各大区农办负责人和各省、市、自治区出席国营农、林、牧、渔企业安置城市精简职工和青年学生汇报会的代表。指出，搞农垦要多方面研究，不能只搞一个方面，丢掉其他方面。山区开荒，水土流失很严重，在湖南、福建等省已经看出来了；草原开荒不能护土，不能固沙造林，也看出问题来了。他针对江西省提出的鄱阳湖区围垦计划说，对水利、水产方面有无问题？利弊如何？由水利、农垦、水产、农业四个部派人组织专门小组到江西实地勘察研究，中央的小组要会同长江流域规划办公室、华东局农办、江西省农垦厅、江西省水利厅一齐调查。他要求以三门峡水库上马时研究得不全面、移民问题没解决好为借鉴，避免片面性。

12月19日　约有关人员谈水利问题。

1963 年

5月21日　约有关人员谈水利问题。

8月5日　听取水利情况汇报。

9月6日　在中共中央工作会议上发言，强调中央要统一管理对黄河、淮河和海河流域的治理，并将制订统一的远期规划。

9月7日　主持召开国务院八省生产救灾会议，指出，北方几省水灾是北方六百年来少有的，灾区要坚持自力更生、生产自救，要注意节约，避免国家过多地减少积累。

9月12日至13日　同有关人员谈河北涝灾与救灾问题。

10月17日　约有关人员谈水利问题。

10 月 29 日　同林一山谈三门峡低水头发电试验等问题。

11 月　为河北抗洪抢险斗争展览会题词："驯服海河，为民造福。"

11 月 5 日　约有关人员谈位山破坝及其他水利问题。

11 月 18 日　为战胜洪涝灾害的河北省、天津市人民题词："向为战胜历史上少见的洪涝灾害而进行顽强斗争的各级干部、各界人民、部队官兵表示最大敬意！要为支援灾区，重建家园，争取明年丰收，彻底治理海河而继续奋斗！"

12 月 8 日　就向香港增供淡水的石马河建设工程问题同陶铸、陈郁、程子华、赵紫阳等谈话，指出，香港居民 95% 以上是同胞，因此供水工程应列入国家计划，由国家举办。

12 月 18 日　访问埃及阿斯旺市，参观阿斯旺高水坝。

1964 年

5 月 3 日　与钱正英等研究黄河三门峡泥沙淤积问题，要钱正英等下去调查研究，广泛听取各种意见，邀请各方面的专家，在北京召开治黄讨论会。

6 月 10 日　在西花厅同刘澜波、钱正英等接见何继晋为团长的越南水利考察团，介绍了新中国建立以来水利建设的经验教训，着重介绍了四点：1. 都江堰这个有历史的工程是成功的，我们利用得不好，没有很好研究历史经验加以总结；2. 三门峡我们打了无准备的仗；3. 治淮工作中犯了地方主义分散主义的错误；4. 密云水库虽然是成功的，但搞得太快，负担太重。

9 月 15 日　晚上约有关人员谈三门峡问题。

10 月 24 日　审阅李先念关于河北涝灾情况的报告，批示，生产救灾重点放在生产自救，救灾费应先拨一些，实事求是地发给那些确实买不起粮的灾户。

11月24日 和钱正英研究治理黄河会议的准备工作。

12月5日至18日 在北京主持召开治理黄河会议。中央有关部委、有关省区负责人、水利界知名专家、治黄科技人员共100余人参加会议。会上，以三门峡改建为中心，形成各种治黄思想的大交流与大论争。18日，周恩来作了重要讲话，提出治理黄河总的战略方针"是要把黄河治理好，把水土结合起来解决，使水土资源在黄河上中下游都发挥作用，让黄河成为一条有利于生产的河"。他要求持各种治黄主张的人都"要有全局观点"，"不要自己看到一点就要别人一定同意"。他指出："三门峡工程二洞四管的改建方案可以批准，时机不能再等，必须下决心。"这次治黄会议是当代治黄史上一次重要的会议。

1965 年

1月6日 听取林一山等关于三峡工程研究情况的汇报。

6月1日 对水利电力部党组《关于黄河治理和三门峡问题的报告》作具体批示，肯定该报告比较全面，并对过去治黄工作的利弊和各种不同意见做了分析，提出将该报告印发给中央和有关各部委、各省市负责同志一阅。

8月28日 同谭震林等听取水利电力部党组钱正英、刘澜波、林一山等人汇报近日召开的全国水利会议情况。指出水利是个长期工作，水利上犯了错误，也要一代一代传下去，使他们接受经验，才会少犯错误。把理想变成现实，得几代、到几十代。想把儿孙的事都办完，哪有这个事！强调纠正"重大轻小，重骨干轻配套，重修轻管，重工程轻实效"

的错误倾向；指出水利工作首先要为农业生产服务，要为生产办水利。

9月10日　对河北黑龙港治水工程所需资金和物资作具体批示："同意从今年追加费中拨款五千万元给河北黑龙港治水工程，物资照拨。""退计委王光伟办。"

10月21日　约有关人员谈救灾和水利问题。

11月4日　接见抗旱会议代表。

11月12日　对对外经济联络委员会《关于中朝鸭绿江水力发电公司理、监事会四届三次会议有关问题的请示报告》作如下批示："方毅同志：一、今年朝方多用电二亿度可不再以电力偿还，明年能让朝方多用多少亿度，请告水电部计算后相告，但亦不应以电力偿还。二、老虎哨水电站正常高水位应在这次会议中解决。三、水丰水库已提高0.8米可同意，再能提高多少，亦望告水电部计算好后报来。"

12月30日　审阅谭震林关于全国灾情和冬修水利工程中一些问题的报告。

1966 年

1月24日　听取河北省委汇报抗旱和农业生产问题。

2月　全国林业会议之前，周恩来对林业部负责同志说："我当总理十六年，有两件事交不了帐，一是黄河，一是林业。"

2月1日　主持召开京、冀、鲁、豫、晋、陕、辽、内蒙古八省、市、自治区抗旱工作会议，并作了总结报告。他要大家认清搞好抗旱工作对这些地区政治、经济、军事上的重要意义。指出八省、市、自治区的任务是：抗旱防涝、争取丰收，摆脱落后，力争上游，并具体规定了22条抗旱防涝的方针措施。

2月4日　约西北、西南等地和水利、农垦、林业、农机等部门有关人员谈农业与水利问题。

2月15日　听取陈正人关于抗旱工作队的汇报。指示，工作队下去后不能增加地方负担，不要去指手画脚，不要动辄找人来开会，妨碍群众劳动生产。

2月21日　批改《中共中央、国务院关于抗旱防涝，为改变我国北方农业落后面貌而斗争的指示》稿。

3月2日至7日　听取北方八省、市、自治区抗旱情况的汇报，并研究抗旱问题。

4月2日至5日　在河北省邯郸地区的魏县、大名、临漳、磁县、成安五个县的社队，了解抗旱情况，研究抗旱措施，解决抗旱中的问题。他参观了人工打井、猴爬杆打井法，仔细地看了机井、砖井和各种打井架子、打井机具。他说，打井要有规划，自力更生，搞好配套，保证发挥效益。

4月5日　视察岳城水库，陪同的有刘子厚、钱正英等人。他说："水库要防洪、灌溉并重。去年汛期放水，也可能放对了，但要争论一下，是不是也可以不放。水库施工的关键问题、薄弱部位，要记载下来，交代给我们的后代。修水库，要综合利用，综合经营。"他还就河南、河北分水问题，泥沙淤积问题，防地震问题，移民问题，一一作了具体指示。

6月1日　参加黄河防汛会议。

6月8日　参加北方八省、市、自治区抗旱会议。

1967 年

7 月初 担心黄河度汛安全,指示水电部负责人召集黄委会群众组织的代表,到北京协商解决黄河安全度汛问题,并嘱水电部负责人转告:"不论在任何情况下,对黄河防洪问题都要一致起来,这个问题不能马虎。"

1968 年

2 月 3 日 参加国务院业务小组会,讨论刘家峡水库问题。

2 月 8 日 约有关人员谈刘家峡水库问题。

5 月 27 日 接见尼泊尔副首相比斯塔。指出,经济发展的一般途径是先从农业着手,再发展重工业,这就需要时间。水是发展农业的主要资源,有了土、水、化肥、种子选择等项保证,农业就可以顺利发展。他总结中国的水利建设经验,提出对水电站的综合利用规划要搞好,不仅能发电,而且还可以灌溉、运输、防洪等。如有多余的电,就可以用来利用水,空气通过电解制造氮肥。他认为尼泊尔有足够的水力,既能灌溉,又能防洪,又能发电,又能运输,可以解决一系列问题。

6 月 19 日 在人民大会堂福建厅同坦桑尼亚总统尼雷尔会谈,对方参加会谈的有水利局局长雷加鲁利拉,我方参加会谈的有水电部副部长钱正英。周恩来向客人介绍了钱正英负责水利建设以及受红卫兵冲击的情况,还向客人介绍了我国水利建设的经验。他说,关于水利方面我们有两句话,"排(到大海)、大(型)、国(家办)",后来提出"蓄(水)、小(型)、群(众办)"。这两句话不能绝对讲,不能只要这不要那。

6 月 28 日 接见以佩·拉多维茨卡为首的阿尔巴尼亚伐乌-代耶水

电站代表团全体成员。向客人介绍中国古代修建的都江堰工程以及新中国修建岳城水库、新安江水库、密云水库、三门峡水库的经验教训。指出治水要综合规划、整体规划。

7月18日 晨3时半，约李先念及海军、空军有关人员谈救水灾问题。

1969 年

5月 提议清华大学水利系师生到三门峡去，参加研究怎样解决三门峡工程改造的问题。

6月 委托刘建勋在三门峡市召开晋、陕、鲁、豫四省治黄会议，研究三门峡工程第二次改建和黄河近期治理问题。

7月26日 晚上参加防洪会议。

7月27日 下午参加防洪会议。

7月28日 批阅7月27日北京军区《请示抽调防汛部队问题》和河北省革命委员会《布告》，并报告毛泽东、林彪："今年各地汛情，较往年为重。荆江大堤由于武斗和疏于防护，在嘉鱼对岸决口，损失不小。现华北汛期已到，而保定地区尚武斗不息，经与有关各方面讨论，一致同意对大清河南支千里堤实行军管。"

8月31日 夏季，湖北发生了严重的山洪和江堤决口，鄂西北地区又出现旱象。今日周恩来审阅了反映这一情况的《生产救灾情况简报之一》并批示："请国务院业务组今晚（31/8）开会时谈一谈并帮助解决湖北所提出的问题。"

9月30日 深夜，黄永胜按照林彪的意见来电话，说为了备战，要把密云水库的水放掉。周恩来不同意，认为那样会淹没下游的人民群众。

翌日凌晨，在京西宾馆约水利部军代表谈话，否定了放水意见。

1970 年

4 月 指出要搞清雅鲁藏布江的水文情况，为治理作准备；将来要在雅鲁藏布江上修个高坝，解决防洪、供水与发电问题。

6 月 1 日 接见罗马尼亚驻华大使奥·杜马，向大使询问多瑙河上游遭受水灾的情况，介绍中国 1954 年长江流域大水和 1963 年海河流域大水以及当时救灾情况。

6 月 21 日 在国务院会议室接见参加中日民间渔业谈判代表团有关省市及外交部有关负责同志时，详细询问对虾、偏口鱼、乌鱼、勒鱼、鲅鱼、带鱼、大小黄花鱼、鳕鱼以及海蜇、海带、毛蚶等主要水产品种的产区、捕捞时间、生活习性、产量、加工、国内外销售等情况。他说："中国应该搞个水产大丰收，内河外海水产丰富得很，中国的地形和美国、苏联不同，是西高东低，江河的淡水东流，把肥沃的土都带进江河大海，对发展水产有利。但要注意把工业污水处理好，现在就要想这个问题。我们现在搞工业可得注意，农林部要和水电部结合，注意这个问题，水产资源要保护。"

9 月 30 日 同李先念会见巴基斯坦政府友好代表团和巴基斯坦农业代表团，向客人介绍了中国的治水经验以及对珠江、黄河、海河、长江、淮河、雅鲁藏布江的治理情况。他说，如果说中国水多的地方，那要算广东珠江三角洲了。那里大水一来就淹掉很多地方，有的地方有一些堤岸，有的地方没有堤岸。珠江还有很多问题，需要修理。对于黄河，他介绍说，根据历史记载，黄河问题已有三千多年了。黄河有害，但有时也有利。大水冲垮了很多堤岸，但是也把西北高原上的黄土冲下来，肥了田，下一年这些地方就有好的收成。在中国也有人对治水主张听其自然，这样当然不行。俗话说：人定胜天。治水要掌握水的规律才能解决问题，但到现在这个规律我们还掌握不好。对于长江，他说，扬子江是中国最有利的河，但有时候也有害，现在也还有些问题。对于雅鲁藏布江，他说，再过二十年，如果世界形势好一些的话，可以建两个大坝：一个是长江上的，一个是雅鲁藏布江上的。雅鲁藏布江上的大坝将是世界上最高的大坝，发电量可以达两千多万千瓦时，将是世界上最大的发电站。他还向客人介绍了淮河上中下游的水利纠纷的处理情况。指出，毛主席很早就注意淮河的问题，很早就指示一定要把淮河治好，我们首先注意的就是淮河。

10 月 30 日　约有关人员谈水利问题。

11 月 21 日　在人民大会堂三楼小礼堂接见国家计委地质局"抓革命、促生产"会议全体代表时讲话，针对工业废气、废水、废渣，提出，搞工业不能给人民生活带来不利。表扬上海第二水文大队解决了地面沉降问题，同时指出，炼油厂的废油、废气、废水怎么办？统统回收，综合利用才好，不然把废油、废水、废渣倒进黄浦江里把鱼都弄死了，这是一个新课题。

12 月 16 日　主持国务院业务组会议，听取葛洲坝工程设计的汇报，逐字逐句审查询问了湖北省革委会《长江葛洲坝水电工程简要说明》，指示方案"要放在非常可靠的基础上，要安全，要发动群众，加强领导，实事求是，走群众路线，领导和群众相结合"，"投资要节约"。

12 月 22 日　约有关人员谈葛洲坝水利枢纽工程问题。

12 月 24 日　致信毛泽东、林彪，汇报研究讨论兴建葛洲坝水利工程的情况，认为在"四五"计划中兴建葛洲坝水利工程是可行的，"至于三峡大坝，需视国际形势和国内防空炸的技术力量的增长，修高坝经验的积累，再在'四五'期间考虑何时兴建"。毛泽东于 12 月 26 日写了如下批示："赞成兴建此坝。现在文件设想是一回事。兴建过程中将要遇到一些现在想不到的困难问题，那又是一回事。那时，要准备修改设计。"

12 月 26 日　召集中联部、总参二部、农林部和外交部有关同志谈中日围网渔业谈判问题，指出："我们的淡水鱼占三分之一，工业污染问题不解决，将来就没有鱼吃了。要把这个问题作为专门一项在计划会议上提出来。对我们来说工业公害是个新问题。工业化一搞起来，这个问题就大了。农林部应该把这个问题提出来，农业又要空气，又要水，又要不污染。"

1971 年

2 月 15 日　在京西宾馆接见参加全国计划会议各大军区，各省、市、自治区负责人时讲话。指出，现在公害已成为世界的大问题。废气、废水、废渣对美国危害很大。日本最大的琵琶湖都污染了，近海已无鱼，非到外海打鱼不可。我们要搞净化，搞综合利用，变"三害"为"三利"。不要认为不要紧，不能再等，要在第四个五年计划中解决综合利用的问题，为劳动人民，为后代着想。

6 月 20 日　同李先念、余秋里等在中南海小礼堂接见参加全国电力规划和水电经验交流会的代表，听取水电部代表关于京津唐、华东、武汉等十二个电网汇报，了解全国电网的布局。

6 月 23 日　在国务院会议室听取张体学等关于葛洲坝工程的汇报。指出："对于水利工程，要综合考虑。太急容易出乱子。不要把重点放在发电上，要保证通航、发电和泄洪的安全。不能坝一做，鱼也过不去，船也下不去。要救鱼、救船、救木。"

1972 年

春 指示解放军某部给水工程团开赴新疆，克服一切困难，在 20 年之内查清新疆水文地质情况，解决严重干旱地区的农牧民饮水问题。

11 月 在国务院会议厅于 8 日、9 日、21 日三次主持召开葛洲坝工程汇报会，听取了各方面汇报。严肃指出工程建设中存在的问题。决定主体工程暂停施工，修改设计工作改由长办负责。指定由林一山、钱正英、张体学、王英先、马耀骥、沈鸿、谢北一、袁宝华、廉荣禄等 9 人组成葛洲坝工程技术委员会，直接对国务院负责。进一步阐明修建葛洲坝是为三峡作实战准备。

11 月 23 日 听取河北、天津、北京关于海河工程的汇报，详细地询问了河北旱情、治理海河工程的规划和消除公害等问题，强调要发动群众办水利，鲧禹结合为人民。

12 月 13 日 同几内亚总理贝阿沃吉会谈。介绍河北、天津的旱涝灾害及海河治理问题。他说，河北省最大的问题是旱。天津附近是洼地，有很多河都在天津入海，所以，一下暴雨天津就淹了。我们现在根治海河的计划是，搞两条水渠入海，在上游筑起坝，把水蓄起来。他认为今年大旱影响了河北天津的工农业生产。第一，水不够，所以发电也少了。第二，上游的水库放水时，所经过的下游每一个村庄都要留下一些水来，到了天津就等于零。因为天津的工业要用水，甚至把海河的闸都关了，不让水入海。天津附近的水稻开始长得很好，在旱的时候看着它旱死，有一万公顷，如果有水的话，一公顷可以收 6 吨。他还介绍了发展农业与水的关系。发展农业没有水不行，水多了还要放水，水少了要蓄水，洼地还要挖水沟把水排走，不然要碱化。虽然中国有这么多河流，但有些地方，水田的水还上不去。他还指出，修蓄水池要把防洪、灌溉，发电、运输、水产结合起来。

1973 年

2 月 26 日 批阅王冶秋《关于梨菜铁路通过红岩村和新华日报馆旧址问题的请示报告》，举出"平山修水库时要淹西柏坡，中央马上批准了"为例，证明"纪念馆要服从基建工程，绝不许基建工程服从纪念馆"。

3 月 25 日 同喀麦隆总统阿希乔会谈。阿希乔提出希望中国帮助修建拉格都水坝。周恩来说，据调查，这个水坝既可以发电，也可以灌溉。他让中国外经部长与阿希乔总统指定的部长会谈具体方案。

5 月 14 日 致信李先念、纪登奎等，请他们好好读 5 月 14 日的《参考消息》关于世界气象变化的两篇报道。指出："今年我们可能还遇到南涝北旱的局面，请告农林部多多提醒各地坚持实行防涝抗旱的措施，不要丝毫松懈。"

9 月 7 日 8 月下旬，黄河下游花园口站出现每秒 5890 立方米的小洪峰。9 月 1 日晨东明、兰考滩区生产堤决口，滩地被淹。新华社在《内部参考》上作了"黄河大堤决口"的夸大灾情的报道。今日零时 30 分，周恩来把钱正英找到人民大会堂询明具体情况，并研究解决问题的措施。

1974 年

12 月 周恩来在重病中看到三门峡水利枢纽工程改建获得初步成功的报道，要纪登奎打电话问钱正英是否属实。这是周恩来最后一次过问我国的水利事业。

参考文献

（汉）司马迁:《史记》，中华书局 1959 年版。

《马克思恩格斯选集》第 2 卷，人民出版社 1972 年版。

《毛泽东著作选读》，人民出版社 1986 年版。

《毛泽东文集》第 6 卷，人民出版社 1999 年版。

《建国以来毛泽东文稿》第 1 册，中央文献出版社 1987 年版。

《建国以来毛泽东文稿》第 2 册，中央文献出版社 1988 年版。

《建国以来毛泽东文稿》第 3 册，中央文献出版社 1989 年版。

《建国以来毛泽东文稿》第 4 册，中央文献出版社 1990 年版。

《建国以来毛泽东文稿》，中央文献出版社 2023 年版。

《周恩来选集》下卷，人民出版社 1984 年版。

《周恩来书信选集》，中央文献出版社 1988 年版。

《周恩来统一战线文选》，人民出版社 1981 年版。

《周恩来教育文选》，教育科学出版社 1984 年版。

钱正英:《永远难忘的教诲》，《中国妇女》1979 年第 2 期。

李锐:《总理在我心中》，载《怀念周恩来》，人民出版社 1986 年版。

王化云:《黄河滚滚忆深情》，载《怀念周恩来》，人民出版社 1986 年版。

铁瑛：《周恩来总理教我做经济工作》，载《怀念周恩来》，人民出版社 1986 年版。

王任重：《随同周总理考察三峡记》，载《不尽的思念》，中央文献出版社 1987 年版。

钱正英：《跟随周总理治水》，载《不尽的思念》，中央文献出版社 1987 年版。

林一山：《周恩来与水利建设》，载《不尽的思念》，中央文献出版社 1987 年版。

王宪：《碧水荡漾溢深情》，载《我们的周总理》，中央文献出版社 1990 年版。

李蔚：《周恩来和知识分子》，人民出版社 1985 年版。

李儒忠：《周恩来与少数民族》，新疆人民出版社 1987 年版。

钱正英：《中国水利决策的展望》，《新华月报》1990 年第 3 期。

冀朝鼎：《中国历史上的基本经济区与水利事业的发展》，中国社会科学出版社 1981 年版。

王化云：《我的治河实践》，河南科学技术出版社 1989 年版。

《1949—1983 中国水力发电年鉴》，水力发电杂志社。

黄河水利委员会黄河志总编辑室编：《黄河大事记》，河南人民出版社 1989 年版。

荆江大堤志编纂委员会编：《荆江大堤志》，河海大学出版社 1989 年版。

《为人民除害造福》，北京人民出版社 1978 年版。

《各国水概况》，吉林科学技术出版社 1989 年版。

毛泽东江河治理战略号召

中国是拥有众多河流的大河之国。中国人民祖祖辈辈热爱这些大河，从它们那里得到舟楫灌溉之利。中国人民也祖祖辈辈畏惧这些大河，怕它们放荡不羁，发起洪水，毁坏田园家国。

毛泽东早在第一次国内革命战争时期和土地革命战争时期，就十分重视治理江河，发展水利，消除水患。1919年7月，毛泽东指出："世界什么问题最大？吃饭问题最大。"[1] 要解决吃饭问题，必须发展农业。要发展农业，必须解决好农业生产的必要条件，包括水利条件。1927年3月，毛泽东在《湖南农民运动考察报告》中，把修塘坝列为农民运动的十四件大事之一。1934年1月，毛泽东在阐述中央苏区的经济政策时提出了"水利是农业的命脉"[2] 的著名命题。1935年10月，毛泽东关于"夏日消溶，江河横溢，人或为鱼鳖"的诗句，则包含着对洪水为患的忧虑和根治江河的愿望。

由于帝国主义、封建主义和官僚资本主义的黑暗统治，近代中国江河水患没有也不可能得到根本治理。中华人民共和国成立伊始，水旱灾

---

[1] 《毛泽东早期文稿》，湖南人民出版社2008年版，第270页。

[2] 《毛泽东选集》第1卷，人民出版社1991年版，第132页。

害频频发生，严重威胁着人民的吃饭和生存问题。治国安民，必先治水。一个兴利除害，全面治理与开发江河的战略设想在人民领袖毛泽东的心中升腾。

一、"一定要把淮河修好"

这是毛泽东在淮河大水后发出的伟大号召。

1950年6月至7月，河南与安徽交界处连降暴雨，淮河三河尖、任王段及王截溜、正阳关以上右岸全部漫决，正阳街上水深数尺。

7月18日，华东防汛总指挥部在给中央防汛总指挥部的电报中说，淮河中游水势仍在猛涨，估计有超过1931年最高洪水位的可能。7月20日，毛泽东看了这封电报，心情十分焦急，当即将这封电报批给周恩来："周：除目前防救外，须考虑根治办法，现在开始准备，秋起即组织大规模导淮工程，期以一年完成导淮，免去明年水患。请邀集有关人员讨论（一）目前防救、（二）根本导淮两问题。如何，请酌办。"[1]8月1日，安徽省负责人曾希圣、黄岩、李世农致电华东局、华东军政委员会并转中央，报告皖北灾情及防救工作意见。电报中说，淮北20个县、淮南沿岸7个县均受淹。被淹田亩总计3100余万亩，占皖北全区二分之一强。房屋被冲倒或淹塌已报告者80余万间，其中不少是全村淹没。耕牛、农具损失极重（群众口粮也被淹没）。由于水势凶猛，灾民来不及逃走，或攀登树上，失足坠水（有在树上被毒蛇咬死者），或船小浪大，翻船而死者，统计489人。受灾人口共990余万，约占皖北人口之半。8月5日，

---

[1] 《建国以来毛泽东文稿》第2册，中央文献出版社2023年版，第383页。

毛泽东看到这封电报，落了眼泪。他在"不少是全村沉没""被毒蛇咬死者""统计 489 人"等处画了横线，并批道："周：请令水利部限日作出导淮计划，送我一阅。此计划八月份务须作好，由政务院通过，秋初即开始动工。如何，望酌办。"[1]

8 月 28 日，在华东军政委员会向周恩来转报中共苏北区委对治淮意见的电报中；苏北区委认为，"如今年即行导淮，则势必要动员苏北党政军民全部力量。苏北今年整个工作方针会重新考虑，既定的土改、复员等工作部署必须改变，这在我们今年工作上转变是有困难的，且治淮技术上、人力组织上、思想动员上及河床搬家，及其他物资条件准备等等，均感仓促，对下年农业生产及治沂均受很大影响"。8 月 31 日，毛泽东在这封电报上写道："周：此电第三项有关改变苏北工作计划问题，请加注意。导淮必苏、皖、豫三省同时动手，三省党委的工作计划，均须以此为中心，并早日告诉他们。"[2]

9 月 16 日，安徽省负责人曾希圣打电报给华东军政委员会主席饶漱石，并转周恩来、董必武、陈云、薄一波等中央领导人，报告了皖北灾民拥护治淮决定的情况及调配粮食的意见。9 月 21 日晚，毛泽东将曾希圣的这封电报再次批给周恩来："周：现已九月底，治淮开工期不宜久延。请督促早日勘测，早日做好计划，早日开工。"[3]

两月之内，毛泽东接连在淮河水灾及治淮情况的电报上写了四封批示信给周恩来，其关心群众、爱护群众、同群众同呼吸共患难的情感，跃然纸上。

---

[1] 《建国以来毛泽东文稿》第 2 册，中央文献出版社 2023 年版，第 383 页。

[2] 《建国以来毛泽东文稿》第 2 册，中央文献出版社 2023 年版，第 384 页。

[3] 《建国以来毛泽东文稿》第 2 册，中央文献出版社 2023 年版，第 384 页。

这四封关于治淮的批示信总共不到300字,但高屋建瓴、言简意赅。首先,毛泽东提出把目前防救和根本治淮结合起来,除防救外,须考虑根治办法。这是一种积极救灾的思想。防救就是帮助人民在洪涝灾害中渡过难关。但如果单纯防救,祸根仍然存在。积极的办法是根治淮河,免去今后水患。其次,毛泽东反复提出秋起动工,不宜久延。这是一种不误时机的思想。治水要配合天时、人力。大水之后,人民有治水的积极性,此气可鼓而不可泄。早日开工,力争在下一个汛期到来之前完成第一期工程,可以免去来年水患。第三,毛泽东表达的苏、皖、豫三省以治淮为中心的思想,是一种生产关系服从生产力,人民的利益高于一切的思想。在洪水威胁中,治水则直接关系到生产力,影响到土改的实际效果。在土改与治水发生矛盾时,以土改服从治水是非常正确的。以治淮为三省工作中心,在当时协调三省合作治水也是必须的。

　　毛泽东还根据淮河灾情,借鉴历史经验,从政治高度出发,强调了根治淮河水患的重要性。据钱正英回忆:当时毛泽东认为,中国历史上好几个开国皇帝都出在淮河流域,刘邦是淮河流域沛县人,曹操是淮河流域亳县人,朱元璋是淮河流域凤阳人。其原因在于淮河流域天灾人祸多,是中国历史上农民起义的温床。为了新中国的安定,必须先把淮河治好。

　　根据毛泽东的指示,周恩来领导制定治淮原则、方针、步骤,成立治淮领导机构,解决治淮经费问题,协调上中下游三省团结治淮,签署发布《政务院关于治理淮河的决定》。在毛泽东、周恩来的重视下,不仅豫、皖、苏三省掀起了治淮热潮,而且还得到了全国各方的大力支持。

　　1951年5月,中央人民政府治淮视察团带着毛泽东颁发并亲笔题写的"一定要把淮河修好"的锦旗,到治淮工地慰问干部、民工。7月20

日，根治淮河的第一期工程胜利完成。

二、"要把黄河的事情办好"

这是 1952 年 10 月毛泽东视察黄河时的叮嘱。这次视察黄河是开国后毛泽东第一次出京巡视。此后，1953 年 2 月、1954 年冬、1955 年 6 月，毛泽东又三次视察黄河，了解、掌握治理黄河的情况。

历史上，黄河经常决口改道，洪水泛滥所及，北至天津，淤塞破坏海河水系。南至淮阴，淤塞、破坏淮河水系。1952 年 10 月，毛泽东第一次视察黄河，是从徐州观看黄河故道开始的。沿着黄河故道西上，毛泽东到了东坝头。这是清朝咸丰五年黄河决口改道的地方，而今黄河正从这里转向东北奔腾而去。毛泽东察看了石坝和大堤，了解了修堤、修坝的情况和防洪能力。他一边叮嘱"今后再继续把大堤和坝埽修好"，一边问道："黄河是否还会决口？""黄河涨上天怎么样？"黄河水利委员会主任王化云曾向毛泽东介绍陕县民谣："道光二十三，黄河涨上天，冲走太阳渡，捎带万锦滩。"毛泽东所问正是由此而发。他同意王化云的回答：在治标的同时，要重视治本，在黄河上修大水库。看完东坝头，毛泽东说："说黄河是个悬河，在东坝头看不出来。"于是，毛泽东又看了柳园口。在那里，黄河水面比开封城地面高出三四米，毛泽东说："这就是悬河啊！"在黄河南岸，毛泽东还登上邙山，察看了邙山水库坝址和黄河形势。过黄河到北岸，毛泽东来到引黄灌溉济卫工程渠首闸，详细询问了工程建设情况和灌溉效果，并亲自摇动启闭机摇把开启闸门。当看到黄河水通过闸门流入干渠时，他十分高兴地说："一个县有一个就好了。"

1953 年 2 月，毛泽东第二次视察黄河。他了解了不修邙山水库转修三门峡水库的理由和情况，询问了三门峡水库的蓄水位以多高为宜，以及水土保持和水库寿命问题。

1954年冬，毛泽东第三次视察黄河，了解了水土保持和黄河规划情况。

1955年6月，毛泽东第四次视察黄河，询问了引黄灌溉及如何解决盐碱化问题。

1961年3月中央广州会议上，毛泽东在讲到调查的时候说，他很想骑马跑跑两条大江（指长江、黄河）。1964年，毛泽东真的准备要去实现他的这一愿望，骑马沿黄河而上，直到黄河源头，对黄河两岸做一次系统的社会调查和自然考察。他还准备组建一个智囊团随行，吸收天文、地理、地质、历史等方面的科学家参加。

三、"为广大人民的利益，争取荆江分洪工程的胜利"

这是1952年5月毛泽东为修建中的荆江分洪工程的题词。

长江流经湖北枝城至湖南岳阳附近的城陵矶这一段，被称为荆江。由于地势平坦，河道弯曲，水流宣泄不畅，加之上游洪水又常与洞庭湖湘、资、沅、澧四水及清江、沮漳河相遇，荆江汛期洪水位常高出堤内地面10多米，所以有"千里长江，险在荆江"之说。为了缓解荆江容量不能安全承泄川江最大洪水来量的矛盾，新中国成立之初，毛泽东、刘少奇、周恩来就开始酝酿修建荆江分洪工程。1950年第一个国庆节期间，他们听取了中南局代理书记邓子恢关于荆江分洪工程设计方案的汇报。但是，江湖矛盾引起湖南、湖北两省人民生死利害的矛盾，对修建荆江分洪工程，湖北持积极态度，湖南则有些顾虑。当1951年长江水利委员会为荆江分洪工程作了一些前期准备工作时，湖南常德专署则向毛泽东写信，状告长委会的做法损害了洞庭滨湖地区群众的利益。在这种情况下，1952 年 2 月，周恩来主持召开了有两湖有关人员参加的荆江分洪工程会议，调解两湖纠纷。2 月 23 日夜，周恩来向毛泽东和中央写了关于荆江分洪工程会议情况的报告，进一步肯定了修建荆江分洪工程的必要。周恩来说："如遇洪水，进行无准备的分洪，必致危及洞庭沿湖居民，如肯定不分洪则在荆江大堤濒于溃决的威胁下，仍存在着不得已而分洪的可能和危险。这就是两省利害所在的焦点。" 2 月 25 日，毛泽东审阅周恩来的报告并做了重要批示："周总理：（一）同意你的意见及政务院决定；（二）请将你这封信抄寄邓子恢同志。"在毛泽东支持和周恩来具体过问下，荆江分洪工程于 4 月 5 日全面开工。5 月 24 日水利部部长傅作义代表中央到荆江分洪工程工地慰问，授予绣有毛泽东亲笔题词的锦旗。"为广大人民的利益，争取荆江分洪工程的胜利！" [1] 这一题词表达了局部利益服从整体利益的思想。这不仅对指导兴修荆江分洪工程，而且对指导新中国的水利建设以至经济建设都产生了重大的影响。

荆江分洪第一期工程于 1952 年 6 月 20 日完工，接着，又进行了第二期工程。

1952 年 9 月 14 日凌晨 2 时半，汉江黄家场决口，沔阳县有 8 个区被淹，共计面积 80 万亩，灾民约 30 万人。9 月 17 日，毛泽东将水利部关于汉江黄家场决口后情况报告批给邓小平、薄一波："邓、薄：请商水利部提出根治汉水计划，考虑是否可以列入明年预算。"他还询问："洞庭湖、荆江北岸、汉水三处同治，财政上是否可能？" [2] 这一批示表明，

---

[1]《建国以来毛泽东文稿》第 7 册，中央文献出版社 2023 年版，第 57 页。

[2]《建国以来毛泽东文稿》第 7 册，中央文献出版社 2023 年版，第 259 页。

毛泽东不仅从全局上考虑荆江分洪工程、根治汉水等水利决策，而且重视从财政预算上保证这些大型水利工程的修建。

荆江分洪工程，是长江上修建的第一个大型水利工程。1954年长江大水，先后三次运用荆江分洪工程，分泄了一万流量，使沙市水位下降近1米，保住了荆江大堤，减缓了武汉洪水的上涨速度。1955年3月，毛泽东题词祝贺："庆贺武汉人民战胜了一九五四年的洪水，还要准备战胜今后可能发生的同样严重的洪水。"[1]这一题词，包含着对荆江分洪工程蓄纳超额洪水作用的肯定，也寄托着对将来长江治本工程的期望。

四、"更立西江石壁，截断巫山云雨，高峡出平湖"

这是毛泽东1956年三次畅游长江之后，以诗的形式表达出来的治理长江、开发长江、修建三峡水利枢纽的远大理想。

1953年2月，毛泽东乘"长江"舰视察长江。对长江防洪问题，他提出了在三峡建库解决长江中下游防洪问题的设想。他伸手指着地图上三峡口子说："费了那么大的力量修支流水库，还达不到控制洪水的目的，为什么不在这个总口子上卡起来呢？"1954年长江大水后，毛泽东，周恩来加快对长江治本工程的筹划。12月，在武汉到广水的专列上，他们又听取了长江水利委员会主任林一山关于长江三峡水利枢纽工程的汇报。

1958年1月，中央南宁会议上，毛泽东听取了对三峡工程两种不同意见的代表的汇报，并请周恩来挂帅抓长江治本和三峡工程。2月26日

---

[1]《建国以来毛泽东文稿》第9册，中央文献出版社2023年版，第420页。

　　　　　　　　　　　　　　　　　　周恩来与治水

至3月5日，周恩来偕同李富春、李先念带领国务院有关部门和有关省的负责人及中苏专家、工程技术人员一百余人，从武汉溯江而上，进行了一次规模大、时间长、影响深远的三峡实地考察。3月，中央成都会议上形成了《中共中央关于三峡水利枢纽和长江流域规划的意见》的文件。会后，毛泽东乘"江峡"轮由重庆东下视察了三峡。他说："有些地方航道仍然不好，要在三峡修一个大水闸，又发电，又便利航运。"

防洪、发电、便利航运，这是毛泽东提出的为什么要修建三峡工程的主要原因。

怎样修建三峡工程．毛泽东在决策过程中形成了一系列重要思想。

第一，古为今用，继承创新。秦代蜀郡守李冰和他的儿子二郎主持修建的都江堰，不仅当时取得了"水旱从人，不知饥馑，沃野千里，世号陆海，谓之天府"的社会效益，而且千古受益，以至于今。成都会议期间，毛泽东利用休息时间翻阅了《华阳国志》《都江堰水利述要》《灌县志》等记叙中国古代最大、最成功的水利工程——都江堰的书籍，并且怀着极大的兴趣到灌县视察了都江堰工程。这都是为了从中吸取历史的经验和智慧，要在继承都江堰成就的基础上兴建超越都江堰水平的水利工程。

第二，兼听则明，偏听则暗。中央南宁会议谈到三峡修建问题，毛泽东得知有两种截然不同的意见时，即电召林一山、李锐面谈。听完两人意见后，他指示各写一篇文章，充分说明自己的意见，两天交卷，并交与会人员传阅。中央成都会议上形成的《中共中央关于三峡水利枢纽和长江流域规划的意见》的文件，是在毛泽东主持下，吸收两种不同意见的基础上制定的。1966年3月，林一山向中央和毛泽东写了关于修建三峡大坝的报告。4月，王任重向毛泽东转呈了林一山的报告，毛泽东仔细审阅了报告，并在许多地方画了杠杠，作了"需要一个反面报告"的亲笔批示。显然，毛泽东不是反对修建三峡大坝，而是认为举世瞩目的三峡工程的决策需要慎重，既要听正面的意见，也要听反面意见，以避免片面性；需要比较，作出最优的决策。

第三，积极准备，充分可靠。毛泽东提出的这一方针，是在肯定修建三峡工程必要性的同时又充分吸收了反对意见的合理部分而形成的。毛泽东执著地追求"高峡出平湖"的远大理想，但也没有忽视实现这一远大理想的国力和技术条件。《中共中央关于三峡水利枢纽和长江流域规划的意见》明确指出："从国家长远的经济发展和技术条件两个方面考虑，三峡水利枢纽是需要修建而且可能修建的；但是最后下决心确定修建及何时开始修建，要待各个重要方面的准备工作基本完成之后，才能作出决定。"[1] 这句话的后半部分是毛泽东亲笔加上的，它表明了毛泽东十分重视三峡工程的准备工作及上马的时机与条件。此后，毛泽东就"积极准备，充分可靠"的方针，着重提出了三个问题。一是如何解决泥沙淤积问题。1958年夏，毛泽东在武汉东湖之滨，专门向林一山询问了长江泥沙淤积及水库寿命问题。他认为三峡水库不是百年大计，而是千年大计，必须在动工修建之前找到解决泥沙淤积的办法。二是三峡工程的投资国力能不能承受的问题。1969年6月26日，毛泽东对张体学谈到投资30多亿的估计不足说："我看一上马就50亿。"三是三峡工程怎样解决防空炸问题。在当时充满冷战气氛的国际形势下，毛泽东认为修这么大的水库，不能不考虑防原子弹的问题。根据"积极准备，充分可靠"的方针，1970年代，毛泽东支持把修建葛洲坝水利枢纽作为三峡工程的实战准备。

---

[1] 《建国以来毛泽东文稿》第12册，中央文献出版社2023年版，第304页。

第四，统一规划，全面发展，适当分工，分期进行。这十六字原则是周恩来首先提出来的，毛泽东赞同，并对其中的具体内容作了重要补充。周恩来根据这十六字原则，指出要解决好远景与近期、干流与支流、上中下游、大中小型工程以及水火电等的"相济"关系。毛泽东在周恩来提出的五大关系的基础上，增加了防洪、发电、灌溉与航运，发电与用电（即有销路）两项，成为七大关系。正确处理这七大关系，贯穿着统分结合、点面结合、循序而进的治江辩证法。

毛泽东围绕三峡工程所形成的治水思想，不仅发挥了重要的历史作用，今天仍给人以深刻的启示。

五、"南方水多，北方水少，如有可能，借一点来是可以的"

这是1952年10月毛泽东视察黄河时，针对我国北方缺水问题而提出的南水北调的设想。

1953年2月，毛泽东视察长江，其目的之一就是想探求向长江借水，南水北调，解决北方缺水问题。毛泽东路过郑州时，询问王化云："从通天河引水怎么样？"王化云说："据查勘资料，引水100亿立方米是可能的，不过须打100多公里长的隧洞，同时要在通天河筑一座200多米高坝，水就可以经色吾渠穿过分水岭到卡日曲入黄河。"毛泽东说："引水100亿太少了，能由长江多引些水就好了。"在武汉到南京的"长江"舰上，毛泽东问林一山："南方水多，北方水少，能不能从南方借点水给北方？这件事你想过没有？研究过没有？"对南水北调的线路，毛泽东问林一山："从嘉陵江的上游，白龙江和西汉水，向北引水，行不行？""引汉水行不行？"他指示："关于南水北调工程，可立即开始查勘。""一有资料，就给我写信。"

根据毛泽东的指示，长江水利委员会组织专家和技术人员对汉江流域进行查勘，在中线找到了丹江口这个理想的引水地段。黄河水利委员会则组织西部地区南水北调查勘队。进行了西线可能引水的四条线路的查勘。有关部门还提出了东线引水方案，即从长江下游扬州附近起，逐级提引江水，大体沿京杭大运河北上到天津，沟通江、淮、河、海四大水系。1958年3月中央成都会议上，毛泽东说："打开通天河、白龙江与洮河，借长江济黄。丹江口引汉济黄，引黄济卫，同北京连起来。"8月，北戴河中央政治局扩大会议上作出了《关于水利工作的指示》，强调："除了各地区进行的规划工作外，全国范围的较长远的水利规划，首先是以南水（主要是长江水系）北调为主要目的的即将江、淮、河、汉、海河各流域联系为统一的水利系统的规划，和将松、辽各流域联系为统一的水利系统的规划，应即加速制订。"[1]

我国在1950年代和1960年代的经济、技术条件下，全面实施宏伟的南水北调工程是不现实的。但是，从长远的战略目标来看，只有实行南水北调才能从根本上解决北方干旱缺水问题。毛泽东在立国之初就提出了这一构想，这充分体现了战略家的远大眼光。

六、"一定要根治海河"

这是1963年海河大水后，毛泽东于11月17日给海河工程写的

---

[1] 《建国以来重要文献选编》第11册，中央文献出版社1995年版，第457页。

　　　　　　　　　　　　　　　　　　　　　周恩来与治水

题词。

新中国成立后，在治淮的同时，毛泽东就开始关注对海河流域水患的治理。1950年9月24日，毛泽东致电华北局薄一波、刘澜涛，请他们"向水利部接洽并帮助该部拟订华北全区水利计划，送政务院审查，纳入全国水利计划内一同办理"。[1]

海河流域的官厅水库、十三陵水库、密云水库、岗南水库等水利工程的兴建，都倾注了毛泽东的心血。

官厅水库是中华人民共和国成立后根治永定河的重点工程，是治理海河的第一个工程，也是继根治淮河第一期工程、荆江分洪工程之后的全国瞩目的重大水利工程。官厅水库拦河坝、溢洪道及输水道工程于1951年10月开工，1954年5月竣工。竣工之前，毛泽东于4月12日视察了工地。竣工庆祝大会上，水利部部长傅作义向大会授以毛泽东亲笔题写的"庆祝官厅水库工程胜利完成"的锦旗。

十三陵水库是人们用义务劳动修成的。在施工最紧张的时刻，1958年5月25日，毛泽东率领出席党的八大二次会议的全体人员参加了劳动。应工地指挥部之请，毛泽东还作了"十三陵水库"的题字。当时，叶剑英用诗笔描绘了毛泽东参加十三陵水库工地劳动的情景："万众欢呼毛主席，普通劳者出堤旁。一锄一篑成规范，创世人人动手忙。"

密云水库是在周恩来具体过问下于1958年9月1日开工修建的。1959年汛期大坝拦洪，是水库建设中的"关键一役"。拦洪抢险胜利完成后不久，毛泽东于9月10日到密云水库工地视察。他在简陋的工棚里听取了密云水库施工情况的汇报，观看了水库模型和图表。他还视察了白河主坝，乘船游览了白河库区和潮河库区。在船上，他向密云县委书记、

<hr>

[1]《建国以来毛泽东文稿》第3册，中央文献出版社2023年版，第75页。

附录一 毛泽东江河治理战略号召   279

水库工地指挥部副政委阎振峰询问了密云县的一些基本情况，指着四周光秃秃的山说："你看这里山也好，水也好，就是很多山还是光秃秃的，这就不好了，你几年能把它绿化了？"阎振峰回答道："5年能行，快一点用3年。"毛泽东对这样快的速度表示怀疑。他说："我看20年能完成就不错。不能小看这个问题，绿化，不经过长期的艰苦奋斗，是不可能实现的，要实事求是，尽最大努力去干好这件事。"此后，水库周围的群山植树绿化成了水库建设者的一件大事，当年曾有10万人上山种树，取得了很大的成就。

岗南水库是1958年开工在滹沱河上修建的一座大型水库，位于平山县西柏坡附近。修好后水将淹没原西柏坡党中央和毛泽东的办公地点。开工前，几个老同志说："修岗南水库要淹西柏坡，谁能担得起这个罪名？"不修，遇到洪水怎么办？在两难选择面前，河北省和水电部都不敢定。钱正英以个人名义给毛泽东写信，力陈岗南水库修与不修的得失利害。钱正英认为修岗南水库淹西柏坡，利多得多，影响好；相反，为了保留西柏坡旧址而不修岗南水库，影响不好。毛泽东赞成钱正英的主张，将钱信批给邓小平，并说，中央纪念地点越少越好。邓小平又将此信批给河北，指示：岗南照修。周恩来则具体指出：水库还是要修，办公的地点可以搬一搬嘛！后来就把西柏坡中共中央办公的院子往上移动了十几米。可以说，岗南水库是在毛泽东、周恩来、邓小平的支持下修建起来的。

海河流域的大规模治理，是在毛泽东发出"一定要根治海河"的伟大号召之后进行的。1965年秋开始修建黑龙港除涝工程，此后又陆续开挖了子牙新河、北排河、滏阳新河，扩挖了独流减河等大型治水工程。根治海河是毛泽东"扭转南粮北调"战略思想的组成部分。毛泽东也十

　　　　　　　　　　　　　　　　　　　　　周恩来与治水

分重视和支持华北抗旱打井工作。通过根治海河、抗旱打井，对改变华北的农业生产条件，提高华北的粮食产量，产生了重大而深远的影响。

七、"大量地兴修小型水利"，"保证遇旱有水，遇涝排水"

毛泽东不仅重视大江大河的治理与开发，而且重视小川小河的治理与开发。1956 年 9 月 24 日，他指出："发展农业、牧畜业，首先要发展水利工作，这里包括水闸、蓄水库、水沟等工程。"[1]他要求各县、各区、各乡、各个合作社都要大量地兴修小型水利。

1955 年 11 月，毛泽东先后同 14 个省委书记和内蒙古自治区党委书记就全国农业发展问题交换意见，共同商定了《农业十七条》。1956 年 1 月，根据中央政治局和各省、市、自治区党委负责同志商量的意见，在毛泽东主持下，对"十七条"进行多次补充和修改，逐步形成为《一九五六年到一九六七年全国农业发展纲要（草案）》，共四十条。从"十七条"到"四十条"，毛泽东都特别强调兴修小型水利。在《十七条》中，毛泽东提出："同流域规划相结合，大量兴修小型水利，保证在七年内基本上消灭普通的水灾旱灾。"[2]在《四十条》中，毛泽东指出："兴修水利，保持水土。一切大型水利工程，由国家负责兴修，治理为害严重的河流。一切小型水利工程，例如打井、开渠、挖塘、筑坝和各种水土保持工作，均由农业生产合作社有计划地大量地负责兴修，必要的时候由国家予以协助。通过上述这些工作，要求在七年内（从一九五六年开始）

---

[1] 1956 年 9 月 24 日，毛泽东同蒙古人民革命党代表团谈话记录。

[2] 《建国以来毛泽东文稿》第 10 册，中央文献出版社 2023 年版，第 330 页。

基本上消灭普通的水灾和旱灾，在十二年内基本上消灭特别大的水灾和旱灾。"[1]

1955 年 9 月、12 月，毛泽东主持编辑《中国农村的社会主义高潮》一书时，共写了 104 篇按语。其中对山西省汾阳县委写的"关于挖掘水利潜力，大力兴办小型水利，扩大灌溉面积，争取在一九五七年实现每个农业人员一亩水地，保证农业增产的规划"，毛泽东拟题为《应当使每人有一亩水地》，并写了如下按语："这一篇很有用，可作各县参考。每县都应当在自己的全面规划中，做出一个适当的水利规划。兴修水利是保证农业增产的大事，小型水利是各县各区各乡和各个合作社都可以办的，十分需要定出一个在若干年内，分期实行，除了遇到不可抵抗的特大水旱灾荒以外，保证遇旱有水，遇涝排水的规划。这是完全可以做得到的。在合作化的基础之上，群众有很大的力量。几千年不能解决的普通的水灾、旱灾问题，可能在几年之内获得解决。"[2]

毛泽东上述论述，体现了几点重要的治水思想：第一，水利在国民经济特别在农业中有着不可低估的作用。"兴修水利是保证农业增产的大事"，"发展农业、牧畜业，首先要发展水利工作"，在全面规划中要有水利规划，这些都丰富和发展了他在中央苏区提出的"水利是农业的命脉"的思想。第二，把大型水利工程与小型水利工程结合起来，把中央治水的积极性和地方治水的积极性结合起来，把国家兴办水利与合作社兴办水利结合起来。这是治水方面的两条腿走路的思想。第三，"遇旱有水，遇涝排水"。这是把防旱与防涝相结合，把蓄水和泄水相结合，把传说中鲧的治水方法和禹的治水方法相结合的治水思想。这一思想同周恩来提

---

[1]《建国以来毛泽东文稿》第 10 册，中央文献出版社 2023 年版，第 423—424 页。

[2]《建国以来毛泽东文稿》第 10 册，中央文献出版社 2023 年版，第 347 页。

出的蓄泄兼筹的治水思想交相辉映，对克服片面地防旱蓄水或片面地防涝排水发生了重要的历史影响。

八、做好水土保持工作，避免水土流失

水土流失不仅直接影响农业生产，而且是导致水灾、旱灾发生的原因之一。毛泽东早在1930年10月作《兴国调查》时就指出了水土流失与水旱灾害的联系。他说："为什么一、二、四乡有水旱灾，第三乡没有水旱灾呢？因为一、二、四乡是垅田，那一带的山都是走沙山，没有树木，山中沙子被水冲入河中，河高于田，一年高过一年，河堤一决便成水患，久不下雨又成旱灾。"[1] 在那里，毛泽东已经看到治水必先治山，植树造林，搞好水土保持，是避免水旱灾害的办法之一。新中国成立后，毛泽东四次视察黄河，多次询问黄河流域的水土保持工作。他了解水少沙多的黄河治理仅仅依靠几个大水库是不能解决问题的，必须有整个黄河流域水土保持工作的配合。他对长江三峡工程的顾虑之一也是泥沙淤积问题，而要解决这个问题，除了水库本身的工程技术措施外，还要有水库以上流域面积内的水土保持工作。1955年、1956年毛泽东在主持制定《农业十七条》《一九五六年到一九六七年全国农业发展纲要（草案）》时，在主持编辑《中国农村的社会主义高潮》及其所写的按语中，都高度重视水土保持工作。在《农业十七条》中，毛泽东写道："在十二年内，基本上消灭荒地荒山，在一切宅旁、村旁、路旁、水旁，以及荒地上荒山上，即在一切可能的地方，均要按规格种起树来，实行绿化。"[2] 在

---

[1]《毛泽东农村调查文集》，人民出版社1982年版，第201页。

[2]《建国以来毛泽东文稿》第10册，中央文献出版社2023年版，第330页。

起草《一九五六年到一九六七年全国农业发展纲要（草案）》时，毛泽东强调："在垦荒的时候，必须同保持水土的规划相结合，避免水土流失的危险。"[1] 在《依靠合作化开展大规模的水土保持工作是完全可能的》一文按语中指出："离山县委的这个水土保持规划，可以作黄河流域各县以及一切山区做同类规划的参考。"在《看，大泉山变了样子》的一文按语中写道："很高兴地看完了这一篇好文章。有了这样一个典型例子，整个华北、西北以及一切有水土流失问题的地方，都可以照样去解决自己的问题了。并且不要很多的时间，三年，五年，七年，或者更多一点时间，也就够了。问题是要全面规划，要加强领导。我们要求每个县委书记都学阳高县委书记那样，用心寻找当地群众中的先进经验，加以总结，使之推广。"对《台山县田美村农业生产合作社组织开荒生产的经验》一文，毛泽东写了这样的按语："这是短距离的开荒，有条件的地方都可以这样做。但是必须注意水土保持工作，决不可以因为开荒造成下游地区的水灾。"[2]

总的看来，毛泽东不仅强调了水土保持工作的重要性，而且探讨了如何做好水土保持工作的问题。第一，水土流失是由植被被破坏、森林被砍伐引起的，保护植被、造林绿化是做好水土保持工作的一个重要方面，开荒也要注意保护植被。第二，不仅要重视植物措施，还要重视工程措施，要通过挖坑、开渠、培埝、堵沟等方法保持水土改变荒山面貌。第三，水土保持工作要全面规划，加强领导，认真总结先进经验，使之推广。

毛泽东是人民的领袖。根治淮河、黄河、长江、汉水、海河等决策

---

[1] 《建国以来毛泽东文稿》第 10 册，中央文献出版社 2023 年版，第 424 页。

[2] 《建国以来毛泽东文稿》第 10 册，中央文献出版社 2023 年版，第 347、348、377 页。

和新中国水利建设的蓬勃发展，突出地显示了毛泽东想人民之所想，急人民之所急，与人民患难与共、生死相依的光辉本色。毛泽东的心系在江河治理上，并与人民的心紧紧地贴在一起。

毛泽东是伟大的战略家。"一定要把淮河修好""要把黄河的事情办好""一定要根治海河""高峡出平湖""南水北调""保证遇旱有水，遇涝排水""兴修水利，保持水土"等等，他以雄伟的气魄提出了一个又一个治理、开发、保护江河的战略目标。如何将这些战略目标步骤化、具体化，毛泽东得益于周恩来。周恩来总是积极稳妥、周到细致地组织实施这些战略目标，善于将务虚与务实、理想与现实、目标与步骤、远景与近期、战略与战术结合起来，并呕心沥血、鞠躬尽瘁地进入实际操作之中。仅仅从江河的治理、开发、保护这一点，我们可以领悟到，为什么人们"寻找毛泽东"总是伴随着"怀念周恩来"。

金无足赤，毛泽东的治水思想也有不足之处。如要求在七年内基本上消灭普通的水灾和旱灾，在十二年内基本上消灭特别大的水灾和旱灾，有急躁冒进的思想倾向。这与周恩来防灾、抗灾既重视多难兴邦的信心，也重视长期坚持的恒心，强调治水"把理想变成现实，得几代到几十代"是有差别的。当然，这种差别是在治水的战略目标根本一致的实际操作中的差别。

附录二

李先念：周恩来治水的协助者与继任者

李先念从红军时代起就是一位久经沙场，英勇善战的将军。他常以诸葛亮"先之以身，后之以人，则士无不勇矣"这一为将之道激励自己，并付诸实践，向部属进行言传身教。毛泽东曾称赞：李先念是将军不下马的。

这位不下马的将军十分重视根据地的经济建设，并亲自参加水利建设。1942年前后，李先念是新四军五师指挥员、鄂豫边区负责人。边区党委提出了"战争、生产"，"生产、战争"的口号。边区行政公署颁布了《一九四三年春耕生产紧急动员条例草案》，对兴修水利和种子、肥料、耕牛、农具的准备与使用，以及春耕的管理都作了具体规定。边区的安（陆）应（山）县委和县政府，建立了由县长黄曙晴、县委副书记汪立波等组成的水利建设指挥部，制定了1942年冬至1943年春全县修塘堰1064处，筑河坝110座的水利建设计划。他们采取"有田出粮，无田出力，以工代赈"的办法，于1943年春带领全县干部、群众开展了"千塘百堰"运动。这一运动得到李先念等边区领导的积极支持。李先念亲自参加劳动，慰问民工，并称赞说：以工代赈，修塘筑坝这办法好，既修了水利，又度过了荒年，是一举两得的好事，合乎人民的要求，

286   周恩来与治水

这个经验要推广。他还强调：修塘筑坝要注意质量，要做到深、高、厚、紧——塘堰要挖深，堤坝要筑高、培厚，土要夯紧，才能多装水，不漏水，寿命长。兴修水利的计划圆满完成后，为了让子孙后代记住这一壮举，安应县群众在一些修成的堤坝上立了"功德碑"。县长黄曙晴、县委副书记汪立波在孙家畈、赵家畈领导修筑的两处河坝，分别被当地群众命名为"黄公坝""汪公坝"。由于搞了春耕水利建设，加上其他原因，鄂豫边区 1943 年获得普遍的丰收。

40 年后的 1983 年 6 月 16 日，李先念同编写新四军五师战史和鄂豫边区革命史的工作人员谈话时，他对"千塘百坝"运动仍记忆犹新。他说，帮助群众兴修水利，发展手工业，增加经济收入，得到广大人民群众的拥护和支持，"这是五师取得生存发展、夺取胜利的一个基本因素"。[1]

革命胜利后，李先念先是主政湖北，后又到中央工作。无论是在地方还是在中央，他都十分重视水利建设。他与水利界结下了不解之缘，为新中国的江河治理与开发作出了重要贡献。

一、主政湖北，为湖北成为水利大省奠基

1949 年 5 月，李先念任中共湖北省委书记、省政府主席、省军区司令员兼政治委员，主持湖北党、政、军全面工作。

湖北历史上"十年九淹"，是一个多灾的省份。长江自西而东横贯全省 1060 公里，汉水由西北向东南与长江交汇，绵延 800 公里，形成一条巨大的"洪水走廊"。除长江、汉水之外，湖北境内还有纵横交错的河流

---

[1] 《李先念文选》，人民出版社 1989 年版，第 445 页。

1193条，被称为"千湖之省"。河多而无水库，水多而利用甚少。一不下雨，湖北又极易受旱灾威胁。

1949年夏，湖北遇到解放后第一次大洪水。由于长期失修，抗洪能力差，低矮单薄的长江、汉水干堤溃口10处，汉川、天门、潜江、沔阳等17个县受灾，武汉市亦处于危急之中。

李先念根据湖北省情，把兴修水利作为发展农业生产的首要问题来抓。他不仅亲自谋划治水方略，而且亲自挂帅组织指挥。

1950年7月，他在湖北省农林工作会议上指出："今后本省农业问题是水利问题。我们不能完全靠天吃饭。水利问题如果不解决，而去谈机器生产，谈集体农场，都是一些空谈。""所有农业干部，都要注重搞好水利工作。"他还提出了"挡""排""蓄"的治水方略："挡就是筑堤，排就是排出渍水，蓄就是挖塘筑堰，开沟引水灌溉等工作。"这年5月，湖北省防汛总指挥部成立，李先念担任总指挥长兼政委。两个月后，由中南财委计划局、湖北省人民政府、长江水利委员会等单位组成的汉江治水委员会成立，李先念又担任主任。由于主政者的重视和以身垂范，1950年湖北省有1000万人参加了筑堤、挖塘、开沟、修渠、修闸、筑堰，并兴修了一个排水工程，使农业生产比1949年有了提高。

1951年1月14日，李先念在部署湖北省1951年工作任务时说："加强兴修水利是关系到广大人民生命财产的一件大事。重点是防洪排水，加强荆江大堤瑶堤的修护工作。荆江大堤的兴修工程，在特定意义上讲，它的重要性是超过土改的，有关地区应该十分重视。今年除完成干堤外，要求完成民堤1800万土方，挖沟1900条，挖塘15000口，修渠2300条，修坝6300条，建造小型水库3400个，修闸300个。这件大事必须切实做好。"5月，他在全省防汛防旱会议上强调："做好水利工作，关系全省几千万人吃饭穿衣，甚至生命问题。这个工作不能只靠水利干部去做，一定要党政军民一齐动手。"这年10月，他在回顾湖北省一年来的工作时又强调："我省襟江带汉，河流纵横，修好堤防，搞活农田水利，是避免水旱灾害，保证丰收增产的重要条件。"1951年湖北兴修水利工作，特别是防洪修堤，比1950年有了进一步的提高。

为确保江汉平原和武汉市的安全，在兴修荆江大堤和汉江堤防的同时，李先念积极推动和领导了荆江分洪工程的建设。1952年春，在中央的支持下，李先念担任荆江分洪工程委员会主任委员和荆江分洪工程总指挥部总政委，率领30万军民艰苦奋战，用两个半月完成了荆江分洪工程一期工程。这是新中国成立后在长江上建设的最大的防洪工程，几十年来对抗御长江洪水，保证湖北地区的农业生产和人民生命财产的安全发挥了巨大作用。

1952年在修防洪工程之时，湖北又遇到了解放以来的第一次大旱，全省有40个县受灾，成灾面积870万亩，受灾人口670多万。李先念又将兴修灌溉工程减少和消灭旱灾作为奋斗目标。他亲自兼任指挥长，指挥修建麻城大坳水库。大坳水库总库容2850万立方米，是湖北第一座中型水库，也是当时全省最大的一座水库。1953年3月，李先念深入大坳水库施工现场视察。他在接见17名治水劳模时，语重心长地说："你们都是模范，模范就是带头，带好了头后要休息一下，注意自己的身体。"表达了对治水人才的珍爱。大坳水库具有防洪、灌溉、发电、航运、养殖等综合效益。它的建成，为以后湖北进行大规模水利建设积累了宝贵的经验。麻城人民在这座水库边的岩石上镌刻着一副对联："挡河筑坝收拾千年灾祸水；挥锹凿壁引出万代幸福泉。"这是对水库建设者的颂歌，也是对领头人李先念的颂歌。

为了使湖北各级领导都重视治山治水工作，李先念把山上有没有树、塘堰有没有水作为考核各级领导干部的政绩之一。

怎样治水？李先念认为要处理好兴修水利与节省土地之间的关系，大、中、小工程之间的关系，防洪与灌溉之间的关系，得与失和利与弊之间的关系。他在谈到"必须稳步前进，大、中、小水利工程相结合"之后，又说："大、中型水利工程，得利多损失少者就干，损失大得利小者就不干。因为我们人多耕地少，每人只一亩多耕地，不能为修建水利工程而大量废掉农田。修筑水坝，回水淹没的土地应尽可能减少。尤其是干渠，要尽可能修筑在山背、山腰或山脚下（丘陵地区这种地形是很多的），或者修筑在旱地上。中国农村劳力很多，为了节省土地，多花费些劳动也是划算的。修建大、中型水库既要考虑灌溉，又要考虑蓄洪，否则山洪暴发也受不住。"[1]

1954年春，中央通知李先念调中央工作，并批准他休息一个月。李先念在五三农场医院休养期间，心里仍然惦记着水利。他几乎跑遍了各分场的每一处水利工程，还专门视察了正在兴建的京山县石龙过江水库。

李先念到中央工作后，不仅继续关注着长江、汉水的治理、开发和保护，关注着国家计划修建的丹江口水利枢纽工程和葛洲坝水利枢纽工程，而且关注着湖北境内每一条河的治理、每一座水库的修建。他一到湖北总要到水利工地去看看。对湖北省历届负责人，李先念都要表达这样的意见："湖北多灾，要好好抓水利建设。"1983年关广富任湖北省委书记时，李先念又通过夏世厚等老同志向关广富转达了他对湖北水利的重要意见。1979年5月11日，王任重在湖北省直机关党员干部大会上说："湖北修水利，先念同志在湖北时，先念同志抓。先念同志走了以

---

[1] 《李先念文选》，人民出版社1989年版，第153页。

周恩来与治水

后，主要是体学同志抓。他是最大的积极分子。还有夏世厚、漆少川等一些同志，他们对湖北的水利建设也是有功的。湖北省所有大的水库，所有大的河流，所有大的水利工程，他们没有哪一个地方没有跑过，没有哪一个地方不亲自看过，有的地方跑过好几次。"

1991年夏，长江大水。6月29日至7月13日，湖北省共降雨484亿立方米，持续14天的连续暴雨过程中的降雨总量，相当于发生特大洪水的1954年7月一个月的降雨总量。然而，滔滔洪水直泄长江，千里堤防无一溃口，显示了湖北水利工程的巨大威力。新中国成立以来，湖北修建的大、中、小型水库密布全省；修筑的防洪大堤长度为全国第一；建设的排涝泵站的电排能力亦高居全国榜首，成为全国水利大省。这是历届湖北省委和省政府继承和发扬兴修水利的好传统，领导全省人民大搞水利建设的结果。这与李先念主政湖北大抓水利建设所起的奠基作用也是分不开的。

二、从丹江口、葛洲坝到三峡工程

1954年夏，李先念奉调到中央工作，9月，被第一届全国人民代表大会任命为国务院副总理。此后，他连续被二届、三届、四届、五届全国人大任命为国务院副总理。1983年6月，第六届全国人民代表大会上，李先念当选为中华人民共和国主席。1988年4月，李先念当选为中国人民政治协商会议第七届全国委员会主席。他参加领导全国财政经济工作30多年的日子里，一直关注和支持江河治理、开发与农田水利基本建设。

长江水系，从防洪到开发，从丹江口水利枢纽、乌江渡水电站、葛洲坝水利枢纽到三峡工程，无不浸透着李先念的心血。

丹江口水利枢纽是治理、开发汉水的关键性工程，也是长江流域规划的第一期工程。1958年2月26日至3月5日，李先念和李富春等随同周恩来考察长江和三峡工程坝址，在船上讨论长江流域规划时研究了丹江口水利枢纽工程。中央成都会议同意先上丹江口水利枢纽工程。同年8月31日，李先念、李富春、聂荣臻等出席周恩来主持召开的北戴河长江会议，作出了同意丹江口水利枢纽工程上马的决策。1959年12月，丹江口水利枢纽工程经过十万大军一年多的英勇奋战，进入了截流阶段。李先念代表党中央和国务院专程来到丹江口工地，参加截流合龙庆祝大会，看望工程建设者们，与大家一起度过了难忘的4天。在丹江口水利枢纽工程基建计划调整与停工、复工过程中，李先念协助周恩来作了大量的协调工作。1978年1月3日，李先念到丹江口视察。他在丹江口水电站一号发电机组跟前，询问了运行情况。随后，来到中央控制室，环视四周，满面笑容地说："不错嘛！挺漂亮！"当他看到上游库区树木很少，便关切地问："这几年为什么不绿化？丹江有多少人？"听到有8万人的回答后，李先念望着连绵起伏的山峦说："每人栽一棵，就是八万棵；每人栽两棵，就是十六万棵。"他遥指着远方上游树木不多的山岭说："这个地方应该栽树绿化。"这是他对治水与治山关系的认识，也是他对丹江人进行水土保持和生态建设的嘱托。

乌江渡水电站是继丹江口水利枢纽主体工程建成后，在长江支流乌江上修建的一座大型水电站。它是开发乌江水能资源的第一期工程，也是加速三线建设的战略性工程之一。1968年10月7日，水电部向国务院写了《关于兴建贵州乌江渡水电站的请示报告》。李先念看了这个报告后于10月10日致信李富春："建议批准水电部关于乌江渡水电站今年准备、明年动工的报告。"信中说："我国电力建设，应尽一切可能，利用水力，节省煤炭。应在新的工矿集中地区，选择适当地点，建设大的水电站，适应工矿农业生产日益发展的用电需要。乌江渡建站，投资低方案 4.5 亿元，高方案 5.5 亿元，地区条件和各种条件都很优越，附近有铁路，运输方便，淹地不多。水电施工力量也可以摆得过来。"他要求水电部及有关部门和地区，解决好有关的技术问题，组织力量，节约财力物力，把工程抓好，争取又快又好又省地建设完成。在李先念和李富春的支持下，乌江渡水电站 1970 年开始施工准备，1974 年开始浇筑大坝混凝土，1979 年第一台机组发电，1983 年竣工。乌江渡水电站装机容量 63 万千瓦，年发电量 33.4 亿度，是西南电网的骨干电站之一。

葛洲坝水利枢纽工程，是万里长江上修建的第一大坝。由于是在"文革"混乱的形势下动工的，采取了"边施工、边勘测、边设计"的方针，使工程出现了严重的质量问题。1972 年 11 月，在李先念协助下，周恩来主持召开了 3 次葛洲坝工程汇报会，果断地作出了停工、修改设计的决定。葛洲坝工程复工后的建设一直在李先念的关怀和过问下进行的。1977 年 3 月 10 日，他在中央工作会议上提出："葛洲坝工程建设要抓紧。"10 月 20 日，国家建委《关于葛洲坝施工设备安排情况的检查报告》送到李先念那里，他当即批示："应当搞快搞好，不能拖。"他要求其他物资、"三材"等列为"专门户头"加以解决。1978 年 1 月 6 日至 9 日，李先念到葛洲坝工地视察。他对工程局领导说："第一保航运，第二保质量。"并说："长江我是有点经验的，3 月桃花水，4、5、6、7 月水多，恰恰这时农业用电紧张，旱也要用电，涝也要用电，用这个电划得来。葛洲坝水电工程原设想总装机容量 221 万千瓦，我看可多装 50 万千瓦，达到 271.5 万千瓦，请你们研究。"这次视察中李先念还当场拍板，把荆门水泥厂划归葛洲坝工程局，交通部进口的两台挖泥船也调到葛洲坝工地。由于李先念、谷牧的协调和各部门的大力支持，形成了建设葛洲坝工程良好的外部条件。

质量是工程的生命。李先念对葛洲坝工程质量要求很严。1978年9月30日，他在一些部门反映工程局部出现质量问题的材料上批示："葛洲坝这样大的工程，在我国水电建设史上还是第一个，必须坚持高标准，严要求，质量第一。""工程质量，务必做到一丝不苟，持之以恒，千万不能反反复复，好一阵坏一阵。因为这是百年大计，千年大计，马虎不得，如稍有疏忽，必后患无穷。"这掷地有声的话语一直对工程建设者起着警醒的作用。1981年李先念听到一些关于施工中的葛洲坝工程的传闻，说"1号机组要被'枪毙'，船闸已淤死"。10月6日，他来到葛洲坝工地视察，审慎地考察了工程关键部位的运行情况。他得知1号机组没有多大毛病时幽默地笑了笑说："没有犯罪（指1号机组），只是害了点病。"他听说27孔洪水闸经受住7.2万立方米流量的洪峰考验时，高兴地对工程局负责人说："那时我也是骂你们骂得很厉害啊！"船行至南津关，李先念细致入微地把这一次考察同上次看到的进行了系列比较。轮船准备返航了，他要求开到围堰和二江去看一下。快到11点了，他还提出："要上2号船闸操作楼看一看。"下午3时半，李先念驱车来到大江右岸坝头。他俯视二江泄水闸前奔腾咆哮的长江水自言自语道："看了舍不得走啊！"临别时，他对陪同考察的陈丕显说："二期工程完了以后，如果我不死，还想来一次。"8年之后，葛洲坝二期工程基本完成。1988年4月25日、1989年4月20日，李先念又两次到葛洲坝视察。

李先念同周恩来一样把葛洲坝工程建设看成实现三峡工程建设的重要步骤，把葛洲坝大坝看成三峡大坝的实验坝。他一贯关心和支持三峡工程。他在要求葛洲坝工程质量要精益求精时说："我国水力资源十分丰富，等待我们去建设的水电站有许许多多。有些高难度的水电站摆在我们的面前，'高峡出平湖'那样的工程，就是其中的一个。这就要求我们必须迅速建设一支打不烂、拖不垮、善于打硬战的过得硬的队伍。"[1]1989年4月，他不顾年迈，坚持要去看三峡三斗坪坝址。结果感冒，患了急性肺炎。就在这次视察中，他在西陵峡链子崖险段，听取了三峡水利枢纽工程论证情况的汇报。他特别强调指出：水是世界上最大的财富之一，要多多开发，让老百姓受益。

兴修三峡工程，不仅为了发电、灌溉、航运，首要的是为了防洪。李先念特别关注长江的防洪大计。

1973年6月下旬至7月上旬，李先念对长江防汛接连写了3次批示信。6月28日，他看到第34期《防汛抗旱简报》报告长江中下游自6月21日以来连降暴雨，水位普遍上涨后批示："长江防汛到七月上半月是最紧张时期，水电部要随时了解情况，并有日报。"7月5日，他看到第41期《防汛抗旱简报》后，致信水电部，指出："虽然长江水位不算很高，也要千万提高警惕，历来的经验是往往在水位不高时发生问题。望湖北、湖南、江西、安徽、江苏、上海要特别注意。"7月7日，周恩来看了长江水位出现第二次洪峰的报道，提请李先念、华国锋、李德生等特别注意。李先念批示："先将总理批示电告湖北省委遵照执行，并可以传达到长江沿岸各省、市，加强长江防汛工作，千万不可大意。"1974年8月11日，乌江流域大雨所形成的洪峰与长江干流洪水相遇，长江中下游防汛指挥部办公室预报：宜昌站13日晚将出现仅次于1954年的洪峰，流量63000立方米每秒。李先念看到这一情况报告后，当即与湖北省负责人赵辛初通电话，要他们切实注意。8月13日，他致信张文碧、钱正英："这是很重要的一件大事。水电部要不断与湖北联系，要直接与葛

---

[1] 《李先念文选》，人民出版社1989年版，第337页。

洲坝和荆江大堤直通电话，随时了解情况，要他们死守，决不能发生事情。湖北省委要把这一件大事，抓紧抓好抓落实。""同时要准备荆江分洪（力争不分洪，但必须作好准备），赶快检查分洪时有无障碍，切切注意。还必须预防意料不到的事情出现，决不能乐观。千万不能、绝对不能大意，这是关系到千百万人民的大事。不仅在洪峰处于高峰时要特别注意，而且在洪峰水位有所下降时更要特别注意，因为往往在这个时候容易出现松口气和麻痹思想，以至发生问题，千万千万提高警惕。同时沿江都要注意。例如湖南、江西、安徽、江苏等省，都要事先准备，不要事到临头，手足无措。"两天后，他针对长江洪峰的情况，又致信水电部，指出："决不能麻痹松懈，特别是在水位降落时，往往容易出事，更要提高警惕，防止出乱子。""文革"动乱中，长江防洪未出现大的问题，这与周恩来、李先念以戒慎恐惧的态度关注长江防洪是分不开的。

在改革开放的新时期，李先念仍旧关注着长江防洪。1987年7月，他对《国内动态清样》1892期《湖北省紧急部署迎战长江第三次特大洪峰》一文作了批示："本位主义是防汛工作一大敌，要坚决反对；除对荆江大堤要特别注意外，对分洪区南线大堤同样要特别注意；湖北抗旱排涝问题并没有完全解决，还要继续努力做好。"1988年4月，他视察荆江大堤时指出：要确保这条亿万人民生命线的安全，同时全省都要加强防大汛的准备工作，消除隐患于未然。

三、从三门峡到龙羊峡

三门峡水利枢纽是在黄河上修建的第一个大型水利工程，是治理黄河的关键性工程之一。1958年10月下旬，李先念视察了三门峡工程和三门峡的市政建设。他身穿普通的工作服，脚蹬圆口布鞋，看了工地，看了水利建设大军。刘子厚、张海峰、马兆祥向他汇报了工程进展情况和存在的问题。他在工地简陋的房子里住了几天，向三门峡工程的建设者们作了报告。他对三门峡工程局负责人说："你们带好这6万建设大军，学习禹王治水的精神，是了不起的大好事情，黄河流域八省和全国人民都会支持你们的。"他还为三门峡工程和三门峡市解决了不少困难，为工程的进展创造了有利条件，对三门峡工程建设者鼓舞很大。

龙羊峡水电站是黄河上游梯级开发中的第一座电站，是黄河的"龙头"。它可以拦蓄黄河在龙羊峡以上正常年景一年的流量。通过龙羊峡、刘家峡两水库的联合调节，可使下游已建的盐锅峡、八盘峡、青铜峡等水电站的年发电量增加5.4亿度，新增灌溉面积1500万亩，提供工业用水4.6亿立方米，还可提高兰州市的防洪标准。这一工程的发电、灌溉、防洪等综合效益是显而易见的，但由于是在青藏高原上修建，担负施工任务的水电部第四工程局遇到了难以想象的困难。1978年2月28日，李先念通过新华社《国内动态清样》上的一篇通讯，了解到第四工程局在龙羊峡工地遇到的困难，当即给水电部部长钱正英、青海省委书记谭启龙、甘肃省委书记宋平写信，要求他们认真帮助解决第四工程局的困难。信中说："十多年来，水电部第四工程局连续建成了几座大中型水电站，为人民做了好事，立了功，确是一支好队伍。现在，他们来到龙羊峡新工地，遇到了一些困难，望青海、甘肃两省委和水电部认真帮助解决。"信中分析了建设龙羊峡水电站的重要性和艰巨性："建设龙羊峡电站，开发龙羊峡至青铜峡之间的十几个梯级水电站，工程规模很大，经济效益很高，任务很艰巨，也很光荣。完成这样的任务，至少要二三十年的时间。"信中提出了解决第四工程局困难的具体办法："第四工程局要在那里作长期打算，有关方面要切实安排好他们的生活。那里荒山荒地很多，建议找一块地方，让他们办一个家属农场，开垦土地，种粮、种菜、种草、植树造林，养猪、养鸡、养鸭、养牛、养羊、养鱼，农林牧副渔都搞。还要办教育。"最后，李先念写道："这样做，既可以解决职工和家属的部分口粮、蔬菜和副食品供应，又可以解决家属和子女就业、就学的问题。全体职工安心了，工程建设就会有保障。这不是一件小事，一定要抓紧抓好。"[1]1989 年 6 月，龙羊峡水电站基本建成。从那以来，龙羊峡水电站成为西北电网中骨干电站和具有多年调节性能的巨型水库。

保证黄河安澜，防止汛期洪水决堤，是治理黄河的首要任务。李先念始终把加强黄河大堤建设，加强黄河防汛看成人命关天的大事。1973年 8 月下旬，黄河下游花园口站连续出现 3 次洪峰，9 月 1 日晨，东明、兰考滩区生产堤决口，有人把它夸大为黄河大堤决口。周恩来、李先念直接过问处理这件事，派水电部、农林部和黄委会组成联合调查组，到灾区调查灾情及黄河滩区和生产堤的情况。10 月 12 日，联合调查组向国务院报送了《关于东明、兰考黄河滩区受淹情况和生产堤问题的调查报告》。李先念于 10 月 22 日在调查报告上批示："假使哪一年（或者明年）来历史最高水位的时候，能否保证大堤不出问题？水电部要严格和充分考虑这个问题，决不能马虎。"同时，他对扩大灾情报告要救灾经费的行为亦进行了严厉的批评，说："这是鼓励灾害，而不是防止和克服灾害。"这一批示，既纠正了夸大灾情要求救济的错误，又促进了水利部门对黄河的防洪工作。1977 年 7 月 4 日，水电部第 606 期《值班简报》上报道了"用简易吸泥船加固黄河大堤效果好"的文章。文章指出："黄河下游自 1970 年开始用简易吸泥船加固黄河大堤以来，到现在黄河下游已有吸

---

[1]《李先念文选》，人民出版社 1989 年版，第 318 页。

泥船 166 只（山东 142 只，河南 24 只），累计放淤固堤已达 3700 多万立方米。船淤比人工筑堤节省劳力 80%、投资少 50%。"李先念看后称赞用吸泥船加固黄河大堤的办法。7 日，他批示：很好，继续总结提高。1978年 5 月，水电部向国务院写了《关于召开一九七八年黄河防汛会议的请示》。水电部根据防御 2.2 万立方米每秒洪水和特大洪水还存在不少亟待研究解决的问题，建议于 6 月上旬在郑州召开 1978 年黄河防汛会议。拟请黄河防汛总指挥部总指挥刘建勋主持，山东、河南、陕西、山西主管黄河防汛的负责人和山东、河南两省沿黄地市及水电部、黄委会等单位参加，以便对 1978 年防汛工作进行部署并讨论黄河下游防洪规划。5 月21 日，李先念批示："同意开会，而且会议极为重要。刘建勋同志在养病期间，由钱正英同志直接主持为好。在郑州开会好，必要时后期可到北京一谈，横直黄河防汛是一个大问题就是了。"6 月 6 日，会议在郑州召开。6 月 12 日至 17 日，4 省负责人到北京继续开会。7 月 16 日，李先念在听取钱正英、王化云的汇报后指出：防汛文件发给 4 省贯彻执行；铁道部保证抢运防汛石料 30 万立方米；破除生产堤由各省负责；组建下游机械化施工队伍；龙门、小浪底、桃花峪等大型工程先搞设计；黄河滩区治理纳入黄河计划。

四、海河流域的防涝、机井建设与引水工程

1963 年海河大水，李先念先到河北主持落实粮食问题，接着在天津同周恩来一起部署海河流域的防涝、除涝工作。1964 年，河北很多地方再次遭受洪涝灾害。李先念指示由粮食部、内务部、财政部、农业部、华北局派出八人组成工作组，到河北查灾。他还向中央建议召集六

大区管粮食工作的同志和几个灾区的负责同志开会以摸清灾情。在李先念主持下，水利部门制定了在上游续建加固水库，在下游大力扩大出路的海河治理规划，从1964年一直持续到"文革"，开辟了海河各支流直接入海的各条排洪新河以及排泄内涝的河道，从而初步解除了海河的洪涝威胁。1978年5月13日，李先念回忆说："方案定下来后，周总理要我去抓，我就到那里看，帮助国家计委和国务院农办解决海河治理工程中的问题，解决资金、粮食、材料等问题。"李先念还根据华北地区7月下旬和8月上旬是雨季的特点，一到这个季节就督促"要加强防汛准备工作"。

北方缺水。海河流域的旱与涝相比，主要的是旱。1965年、1966年，华北大旱。1970年代以来甚至时常出现天津等大城市供水告急的问题。李先念对北方水利的一大贡献，是集中当时可以调动的财力物力，开展了华北平原的机井建设。从1970年代初起，以每年30多万眼井的速度，一共完成了200多万眼机井，使海河流域在初步解除洪涝威胁后，又初步解除了旱灾威胁。钱正英说："这是一项改变华北农业面貌的伟大的基础建设，由于机井灌溉加上化肥农业措施，我国结束了长期南粮北调的历史。"[1]李先念一方面提出"打井是要注意，要鼓劲，要打好。"另一方面，他也注意打深井，地下水被大量抽出之后，会不会发生什么问题。他请水电部派懂得地下水的专家会同河北省技术人员，对不同的地区作认真的调查研究，具体情况作具体分析，反复实践，不断总结经验，以作出恰当的合乎实际的科学结论，提出切实可行的解决办法来。

为解决北方缺水问题，除了打井，还必须进行引水工程建设。1973

---

[1] 钱正英：《先念同志与水利》，载《伟大的人民公仆——怀念李先念同志》，中央文献出版社1993年版，第120页。

年5月，国家计委向国务院报送了《关于加强统一规划，抓紧解决京、津供水问题的报告》。《报告》指出，全面解决京津地区的用水问题，需要充分利用现有水利工程，积极开采地下水和引滦、引黄，要统一进行规划。同时还要进行引江工程的调查研究。《报告》提出加快滦河水利工程的建设，力争在1977年前后，完成滦河大黑汀、潘家口水库和从滦河至天津的输水工程。李先念看了这个报告后于5月29日作出批示："不管怎样北方少水，能蓄水就是一件好事。成本要算，但要从大局算。"余秋里支持李先念的意见，"京津水不够，已成定局。要抓紧解决水源问题。拟同意计委报告。先念副总理批示照办。"这对推动引滦入津、引黄入津等调水工程建设产生了重要影响。

北方调水工程最早的可以说是河南林县人民自力更生修建的红旗渠。它是从山西浊漳河引水到林县山区的水利工程。1974年2月25日，李先念陪同赞比亚总统去林县参观红旗渠。他看着雄伟的工程、滚滚的渠水，感慨地说："百闻不如一见啊！看过红旗渠电影，也听人讲过红旗渠，总的印象不错。来红旗渠一看，更感到工程宏伟，真是人工天河。"1991年夏，针对红旗渠上游有些矛盾，他说"要协商解决。红旗渠是要保护的。"他还指出："红旗渠的管理也是一件大事，要合理用水，节约用水。"[1]

五、解决中小水库的垮坝问题

"文革"期间，每年汛期全国总要垮掉一些中小水库。李先念在1970年代几乎年年都提醒注意水库垮坝问题。特别是一到汛期，他总是密切

---

[1]　杨贵：《泪流无声寄哀思》，载《伟大的人民公仆——怀念李先念同志》，中央文献出版社1993年版，第309、311—312、312页。

关注着这个问题。

1971 年 6 月 2 日，就广西龙山水库电源中断，溢洪道闸门不能开启造成险情一事，李先念批示："龙山水库出险，事先没有很好检查，望接受这个教训，所有水库应进行一次检查。"6 月 4 日、5 日，他就浙江宁海县洞口庙水库垮坝造成 75 人死亡两次批示："雨不大，就失事。事先对这个问题没有重视，不知利害性。水电部要立即采取坚决措施检查水库，决不能掉以轻心。""汛期快到，有的地方已到，这种现象不应该再发生。"1972 年 12 月，全国水利管理会议第一期简报，提到近几年全国垮坝失事的中小水库达 1457 座。26 日，李先念在这期简报上批示："每年那个地方下一次雨不知道要垮掉多少小型水库，而且还有山塘。哪一年才能制止住，不再叫，不再垮，天晓得！"再次表达了对汛期水库垮坝的深深忧虑。1973 年汛期，他两次就水库垮坝问题作出批示，提出修水库不能轻率，"不修则已，要修必须保险。""垮水库经验教训大，人民财产损失很大，要总结，不能掉以轻心。"这年汛期过后，10 月 16 日，他又在水电部的一份报告上写道："中小水库（不管是十万方的还是几万方的）今年垮得不少，人民财产受损失，死了不少人。""对那些只有热情，没有技术知识的同志，应大吼一声，使之认真负责。"他还要求修水库"不修便罢，修一个，要是一个。不但不垮而且不要漏水，要高质量。"1974 年汛期之前，他致信华国锋、余秋里、谷牧转水电部："汛期即到，垮坝问题又来了，要特别注意。"他以对人民生命财产极端负责任的态度严肃指出："如果那里发生了水库垮坝，使人民的生命和财产遭受到重大损失，就应当查明原因，严格处理。如是领导不负责任，就应予以处罚。"由于汛前加强了危险水库的处理，1974 年汛期水库垮坝比上一年减少了将近一半，但仍有不小损失。1974 年汛期之后，9 月 20 日，李先念针对垮坝问题提出："还是找些地方同志开一次会，再把这个问题严重性提出来，认真总结经验教训，要消除这一现象。"10月下旬，全国农田基本建设座谈会在北京召开。李先念又请与会者思考为什么小水库每年都垮那么多？他提出："既要大干、苦干，又要注意不能乱干，要讲科学。""要坚决地、逐步地消灭小水库的垮坝问题。大水库就更不用说了，一定要做到一个也不能垮，万万不能出事。"这次会议后，全国开始了冬季农田水利基本建设。11月19日，李先念又致信水电部："建议注意质量。特别要注意新修水利工程的质量。""同时也要注意继续抓好原来的中小型水库的治理工作。否则，到了明年，遇到大一点的雨，就又会发生垮坝问题。事先防止总比不防止好。"他对解决水库垮坝问题，过问得就是这样之细，抓得就是这样之紧。

水库垮坝对一些地方工矿建设的破坏性影响，李先念也给予了高度重视。第二汽车制造厂是1960年代中期在三线建设的决策中上马的，地处武当山北麓，是中国最大的现代化汽车工业基地。二汽厂内有十几个水库。1970年代初，李先念一直担心这些水库垮坝会给二汽带来灾难。1973年7月19日和7月23日，他两次听取二汽汇报时都表达了对厂区内水库加固和防洪工作的关切。他说："我在湖北工作过，对大巴山地区的暴雨是了解的。是暴雨中心，不是一滴滴，真是倾盆大雨。水库必须赶快加固，加到切实可靠后才蓄水，多花几个钱可以。不然要吃大亏。"这年9月13日，他又在中央防汛指挥部呈送的第62期《防汛简报》上对二汽的防汛作了一大段批示："二汽的防汛问题，真使人担心。搞得不好，山洪有冲毁第二汽车制造厂的可能性。这是否是瞎喳唬呢？决不是。我虽然没有去，但湖北这地方还熟悉，确实有冲毁二汽的可能性。那里是个暴雨区，两天之内下175毫米的雨，算不了什么，这是小雨或中雨。真正是暴雨的话，一天之内就可下三四百毫米，甚至更多。我是有这个印象的，可以查一查历史资料。问题是既然已经到了现在这个情况，我们就要想尽一切办法，把这个水害问题真正地而不是虚假地，完全、彻底、干净地解决完，绝对不能让它出事。这是水电部、一机部、湖北省、十堰市和二汽的同志在继续完成二汽建设中的当务之急，这件事必须在今冬明春解决，绝不能再拖，'拖'就是对党对国家对人民的犯罪。"1974年汛前，他提醒注意水库垮坝问题时，又指出："二汽'头'上顶着的十几个水库，不知现在加固得如何？望水电部、一机部，特别是水电部要派人去查看一下。要他们负责这项工作的同志，彻底解决。"在李先念关注下，二汽成立了河道水库工程指挥部，对河道、水库和防洪护坡工程进行了全面加固。经过几年努力，解决了二汽水灾威胁问题。

1975年8月上旬，河南驻马店地区连降暴雨，有的地方5天之内总降雨量高达1631毫米。8日，板桥、石漫滩两座大型水库和两座中型水库相继垮坝失事，造成长45公里，宽10公里范围内的毁灭性灾害，京广铁路被冲断，死亡2.6万多人。这给李先念以极大的震动。8月11日，他在全国农田基本建设座谈会上说："大型水库垮坝，这在全国还是第一次。不是说这些工程不应该搞，搞这些工程是好事。但我提两个问题：一是质量是不是要放在第一位？二是保险系数打够了没有？"他请与会同志考虑一个带方针性的问题：是多开新的水利工程好，还是把现有工程好好加固、修理达到质量标准和保险系数好？他的意见是现有水利工程"该加固的加固，标准不够的把它做够"。当时邓小平主持中央工作，大搞治理整顿，解决"软、懒、散"和"肿、散、骄、奢、惰"的问题。李先念在会上传达和认真贯彻邓小平治理整顿的精神，提出了要搞好水利管理的问题。他分析"现在是由于管理不善，引起麻烦，引起

周恩来与治水

溃口。河流是如此，扬水站是如此，管道是如此，水井是如此，水库也是如此，水利机械也如此。"他说，小平同志在钢铁会上讲了几条，其中一条就是建立合理的规章制度。这个会议在水利方面，包括水库、河流、水井、扬水站机械等等，也提出来搞一套规章制度。他痛斥把合理的规章制度叫"管、卡、压"是胡说八道。他从水利工程的质量、管理又讲到发挥技术专家和知识分子的作用，并责问现在有没有讲"臭老九"的话的？最后，他幽默地说："九爷不能走啊！"

在"文革"氛围中，李先念针对水库垮坝问题，能如此理直气壮地讲科学技术，讲工程质量，讲制度管理，这是很难能可贵的。这对当时尽可能地减少水毁工程和水灾的损失，维持水利工作的正常运转，保证农业的相对稳定，产生了十分重要的影响。

六、促进中国与西方水利科技界的交流

1972 年随着美国总统尼克松、日本首相田中相继访华，中国与西方国家关系的坚冰开始融化。在新的国际形势下，周恩来、李先念及时抓住中国与西方国家之间的经济、科技交流，以推进四个现代化的建设大业。1972 年 10 月，外经部、外交部向国务院作了关于同东欧国家科技合作项目的书面请示。10 月 15 日，李先念审阅了这一请示后，请周总理、纪登奎、华国锋批。周恩来批示："为何不派人去伦敦、巴黎、波恩、渥太华、东京去研究西欧、美加、日本的工业机械情况，反而求其次？"10 月 27 日，李先念看了周恩来的批示后写道："照总理指示办，各部应重视。"根据周恩来的指示，李先念具体部署了"四三"引进方案，即用 43 亿美元在三五年内引进一批国外的先进技术设备。同时，李先念对促进中国与西方水利科技界的交流也做了许多具体工作。

水利水电工程中的有关焊接技术、电工技术是十分复杂的。1961年，周恩来为解决黄河三门峡大型分瓣水轮机转子的焊接问题，曾两次同沈鸿、李强、冯仲云等研究具体办法，并要求把全国各地具有丰富焊接经验的老工人和专家集中起来解决这个问题。"文革"前，我国曾是国际电工委员会和国际焊接学会的成员国。"文革"开始后，我国没能参加这两个国际组织的活动。1972年12月初，国际电工委员会和国际焊接学会通知，将分别于1973年6月和9月在西德的慕尼黑和杜塞尔多夫举行年会。12月14日，外交部、外经部、一机部向国务院作了《关于恢复参加国际电工委员会和国际焊接学会有关活动的请示》。12月17日，李先念审阅了这一请示报告，并批示："拟同意，总理、登奎、秋里、西尧同志批。"在周恩来支持，李先念具体负责下，中国在国际电工、国际焊接方面的交流活动得到了恢复和发展。

我国是多地震国家，地震对水利水电工程有破坏作用，水利水电工程处理得不好也可能诱发地震。国际地震工程协会从1956年至1969年开过四次会议，我国都未能参加。第五届世界地震工程会议定于1973年6月25日至29日在意大利罗马召开。根据我国地震活动分布广泛，抗震问题比较突出的情况，为了了解国外地震工程研究工作情况，学习有用的经验，取得有关地震工程资料，乔冠华、武衡建议我国参加第五届世界地震工程会议，并于1973年2月13日向国务院作了请示报告。报告提出由水电部和国家地震局共同组成中国地震工程科学代表团前往罗马参加这次会议。2月14日，李先念批示："拟同意，总理、登奎、国锋同志批。"在周恩来支持，李先念具体负责下，我国地震科技正式开始了与世界地震科技的交流。这不仅对发展中国地震科学有重要意义，而且对借鉴他国，解决我国水利水电工程的防震问题有直接的实践意义。兴建水库、地下注水、采矿等工程活动也可能引起地震问题。我国广东省新丰江水库建成蓄水后，1962 年 3 月 19 日发生 6.1 级地震。广东省南水水库、江西省柘林水库、湖北省丹江口水库建成蓄水后也曾发生水库地震。为了就地震机制和人工阻止诱发地震的可能性交流经验和研究成果并明确今后研究诱发地震的课题，联合国教科文组织和加拿大国家研究理事会、能矿资源部联合组织第一届国际诱发地震讨论会，并定于 1975 年 9 月 15 日至 19 日在加拿大阿尔伯达省丹佛市召开。1974 年 8 月，该会东道主发来通知，邀请我国参加。1975 年 5 月 31 日，中国科学院、水电部、外交部向国务院作了《关于拟参加第一届国际诱发地震讨论会的请示》，并建议拟由中国科学院、水电部派 6 至 7 人组成代表团携带有一定水平的论文在会上发表。1975 年 6 月 3 日，李先念批示："拟同意。"诱发地震问题与我国工农业建设和人民生命财产安全有密切关系，通过开展这方面的学术交流活动，大大促进了我国了解和吸取外国解决诱发地震问题的有益经验。

1972 年 11 月，在周恩来主持李先念协助下召开葛洲坝工程汇报会，针对葛洲坝工程建设中存在的问题，决定修改设计，主体工程停工。为了吸取发达国家水利枢纽建设的经验，1972 年 12 月 18 日，外交部、外经部、水电部、交通部、一机部向国务院写了《关于赴美利坚合众国考察水利枢纽的请示》。1972 年 12 月 23 日，李先念审阅后写道："送总理、登奎同志批示。"周恩来圈阅了这一文件。在周恩来支持李先念负责下，国务院很快批准由水电部、交通部和一机部共同组成水利技术考察组定于 1973 年 4 月 10 日赴美考察。1973 年 3 月 25 日，乔冠华、钱正英、徐斌洲、马耀骥签发的《关于赴美水利考察组出访计划和方针的请示》提出：此次赴美考察的目的是针对我国葛洲坝工程的技术问题，着重了解美国类似的水利枢纽。拟请美方安排到华盛顿州、俄勒冈州考察哥伦比亚河和斯内克河的水利枢纽；到田纳西州、亚拉巴马州、阿肯色州、俄克拉荷马州考察田纳西河和阿肯色河的水利枢纽，并参观船闸闸门和启闭机的设计、科研、安装单位和制造厂。在专业考察中，拟针对我国葛洲坝工程中遇到的主要问题，尽可能深入地吸取经验。第二天，李先念审阅这一文件并批示："拟同意，总理、登奎同志批。"针对葛洲坝工程中出现的问题，组成考察组赴美考察、取经，这在中美关系刚刚解冻、中美两国尚未建立外交关系的条件下无疑是一个大胆的举动。

国际大坝委员会是 1928 年 7 月在巴黎成立的一个国际性的水坝工程技术组织，其主要宗旨是通过搜集资料和组织专题研究，促进大坝设计、施工、运用和维修技术的发展。1972 年以前，新中国同该组织处于隔离状态。1972 年上半年，国际大坝委员会主席托兰曾多次口头邀请我国参加国际大坝委员会和出席 1973 年 6 月 11 日至 15 日在西班牙马德里召开的第十一届国际大坝会议，后又向我发来参加第十一届会议的邀请函。1973 年 4 月 21 日，外交部、水电部向国务院写了《关于参加第十一届国际大坝会议的请示》，提出：拟由水电部组织 8 人左右的中国代表团参加第十一届国际大坝会议和对西班牙的水坝进行考察；代表团由清华大学教授张光斗担任团长，拟带两篇论文，着重介绍我国坝工建设的发展和土坝、堆石坝、砌石坝、混凝土坝的坝工技术。4 月 29 日，李先念批示：拟同意，并报总理批示。周恩来圈阅了这一文件。在周恩来支持李先念负责下，我国代表团参加了第十一届国际大坝会议，广泛了解了世界先进坝工技术，交流了大坝建设经验。我国代表团在会上发表的《新丰江水库地震及其对大坝的影响》的论文，引起了国外地震及水利工作

周恩来与治水

者的重视。

1974年上半年，联合国教科文组织和世界气象组织定于1974年9月2日至14日在巴黎联合召开"国际水文十年的成果和未来水文合作计划的国际会议"。这两个组织均来函邀请我国政府派代表参加此会。1974年7月30日，水电部、国务院科教组、农林部、外交部向国务院作了《关于参加联合国教科文组织和世界气象组织联合召开的水文会议的请示》。8月2日，李先念在这份文件上批示："拟同意"。"国际水文十年"在水文基础研究、评价水资源、研究水平衡、交流水文情报等方面进行国际合作，在技术上比较集中地反映了世界水文事业和水文科学的现有水平和发展趋向。9月，由水电部组织的中国水文代表团参加了这次国际水文会议，了解了国外水文方面的一些情况和经验，进行了水文科学技术的交流。会后，面临着我国是否参加"未来水文合作规划"即"国际水文规划"的问题。1974年11月9日，水电部、国务院科教组、外交部向国务院作了《关于参加国际水文规划的请示报告》。11月11日，李先念审阅了这一报告，并批示："拟同意"。参加国际水文会议和"国际水文规划"，对促进中国水文事业和水文科学技术的发展，无疑是一个十分重要的决策。

党的十一届三中全会以来，在对内改革、对外开放的大背景下，中国水利科技界与世界各国特别是西方发达国家水利科技界的接触日益增多，参加国际水利会议与国际水利科技界交流已是平常之事。但是，1970年代初，在"文革"混乱和长期封闭的历史条件下，抓住中美关系解冻的时机，尽可能地派出中国水利水电代表参加国际电工、国际焊接、国际诱发地震、国际大坝、国际水文等国际会议，设法促成中国水利界到西方发达国家参观、考察水利水电工程，开展国际交流，这充分体现了具体领导水利工作的李先念的勇气、智慧与胆略。

七、重视农田水利基本建设

在为农业、工业、国防和科学技术四个现代化的目标而奋斗时，李先念从"农业是基础"的认识出发，抓农业现代化特别重视农田水利基本建设。

1978年初，李先念去湖北看了农田水利基本建设。5月上旬，他率领北京、天津、河北、山西、陕西、河南、湖北、安徽8个省市和农林部、水电部等国务院有关部门的负责人去山东，先后到泰安、济宁两个地区的长清、平阴、东平、肥城、泰安、曲阜、邹县、滕县、新泰、新汶等县，考察了这些地方的农田水利工程。5月中旬，他又到河北察看农田水利基本建设情况。

李先念在考察农田水利工程时和在1978年、1979年全国农田基本建设会议上，多次阐明为什么要抓紧农田水利基本建设这个问题。他认为农业是国民经济的基础，我国农业要过关，必须从我国自己的国情出发，走我国自己的农业现代化的道路。我国人多地少，可开垦的荒地不多，要满足工业发展和人民生活对农产品增长的需要，必须采取提高现有耕地单位面积产量的办法。他说："要大幅度提高单位面积产量，首先就要努力改善现有耕地的生产条件，提高抗御自然灾害的能力，做到旱涝保收，高产稳产。我国的降雨量在地区和季节的分布上很不均匀，有的地方年降雨量只有一二百毫米，有的地方又往往暴雨成灾，可以说不兴修水利就谈不上农业的高产稳产。在许多牧区，如果不兴修水利，不加强草原建设，草原也要退化。"他把实现农业现代化和开展农田水利基本建设看成相互联系的两件事。"农业的现代化，无非包括机械化、电气化、化学化、水利化、良种化和大地园林化这样一些内容。兴修水利，改良土壤，植树造林，建设草场，这些本身就是农田基本建设的重要内容。"他驳斥了外国不搞农田基本建设也实现了农业现代化的看法：美国人均耕地比我们多，自然条件比我们好，也修了很高标准的水利工程和灌溉渠道。"至于说到我们的邻国日本，人多地少，气候条件同我国南方差不多，他们在农田基本建设上下的功夫比我们并不小。"[1]

怎样进行农田水利基本建设？李先念的回答主要有以下几个方面：

第一，要发扬艰苦奋斗、自力更生的精神。"我国幅员辽阔，人口众多，农业的底子薄，起步晚，要实现农业现代化，不仅等不来，而且也买不来，最根本的是靠我们自力更生、艰苦奋斗干出来。""当然，大型水利工程，主要由国家投资；小型水利工程，主要由社队自己搞，有困难的，国家要给一定的补助。"[2]他提出国家要继续兴办一些大中型水利骨干工程，抓紧黄河、长江、淮河、海河、辽河、松花江、珠江等大江大河的治理，抓紧兴建南水北调工程，同时要多搞一些中小型水利工程，以小型为主，做到大、中、小相结合。要把中央、地方、集体和农民群众的力量结合起来。

第二，要尊重自然规律，因地制宜，讲究实效。他批评有些地方违反自然规律，搞了不少无效工程，甚至有的变水利为水害，有的破坏了生态平衡。他提出要坚持一切从各地自然条件千差万别的实际情况出发，实事求是，按科学办事。"拿治水来说，水系、流域要通盘考虑，地上水和地下水要综合利用，既要能灌又要能排，光灌不排，在北方就会引起

---

[1] 《李先念文选》，人民出版社1989年版，第380、381页。

[2] 《李先念文选》，人民出版社1989年版，第382、383页。

盐碱化，在南方就会造成冷浸田。建设水库和各项水利工程，地质一定要勘察清楚，规划设计一定要做好，施工一定要严格按照基本建设程序办事，工程质量一定要保证，否则洪水一来冲垮堤坝，就会造成人民生命财产的严重损失。""拿改土来说，如果打乱了熟土层，或者不注意水土保持，或者在陡坡上修梯田，结果花了大量的劳动力，不但不能增产，反而会减产。"[1]在保护森林、植树造林、保护生态平衡方面，他要求禁止毁林开荒、毁坏草原开荒、盲目地围湖造田、污染环境等做法。他指出，我国宜林荒山荒地很多，森林覆盖面积却很小。我们必须认识到，只有大搞植树造林，才能更好地涵养水源，保持水土，防风固沙，调节气候，增加雨量，抵御旱涝灾害，这对于保证和促进农业的稳产高产，具有十分重大的意义。他提出制定和颁布森林法，纠正重采轻造的错误，积极营造用材林、经济林、防护林、特种用途林，大搞农田林网化和四旁绿化，努力实现绿化祖国的伟大目标，造福于子孙后代。

第三，要尊重经济规律，坚持自愿互利、等价交换的原则，纠正一平二调的错误做法。李先念认为在农田水利基本建设中，不能增加农民的不合理负担，特别是非受益地区农民付出了巨大劳动，经济上得不到什么好处，就会挫伤群众的积极性。

第四，要制定一个切合实际的好的规划。李先念在山东、河北考察中，几次讲要纠正"张书记挖，李书记填，王书记来了不知道怎么办"的没有规划的做法。他提出制定规划需要注意掌握这样几点："（1）不但社队和县要有规划，省和地区要有规划，国家对大江大河的治理也要有统一规划，各级的规划要互相衔接。（2）农田基本建设的规划，要同农业的区域规划相结合，要同江河治理的流域规划相结合，要同商品粮基地、

---

[1] 《李先念文选》，人民出版社1989年版，第385页。

经济作物基地和林、牧、渔业基地的建设相结合。（3）规划要切合实际，因地制宜，有科学的基础，充分走群众路线。（4）规划不仅要体现山、水、田、林、路综合治理的原则，而且要明确主攻方向，有分期分批实施的步骤和措施。"[1]他还要求规划中把农村发展小水电考虑进去。他在中央工作会议上提出：农村有条件的地方，要大力发展小水电。

发动亿万农民，开展农田水利基本建设，在山区将坡地改造为梯田，在平原将耕地平整深翻，进行"山、水、田、林、路"的配套建设，这些都是我国农业的基本建设成为后来许多地方农业高产稳产的基础条件。

李先念从协助周恩来领导水利到由他牵头领导水利，许多由周恩来经手而未完成的治水项目，由李先念主持落实完成了。

---

[1] 《李先念文选》，人民出版社1989年版，第387—388页。

原版后记

在 1972 年 11 月 21 日葛洲坝工程汇报会上，周恩来说："解放后二十年我关心两件事，一个水利，一个上天。这是关系人民生命的大事，我虽是外行，也要抓。"为继承和发扬周恩来为人民负责的治水精神，作者撰写了《周恩来与治水》一书。

本书写作过程中，多次采访钱正英、李葆华、林一山等老同志，钱正英还亲自审阅初稿，提出指导性修改意见、作序，并请全国政协主席李先念题写书名；中共中央文献研究室主任李琦、副主任金冲及以及周恩来研究组的有关同志对本书写作给予了关怀与支持，李琦最后审阅全部书稿；本书还得到水利部外事司、《中国水利报》、《中国水利》杂志社、河海大学出版社、黄河志总编室、水利史志专刊、淮河志编纂办公室的帮助，在此表示诚挚的谢意。

由于作者水平有限，缺乏水利工作实践，书中一定存在许多不足之处，恳请读者批评指正。

作　者

1991 年 8 月于北京

再版后记

　　周恩来担任总理 27 年，经纬万端，日理万机，为什么要特别突出水利和上天（尖端科技）这两件事？因为这两件事在国家的生存、发展和振兴中起着关键作用，具有"襟喉""衡要"的战略地位。这从周恩来说"这是关系人民生命的大事，我虽是外行，也要抓"，从周恩来把农业现代化摆在四个现代化的第一位，强调四个现代化的关键在于实现科学技术现代化，也可找到答案。周恩来被称为人民的好总理。他重视水利工作，是因为"要为人民服务还有比这更直接的吗？"新时代里，习近平关于必须树立和践行"绿水青山就是金山银山"的理念，统筹山水林田湖草沙系统治理，正是他"以人民为中心"的发展思想在生态文明建设上的体现。研究周恩来与治水对深入学习习近平生态文明思想是有启发意义的。感谢上海人民出版社在新中国成立 75 周年时，再版《周恩来与治水》。

　　这次再版，附上了《毛泽东江河治理战略号召》《李先念：周恩来治水的协助者与继任者》两章内容。原书是在编辑《周恩来经济文选》的过程中阅读大量文献资料的基础上写出的，引文未作注。这次对引自公开出版的著作的引文作了注，对个别文字上的错误作了修改。因水平有限，再版本中肯定还有不足之处，恳请读者批评指正。

曹应旺

2024 年 3 月于北京

图书在版编目(CIP)数据

周恩来与治水 / 曹应旺著. -- 上海 ：上海人民出
版社，2024. 6. -- ISBN 978-7-208-18960-7

Ⅰ. K827＝7；TV-092

中国国家版本馆 CIP 数据核字第 2024049EE8 号

责任编辑 罗　俊
封面设计 赵释然

周恩来与治水

曹应旺　著

出　　版　上海人民出版社
　　　　　（201101　上海市闵行区号景路 159 弄 C 座）
发　　行　上海人民出版社发行中心
印　　刷　上海商务联西印刷有限公司
开　　本　720×1000　1/16
印　　张　20.5
插　　页　3
字　　数　237,000
版　　次　2024 年 10 月第 1 版
印　　次　2024 年 10 月第 1 次印刷
ISBN 978-7-208-18960-7/K·3391
定　　价　88.00 元